\> coleção = *decolonização e psicanálise*
<> volume = *ubuntu - psicanálise e herança colonial* <

\> coleção = *decolonização e psicanálise* <
\> volume = *ubuntu - psicanálise e herança colonial* <

© n-1 edições + psilacs, 2023
ISBN 978-65-81097-84-4

Embora adote a maioria dos usos editoriais do âmbito brasileiro, a n-1 edições não segue necessariamente as convenções das instituições normativas, pois considera a edição um trabalho de criação que deve interagir com a pluralidade de linguagens e a especificidade de cada obra publicada.

\> n-1 edições <

\> coordenação editorial <.> *peter pal pelbert · ricardo muniz fernandes* <
\> preparação <.> *gabriel kolyniak* <
\> direção de arte <.> *ricardo muniz fernandes* <
\> assistência editorial <.> *inês mendonça* <
\> fotografia na capa <.> *uýra sodoma* <
\> projeto gráfico <.> *luan freitas* <

\> psilacs <

\> coordenação da coleção decolonização e psicanálise <.> *andréa guerra* <
\> coedição deste volume <.> *rodrigo goes e lima* <
\> revisão <.> *rodrigo goes e lima* <
\> conselho editorial <.> *antoine masson · jacqueline de oliveira moreira · leônia · cavalcante teixeira · luciano da fonseca elia · marcelo ricardo pereira · mario elkin ramirez* <

A reprodução parcial sem fins lucrativos deste livro, para uso privado ou coletivo, em qualquer meio, está autorizada, desde que citada a fonte. Se for necessária a reprodução na íntegra, solicita-se entrar em contato com os editores.

1ª edição | São Paulo | Outubro, 2023 | n-1edicoes.org

12   > apresentação <.> lima, rodrigo <.> a noção de ubuntu enquanto orientação política de pesquisa <

17   > hook, derek <.> subjetividade destinada à morte: a zona do não-ser em fanon e a pulsão de morte em lacan <

41   > george, sheldon <.> gozo e mal-estar: um encontro entre psicanálise, raça e a escravidão americana <

67   >.gherovici, patricia <.> psicanálise do povo e para o povo <

89   > guerra, andréa <.> cripta: o inconsciente colonizado <

113   > thakur, gautam <.> "rezem para que eu escolha a última": rebelião, violência e gozo <

136   > mendelsohn, sophie <.> da verdade histórica freudiana ao tratamento político da colonialidade <

148   > rahmat, fuad <.> por que psicanalistas precisam de magia: interpretando "A ciência e a verdade", de jacques lacan, por uma constituição global do sujeito científico <

164   > pavón-cuéllar, david <.> vazio, colonialismo e psicanálise <

176   > lau, ursula <.> entre fanon e lacan: rompendo espaços para o retorno do recalcado <

200   > sheehi, stephen • sheehi, lara <.> a cidade do colono é uma cidade sólida: fanon na palestina <

218   > sobre as(os) autoras(es) <

224   > sobre as(os) tradutores(es) <

> apresentação   <.>

a noção de ubuntu enquanto orientação política de pesquisa
<.> lima, rodrigo <

Dentre os mitos constitutivos da formação social brasileira, um dos mais difundidos se destaca por carregar consigo uma premissa tipicamente periférica ao anunciar a promessa de que seríamos um *país do futuro*, fadado a um encontro com a modernidade e com um estágio superior de desenvolvimento no palco mundial. Partindo dessa proposição, Paulo Arantes[1] argumenta que, se algo dessa profecia veio a se realizar, isso se deu por sinais trocados em relação àquilo que ilusoriamente se esperava. As mais recentes leituras internacionais que alçam o Brasil ao posto de vanguarda do mundo não o fazem enquanto elogio, mas como indicação de que a radicalidade do subdesenvolvimento experimentado ao sul do Equador estaria se tornando, paulatinamente, regra geral também para o primeiro mundo. Essa "brasilianização do mundo"[2] consistiria na expansão global de um novo paradigma de constituição da desigualdade e de desintegração social, a partir do qual uma dualidade selvagem e violenta entre ricos e pobres se instalaria não só na periferia, mas também no próprio centro do capital mundial. A dinâmica própria do capitalismo teria feito, enfim, com que o centro viesse a se espelhar e a se "desenvolver" (perversamente) em direção à periferia.[3] Mudança estrutural nas formas de expropriação e de violência, indicativa do prognóstico de que "o desenvolvimento da sociedade moderna pode acabar numa forma nivelada de barbárie".[4] Precarização generalizada que desvela o único fim possível da farsa que a promessa da ideia de "país do futuro" não pôde mais esconder. A contribuição genuinamente

---

1 > Paulo Arantes, A fratura brasileira do mundo: visões do laboratório brasileiro da mundialização. São Paulo: Editora 34, 2023. O texto de Paulo Arantes em questão, reeditado em 2023, foi originalmente publicado em 2001 na obra Polarização mundial e crescimento, organizada por José Luiz Fiori e Carlos Medeiros, pela Editora Vozes, como parte da Coleção Zero à Esquerda.

2 > Ibid., p. 52.

3 > Marildo Menegat, "Chegando na hora para o desmoronamento do mundo", in: Paulo Arantes, A fratura brasileira do mundo: visões do laboratório brasileiro da mundialização. São Paulo: Editora 34, 2023, p. 97.

4 > Ibid., p. 109)

brasileira a tal processo se daria a partir de uma apropriação da mistificante maleabilidade e da malandragem nacionais trabalhando "a serviço da Ordem".[5]

Nas palavras de Arantes:

> desde que obviamente se chame a flexibilização pelo seu verdadeiro nome brasileiro, a saber: um agravamento tal da espoliação e do desamparo dos indivíduos flexibilizados a ponto de assumirem cada vez mais os traços dos "homens precários" da periferia. Precários, porém altamente maleáveis e plásticos na sua informalidade de nascença.[6]

Diante desse horizonte diagnóstico de intensa desintegração social e de "exportação" dos horrores cotidianos de um país concebido para servir exclusivamente aos caprichos econômicos de senhores coloniais, este livro se apresenta como uma proposta de intercâmbio de leituras e intervenções sobre esse mal-estar generalizado a partir do Sul-global. Por um lado, reconhece a emergência de "escombros em comum"[7] que, a despeito do atual empuxo a um individualismo globalizado, são aqui convidados a colocar em diálogo a experiência de pesquisadores e pesquisadoras em psicanálise que tentam dar contornos às várias e particulares formas de irrupção do real próprias dos fenômenos da colonização. Por outro, recolhe, nesse esforço coletivo, os efeitos e desdobramentos da itinerância de uma teoria e de uma práxis psicanalíticas. Atenta aos perigos e armadilhas de "universalismos fáceis ou totalizações generalizadoras",[8] esta obra procura colocar à prova a ideia de uma itinerância revisitada de Edward Said,[9] que admite a possibilidade que uma atividade intelectual só se mantenha verdadeiramente viva na medida em que viaje, atravesse distâncias e que, ao permanecer em constante tensão e em exílio, possa efetivamente ter reacendida a possibilidade de se fazer valer em um novo território discursivo, em um novo canto do mundo.

Necessário a esse movimento é também o reconhecimento de que para que esse esforço vingue e para que se preserve na psicanálise suas potencialidades originais de escuta e intervenção, é preciso que se constitua uma comunidade intelectual eticamente comprometida com sua causa. Daí não ser acaso que *ubuntu* seja o título escolhido para esta produção. Termo multiforme e de difícil enclausuramento conceitual, *ubuntu* remete a uma filosofia e a uma ética de raízes africanas que entende que a minha humanidade é fundamentalmente

---

[5] > Paulo Arantes, A fratura brasileira do mundo: visões do laboratório brasileiro da mundialização. São Paulo: Editora 34, 2023, p. 81.

[6] > Ibid., p. 76.

[7] > Marildo Menegat, "Chegando na hora para o desmoronamento do mundo", in: Paulo Arantes, *A fratura brasileira do mundo: visões do laboratório brasileiro da mundialização*. São Paulo: Editora 34, 2023, , p. 102.

[8] > Edward Said, "Reconsiderando a Teoria Itinerante", in: Manuela Ribeiro Sanches (org.), *Deslocalizar a Europa: Antropologia, Arte, Literatura e História na Pós-Colonialidade*. Lisboa: Cotovia, 2005, p. 42.

[9] > Ibid.

constituída a partir da ligação com o outro. Falar de *ubuntu* é tratar de um laço social basilar, de um princípio que entende o pertencimento e a relação com a comunidade como definidores da condição de ser gente, condensando em uma só palavra a máxima Zulu que afirma que "uma pessoa é uma pessoa através de outras pessoas" – "*umuntu ngumuntu ngabanye abantu*".[10] Mais do que um construto filosófico, *ubuntu* abrange uma série de dimensões de valor prático,[11] que se realizam, por exemplo, como inspiração à jurisprudência constitucional na África do Sul pós-apartheid e na construção de um modo particular de exercício democrático.[12] E por que não, também neste livro, como postura de pesquisa e investigação compartilhada.

A noção de *ubuntu* serve então como chave de leitura para endereçar algumas das questões capitais discutidas neste livro em pelo menos duas vias. Em termos de organização metodológica, remete-se a ela na forma de inspiração para o movimento de congregar pesquisadoras e pesquisadores de diferentes cantos do mundo para discutir preocupações que lhes são comuns dos pontos de vista ético, social, e pessoal, no sentido formativo da palavra. Em termos de objeto de pesquisa, pode-se argumentar que o termo apresenta uma espécie de ferramenta crítica com potencial de oferecer uma resistência à tendência descrita por Paulo Arantes que prevê um "colapso do vínculo social"[13] em âmbito e proporções cada vez mais generalizados; um esfacelamento radical da sociedade em função das maneiras como colonialismo e o capitalismo instauraram uma fratura típica do processo de modernização.

Dizendo também dessa fratura, Francisco de Oliveira[14] utilizou a figura do ornitorrinco como metáfora clássica para descrever essa forma que o experimento capitalista tomou no Brasil. Esse mamífero que "conserva certas características reptilianas"[15] é o representante mor de combinações exóticas, reunindo em um só corpo adaptações biológicas avançadas e vestígios arcaicos, tal qual uma sociedade cuja organização econômica consiste na própria "sobreposição do moderno e do arcaico",[16] desde seus "Impasses estruturais da modernização"[17] até a adesão do setor empresarial ao "ciclo da terceira revolução tecnológica de base

---

10 > John Hailey, *Ubuntu: A Literature Review*. Londres, 2008, p. 9. Tradução livre.
11 > Ibid.
12 > Drucilla Cornell e Nyoko Muvangua (orgs.). *Ubuntu and the law: African ideals and postapartheid jurisprudence*. Nova York: Fordham University Press, 2012.
13 > Paulo Arantes, op. cit., p. 58.
14 > Francisco de Oliveira, "O ornitorrinco" in: *Crítica à razão dualista*: o Ornitorrinco. São Paulo: Boitempo, 2013, pp. 121-150.
15 > *Grande enciclopédia Larousse Cultural*, v. 18. São Paulo, Nova Cultural, 1998.
16 > Leonardo Melo e Silva, "Dois clássicos em um", *Revista Brasileira de Ciências Sociais*, v. 20, n. 57, 2005, p. 179.
17 > Ibid, p. 180.

microeletrônica".[18] Como destacado por Arantes[19] e Menegat,[20] a leitura crítica a ser feita sobre esse tipo de construção teórica implica perceber que a dualidade entre o avançado e o obsoleto não corresponde a uma contradição produtiva que promove avanço e superação de condições estruturais, mas sim a uma contradição que indica "o progresso como processo de destruição".[21] A oposição que aqui se dá não tem força para alçar outro patamar de progresso pela simples razão de que ela fora sempre concebida como *resto* desse processo. Resto esse que aponta para um "limite interno absoluto de expansão"[22] do acúmulo capitalista, que torna impossível que a desigualdade periférica seja superada como se estivesse nos trilhos de uma escala evolutiva.

No polo avesso a essa irrestrita dissolução social proveniente da crise do capital, recorrer à ideia de *ubuntu* é ir além de uma concepção mais rasa de uma "ontologia ética de um dito mundo compartilhado"[23] e recuperar a ideia de um ativismo que é "inerente à demanda ética de promover um mundo humano".[24] Não basta tomar o termo de empréstimo e acreditar que algo do fazer em comum já está dado. Tomar a tarefa em nossas mãos é fundamental. E se a metáfora do ornitorrinco nos coloca de frente com essa formação capitalista esdrúxula e malformada, ao nos prolongarmos no âmbito da taxonomia animal, deparamo-nos em psicanálise com outra configuração animalesca possível para dar corpo ao esforço de fazer frente à desintegração comunitária capitalista: seria ela esse "ser ambíguo, que tem asas analíticas, como se diz, e patas sociais"[25], ao qual Jacques-Alain Miller recorre para dizer da proposta de uma Escola.

Chamamos de *ubuntu* o exercício de assunção dessa nova configuração política de pesquisa.

---

18 > Ibid, p. 180.
19 > Paulo Arantes, *A fratura brasileira do mundo: visões do laboratório brasileiro da mundialização*. São Paulo: Editora 34, 2023.
20 > Marildo Menegat, "Chegando na hora para o desmoronamento do mundo", in: Paulo Arantes, *A fratura brasileira do mundo: visões do laboratório brasileiro da mundialização*. São Paulo: Editora 34, 2023,
21 > Ibid., p. 98.
22 > Ibid., p. 101.
23 > Drucilla Cornell e Nyoko Muvangua (orgs.), *Ubuntu and the law: African ideals and postapartheid jurisprudence*. Nova York: Fordham University Press, 2012, p. 6. Tradução livre.
24 > Ibid.
25 > Jacques-Alain Miller, "Questão de Escola: Proposta sobre a Garantia", *Opção Lacaniana* online, ano 8, n. 23, 2017, p. 2

> hook, derek <.> subjetividade destinada à morte:[1] a zona do não-ser em fanon e a pulsão de morte em lacan[2]<.> tradução • pimenta, tomás <

introdução: "você já havia estado morto..."

Gostaria de começar – como convém à perspectiva psicanalítica adotada aqui – por ressaltar uma aparente inconsistência de linguagem. Em uma entrevista, Steve Biko, o homem que, mais que qualquer um, incorporou a voz e a promessa do desafio da Consciência Negra à supremacia branca na África do Sul do Apartheid, ofereceu uma série de comentários sobre os métodos de tortura aos quais provavelmente iria – assim como seus companheiros – ser submetido durante a luta contra a supremacia branca. O policial de segurança, ele diz,

> vai enrolando uma toalha ao redor do seu pescoço dizendo "diga" – e você não fala – ... e os brutos sanguinários não são suficientemente bem treinados para compreender até quando basta. Assim, quando eles soltam a toalha você já havia estado morto por alguns minutos.[3]

---

1 > Do inglês "death-bound subjectivity". *Bound* enquanto particípio do verbo *to bind*, tem normalmente o sentido de atado ou vinculado. Entretanto, quando se diz no inglês "homebound" ou "moonbound" quer-se dizer que o *destino* é a casa ou a lua. *Bound* também pode também significar um certo comprometimento com algum projeto. O conceito *deathbound subjectivity* que aparece pela primeira no trabalho do fenomenólogo Adolpho Lingis recupera o tema Heideggeriano do ser-para-a-morte [*Sein zum Tode*]. Entendemos que a *deathbound subjectivity* está tanto atada e a comprometida com a morte enquanto causa, como também se dirige à mesma. Optamos verter *deathbound* por *destinado à morte* para enfatizar a ideia de um movimento tendencial em direção à morte, opção justificada pela associação do termo à pulsão de morte. [N.T.]

2 > Artigo originalmente publicado como: Derek Hook, "Death-bound subjectivity: Fanon's zone of nonbeing and the Lacanian death drive", *Subjectivity*, n. 13, 2020, pp. 355-375.

3 > Steve Biko apud Lindy Wilson, *Steve Biko*. Auckland Park: Jacana, 2011, p. 65.

Biko de fato faleceu de uma maneira similar, no dia 12 de setembro de 1977, em uma cela em Pretória, como resultado de ferimentos causados durante um interrogatório policial brutal.⁴ A sua escolha de palavras, a conjugação de uma condição aparentemente presente ("eles vão enrolando a toalha", "você já havia") com uma descrição oferecida no pretérito ("estado morto"), não é apenas curiosa, mas nos diz algo. Ela conota uma proximidade incomum entre vida e morte, um estado de sobreposição no qual as circunstâncias da morte são onipresentes na vida. É interessante na medida em que invoca o que para Lacan é a temporalidade característica da transformação subjetiva – possibilitada pela psicanálise, ou, de forma mais pertinente, por um comprometimento político inabalável –, a saber, aquela do *futuro anterior*: o tempo do que "eu terei sido".

Biko refletiu sobre a possibilidade de sua própria morte como parte da luta, observando: "A gente ou está vivo e orgulhoso, ou está morto. E quando se está morto, a gente não liga mesmo. E o modo como se morre pode ser, por si mesmo, uma coisa que cria consciência política".⁵ Uma definição semelhante é patente em sua avaliação da juventude da *township*:

> O que é dramático sobre a coragem deles [...] é que eles [...] descobriram ou aceitaram [...] que o vínculo entre vida e morte é absoluto [...]. E o modo como se morre pode ser, por si mesmo, uma coisa que cria consciência política. Assim, a gente morre nos tumultos. Para um número muito grande, na verdade, não há realmente muito o que perder [...]. E assim, se a gente puder superar o medo pessoal da morte [...] então a gente está a caminho.⁶

Temos aqui os temas entrelaçados da morte *na* vida – de uma vida que de algumas formas é pré-naturalmente próxima da morte – e da morte mesma como um valor, paradoxalmente, para a vida *futura*. Que tipo de subjetividade política, de fato, qual *modo de agência* é invocado aqui? As reflexões acima nos oferecem um desafio conceitual. Como devemos entender, para citar a frase memorável de JanMohamed,⁷ a subjetividade destinada à morte exibida acima? Como, adiante, devemos compreender a agência política de tal tipo de subjetividade particularmente na era neoliberal atual, onde a questão da violência não pode ser levantada no âmbito do que é tomado como atividade política legítima? Este é, afinal, um período

---

4 > Donald Woods, *Biko*. Londres: Paddington Press, 1978.
5 > Steve Biko, *Eu escrevo o que eu quero*, trad. bras. Grupo Solidário São Domingos. São Paulo: Ática, 1990 [1978], p. 183.
6 > A citação de Steve Biko reproduzida no artigo original de Derek Hook, é parte de uma entrevista concedida ao *The New Republic* em 1978, disponível na íntegra em: https://newrepublic.com/article/122784/biko-death. A primeira parte da citação – "O que é dramático [...] absoluto" – não recebeu tradução oficial para o português, tendo sido aqui traduzida livremente. A segunda parte da citação, a partir de "E o modo [...] caminho" foi reproduzida em capítulo da coletânea *I write what I like*, tendo sido traduzida para o português em: Steve Biko, *Escrevo o que eu quero*, trad. bras. de Grupo Solidário São Domingos. São Paulo: Ática, 1990, p. 183. [N.T.]
7 > Abdul R. JanMohamed, *The Death-Bound-Subject: Richard Wright's Archaeology of Death*. Durham, NC: Duke University Press, 2005.

– seguindo Zalloua[8] – no qual o político é rotineiramente reduzido, se não à política de identidade ou agendas de direitos civis, à política partidária de estruturas democráticas e/ou parlamentares. Dirijamo-nos a Fanon para o princípio de uma resposta.

"descida aos verdadeiros Infernos"

Nas primeiras páginas de *Pele negra, máscaras brancas*, Fanon oferece uma série de comentários notáveis que enquadram sua análise mais ampla da situação colonial. Ele aplica uma lógica psicanalítica interrogativa, perguntando: "Que quer o homem negro?".[9] Sua resposta, tão forte quanto desanimadora, é proclamar que o homem preto, pelo menos no interior do contexto colonial, "não é um homem",[10] uma resposta que ele qualifica da seguinte maneira:

> O homem não é apenas possibilidade de recomeço, de negação. Se é verdade que a consciência é atividade transcendental, devemos saber também que essa transcendência é assolada pelo problema do amor e da compreensão. O homem é um SIM [...] O negro é um homem negro; isto quer dizer, devido a uma série de aberrações afetivas, ele se estabeleceu no seio de um universo de onde será preciso retirá-lo [...]. Pretendemos, nada mais nada menos, liberar o homem de cor de si próprio.[11]

Este trecho oferece o contexto imediato para uma passagem extraordinária que, ao colocar em primeiro plano uma forma radical de agência política, conduz minhas inquietações neste artigo:

> Há uma zona de não-ser, uma região extraordinariamente estéril e árida, uma rampa essencialmente despojada, onde um autêntico ressurgimento pode acontecer. A maioria dos negros não desfruta do benefício de realizar esta descida aos verdadeiros Infernos.[12]

À primeira vista, essa descrição parece enigmática, não menos por causa dos elementos contraditórios que Fanon justapõe. A zona do não-ser é "extraordinariamente estéril", e, no entanto, há a expectativa de que um "autêntico ressurgimento pode acontecer". Ademais, embora uma "descida aos verdadeiros Infernos" seja envolvida, isso pode ser um "benefício", algo de que a maioria de uma classe oprimida "não desfruta". Essa asserção deixa,

---

8 > Zahi Anbra Zalloua, *Žižek on Race*. Londres: Bloomsbury, 2020.
9 > Frantz Fanon, *Pele negra, máscaras brancas*. Salvador: EDUFBA, 2008 [1952], p, 26.
10 > Ibid.
11 > Ibid.
12 > Ibid.

aparentemente, uma questão em aberto. Certamente, dado o racismo implacável do contexto colonial, a zona de desumanização do não-ser estaria por todo lado para a pessoa de cor. Por que, então, "[a] maioria dos negros não desfruta do benefício" de acessá-la?

Poderíamos perguntar: qual é o modo de subjetividade ou condição psíquica que caracteriza esta "descida aos verdadeiros Infernos"? Como poderíamos desenvolver – ou expandir – essa visão de agência política? Através de quais outros recursos teóricos seria possível conceber essa zona de não-ser? Este artigo é uma tentativa de lançar uma perspectiva distinta sobre a forma de subjetividade destinada à morte invocada acima. Ele é, além disso, uma tentativa de apreender o tipo revolucionário de agência aparentemente exemplificado pela noção fanoniana da zona de não-ser. Eu argumento que a reconceptualização lacaniana da pulsão de morte enquanto *causa ética* – que, de certo, representa um distanciamento significativo da conceptualização freudiana original de um 'Instinto de morte [*death instinct*]"[13] – é um conceito auxiliar útil para a zona de não-ser de Fanon. Com referência especulativa à dimensão ética da pulsão de morte lacaniana enquanto um modo de mais-de-vida que tanto subjaz a uma fidelidade ininterrupta a uma causa, como libera o sujeito para uma zona entre vida e morte, somos capazes, assim penso, de oferecer uma explicação da agência de negatividade radical que a zona de não-ser engendra. Talvez somente com referência a este suplemento conceitual possamos apreender apropriadamente o potencial revolucionário da ideia da zona de não-ser.

articulações fanonianas

Dado o número de textos comentando a noção de Fanon de uma zona de não-ser, é simplesmente impraticável sumariar esta literatura aqui. Dito isso, enfatizarei, a seguir, algumas das descrições mais instrutivas do conceito de Fanon. Permita-me começar por oferecer três comentários gerais sobre esta literatura. Primeiramente, o conceito de zona de não-ser é aplicado em uma grande diversidade de modos e em contextos históricos, políticos e disciplinares totalmente díspares.[14] Em segundo lugar, o conceito é frequentemente utilizado de uma forma geral, frouxamente descritiva ou figurativa[15] em oposição a uma forma rigorosa

---

[13] > Donald Hook, "Of Symbolic Mortification and 'Undead' Life: Slavoj Žižek on the Death Drive", *Psychoanalysis & History*, v. 18, n. 2, 2006, pp. 221-256.

[14] > George Ciccariello-Maher, "Decolonial Realism: Ethics, Politics and Dialectics in Fanon and Dussel", *Contemporary Political Theory*, v. 13, n. 1, 2014, pp. 2-22. Tandayi Sithole, "The Concept of the Black Subject in Fanon", *Journal of Black Studies*, v. 47, n. 1, 2016, pp. 24–40. Julia Suárez-Krabbe, "Identity and the Preservation of Being", *Social Identities*, v. 18, n. 3, 2012, pp. 335–353. Ewa Plonowska Ziarek, "Rethinking Dispossession: On Being in One's Skin", *Parallax*, v. 7, n. 2, 2001, pp. 3–19. Ewa Plonowska Ziarek, "Kristeva and Fanon: The Future of the Revolt or the Future of an Illusion?", *The Southern Journal of Philosophy*, v. 42, n. 1, 2004, pp 25–41.

[15] > S. B. Bennett, S.B. e W.W. Nichols, "Violence in Afro-American Fiction: An Hypothesis", *Modern Fiction Studies*, v. 17, n. 2, 1971, pp. 221–228. Maziki Thame, "Reading Violence and Postcolonial Decolonization through Fanon: The Case of Jamaica",

propriamente analítica ou – ainda mais raramente – filosófica.[16] Em terceiro lugar, há tensões consideráveis no campo – particularmente no que toca às articulações afro-pessimistas do conceito[17]– a respeito das implicações da ideia de Fanon e de como ela deveria ser filosoficamente desenvolvida e politicamente empregada.[18]

Levando em conta as considerações acima, optei por começar nossa investigação do conceito citando Thame, que oferece uma descrição valiosa da zona, representativa de parte significativa da literatura atual sobre Fanon:

> o colonizado habita uma "zona de não ser" [...] [e é] construído como um ser inferior [...] [o] nativo é racializado, sua humanidade e personalidade são sempre questionadas [...] A estigmatização do preto pobre pode ser vista através [...] [dessa] "zona de não-ser", que emerge do contexto pós-colonial que atribui valores de nadidade a suas vidas e existência [...]. Em seu caráter infernal e liminar, a zona do não-ser é um estado de coisas real – a natureza bruta das vidas dos pretos pobres e, também, uma forma de vê-los

Journal of Pan-African Studies, v. 4, n. 7, 2011, pp. 75-93.

16 > Eu apresso-me a acrescentar que esta não é necessariamente uma observação crítica. O valor político de muitos dos conceitos mais inovadores de Fanon – como a ideia de epidermização, para citar um, mas saliente exemplo – se encontra no fato de que eles abrem e encorajam perspectivas radicais, permitindo a emergência de novos tipos de críticas.

17 > Jared Sexton, "The Social Life of Social Death: On Afro-Pessimism and Black Optimism", *In Tensions*, v. 5, 2011, pp. 1-47. Frank B. Wilderson, *Red, White and Black: Cinema and the Structure of US Antagonisms*. Durham: Duke University Press, 2010.

18 > A. Kayum Ahmed, "Human Rights and the Non-human Black Body", International Journal of Human Rights, v. 15, n. 28, 2018, pp. 119-126. Lewis Gordon, "Critical Reflections on Afro-Pessimism", *The Brotherwise Dispatch*, v. 3, n. 3, 2018. Annie Olaloku-Teriba, "Afro-Pessimism and the (un)Logic of Anti-Blackness", *Historical Materialism* v. 26, n. 2, 2018, pp. 96-122. Neil Roberts, Freedom as Marronage. Chicago: University of Chicago Press, 2015. Um conflito chave aqui é aquele entre leituras geralmente fenomenológicas-existenciais da zona de não-ser fanoniana [formulada, por exemplo, por Robert Bernasconi, "Existentialism against Colonialism: Frantz Fanon's Dialectic of Freedom", *Fanon, Philosophy and Psychology*. Pittsburgh: Duquesne University, 8 set. 2018, Lewis R. Gordon, *What Fanon Said: A Philosophical Introduction to his Life and Thought*. Nova York: Fordham University Press, 2015, e e Nicholas Webber, "Subjective Elasticity, the 'Zone of Nonbeing' and Fanon's New Humanism in Black Skin White Masks", *Postcolonial Text*, v. 7, n. 4, 2013, pp. 1-15] e extrapolações do mesmo conceito desenvolvidas por afro-pessimistas tais como Saidiya Hartman, *Scenes of Subject: Terror, Slavery, and Self-Making in Nineteenth-Century America*. Nova York: Oxford University Press, 1997, Jared Sexton, "The Social Life of Social Death: On Afro-Pessimism and Black Optimism", *In Tensions*, n. 5, 2011, pp. 1-47, idem, "Unbearable Blackness", *Cultural Critique*, v. 90, n. 1, 2015, pp. 159-178, e e Frank B. Wilderson III, *Red, White and Black: Cinema and the Structure of US Antagonisms*. Durham: Duke University Press, 2010, idem, *Afro-Pessimism*. London, Nova York: Norton, 2020. Os últimos igualam a negritude com a morte social, insistindo que a instituição social da escravidão inaugurou o paradigma – epistemicamente, socialmente e politicamente – para o modo como a negritude e, de fato, sujeitos pretos devem ser entendidos, avaliados e tratados (isto é, fora da categoria do humano). A antinegritude não é, ademais, uma aberração histórica temporária para teóricos afro-pessimistas; é uma categoria epistemicamente, libidinalmente e socialmente constitutiva do humano como o conhecemos. Ao argumentar que a negritude e a história da escravidão não podem ser separadas e sustentando – como Saidiya Hartman, *Scenes of Subject: Terror, Slavery, and Self-Making in Nineteenth-Century America*. Nova York: Oxford University Press, 1997, Jared Sexton, "Unbearable Blackness", *Cultural Critique*, v. 90, n. 1, 2015, pp. 159-178 e Frank B. Wilderson III, *Afro-Pessimism*. London, Nova York: Norton, 2020, o fazem – que a vida preta é efetivamente *vivida como morte social*, afro-pessimistas correm o risco – pelo menos para os olhos de Lewis R. Gordon, *What Fanon Said: A Philosophical Introduction to his Life and Thought*. Nova York: Fordham University Press, 2015, e Zahi Zalloua, *Žižek on Race*. Londres: Bloomsbury, 2020 – de ontologizar o racismo e – adicionamos – ontologizar a noção mesma da zona de não-ser. Veja os artigos recentes excelentes de A. Kayum Ahmed, "Human Rights and the Non-human Black Body", *International Journal of Human Rights*, v. 15, n. 28, 2018, pp. 119-126 e Annie Olaloku-Teriba, "Afro-Pessimism and the (un)Logic of Anti-Blackness", *Historical Materialism*, v. 26, n. 2, 2018, pp. 96-122 detalhando os termos do debate acima. Uma crítica adicional da posição afro-pessimista – instrutiva para o argumento que irei fazer neste artigo – vem de Neil Roberts, "On Freedom and Radicalizing the Black Radical Tradition", *Black Perspectives*, 18 jun. 2016. Disponível em: https://www.aaihs.org/on-freedom-and-radicalizing-the-black-radical-tradition/, que argumenta que nós devemos "rejeitar a associação equivocada [do afro-pessimismo] da ideia de morte social com a noção radical de Fanon da zona de não-ser" porque precisamente a "existência no interior [...] [da zona de não-ser] infernal [que] [...] cria as condições para uma sublevação saliente e genuína".

– enquanto inferiores, insignificantes, virtualmente ausentes ou como os *condenados*. Na zona do não ser, os pretos pobres são, então, dispensáveis, para o estado, para as elites e para os próprios pobres [...]. De um modo real, os pobres não são verdadeiramente vistos, eles estão na "zona de não-ser", são invisíveis.[19]

Thame[20] efetivamente traz o conceito de Fanon para a era *pós*-colonial, enfatizando de modo prestativo o estatuto real e material (ao contrário de figurativo ou metafórico) da zona de não-ser. De maneira significativa, ele adiciona, ao se referir ao estado de danação, um vínculo implícito com a conceptualização política posterior de Fanon na obra *Os condenados da terra*.[21] Isso nos alerta para o fato de que a zona de não-ser não é um conceito que pode ser limitado a *Pele negra, máscaras brancas*. Considere, por exemplo, a observação seguinte que Fanon faz em *O ano V da revolução argelina*[22] (sem, admitidamente, usar a frase "zona de não-ser"):

Os deserdados em todas as partes do mundo percebem a vida não como um desabrochamento ou um desenvolvimento de uma produtividade essencial, mas como uma luta permanente contra a morte onipresente. Essa morte sempre ameaçadora é experimentada como fome endêmica, desemprego, uma alta taxa de mortalidade, um complexo de inferioridade e a ausência de qualquer esperança no futuro. Todo esse tormento face a existência do colonizado tende a fazer da vida algo parecido a uma morte incompleta.[23]

Enquanto a dimensão fenomenológica-existencial é menos abertamente aparente aqui do que na descrição que Fanon oferece em *Pele negra, máscaras brancas*, Fanon tem em mente, assim penso, a mesma condição de desumanização colonial/racista, particularmente em sua referência ao estado de "morte incompleta". Será útil manter isso em mente ao avançarmos.

abaixo do apagamento da alteridade/ontológico

Uma exceção às aplicações descritivas, em contraste com as mais filosoficamente/analiticamente fundadas, da zona de não-ser de Fanon pode ser encontrada no trabalho de Lewis Gordon. Gordon provavelmente revisitou o conceito mais frequentemente do que qualquer outro à frente do campo fanoniano. Dado o número amplo de tratamentos do conceito de Fanon citado acima, Gordon parece nos oferecer o melhor panorama de uma linha

---

19 > Maziki Thame, *op. cit.*, p. 77.
20 > Ibid.
21 > Frantz Fanon, *Os condenados da Terra*. Rio de Janeiro: Civilização Brasileira, 1961.
22 > Em inglês *A Dying Colonialism* [N.T.].
23 > Frantz Fanon, *Towards the African Revolution*. Nova York: Grove, 1956.

de exposição sistemática, embora, como eu argumentarei, alguns aspectos de sua interpretação mereçam ser criticados.

Em uma explicação útil, no começo de *What Fanon Said*, Gordon enfatiza que a zona de não-ser deve necessariamente ser entendida no contexto do racismo antinegro:

> A ponte desumanizadora entre o indivíduo e a estrutura posta pelo racismo antinegro marca o preto, que é no fim das contas "anônimo" em uma maneira perversa, que permite "o preto" ser colapsado em "pretos". É perverso pois, embora "pretos" não seja um nome próprio, o racismo antinegro o faz funcionar assim, como um nome de familiaridade que encerra a necessidade de avançar o conhecimento... Esta nomeação dispõe de uma estranha intimidade na qual pretos estão sempre pertos *demais*, o que estimula uma ansiedade pela desaparição ou ausência. Assim, pretos se encontram, Fanon o anuncia de partida, não estruturalmente considerados como seres humanos. Eles são coisas problemáticas, trancafiadas numa... "zona de não ser".[24]

A zona do não-ser é concebida assim: ela (1) torna os pretos anônimos e desindividuados, (2) exclui a necessidade de qualquer conhecimento sobre eles, e (3) produz uma necessidade ansiosa de excluí-los do domínio da intersubjetividade humana. Assim, podemos apreciar a acuidade da descrição sucinta de Maldonado-Torres da zona como o domínio da "diferença sub-ontológica."[25] Dito isto, a descrição de Gordon aponta aptamente para as condições do racismo colonial e antinegro, mas sem salientar nenhum modo de agência prospectiva.

Em outro lugar, Gordon situa as especulações de Fanon como parte de uma crítica mais ampla da noção de reconhecimento em Hegel. Ele novamente enfatiza o fator do racismo antinegro que

> estrutura os pretos fora da dialética de reconhecimento e a luta ética entre si e outro... O resultado é a luta para *entrar* em relações ético-políticas, ironicamente para estabelecer o si enquanto "si" e "outro". O não-ser-e-não-outro é caracterizado por Fanon como "a zona de não-ser" em sua obra inicial, e na final [*Os condenados da terra*], significa simplesmente ser os danados [*damned*] da terra.[26]

---

24 > Lewis Gordon, *What Fanon Said: A Philosophical Introduction to his Life and Thought*. Nova York: Fordham University Press, 2015, p. 22.

25 > Nelson Maldonado-Torres, "On the Coloniality of Being: Contributions to the Development of a Concept", *Cultural Studies*, v. 21, n. 2, 2007, pp. 253-254.

26 > Lewis Gordon, "A phenomenology of biko's black consciousness", in: Andile Mngxitama, Amanda Alexander e Nigel C. Gibson (orgs.), *Biko Lives! Contesting the Legacies of Steve Biko*. Londres: Palgrave, 2008, p. 86.

Isso confirma a sugestão acima de que a zona de não-ser reaparece – embora com diferentes nomes – em diferentes partes da obra de Fanon; ela pode ser vista como a base do pensamento de Fanon de uma categoria política mais ampla dos condenados/danados da terra.[27]

Gordon contempla a ambiguidade inerente ao conceito de Fanon. Ele nota que a zona de não-ser pode, efetivamente, ser lida de duas maneiras:

> Pode ser limbo, que colocaria os pretos abaixo dos brancos, mas acima das criaturas cujo quinhão é muito pior; ou poderia simplesmente significar o ponto de total ausência, o lugar mais distante da luz que, em um sistema teísta, irradia realidade, que seria o inferno.[28]

Se adotarmos qualquer uma dessas interpretações, podemos agora considerar a zona de não-ser como correspondendo a uma condição de apagamento ontológico. Como essas duas leituras (zona de não ser como limbo ou inferno) podem ser unificadas é uma questão que abordaremos no devido momento. Por ora, devemos sublinhar uma vantagem imediata da interpretação de Gordon: ela desfaz noções cotidianas de racismo – como, por exemplo, as popularizadas em análises pós-estruturalistas e de análise do discurso, que se seguiram na esteira da obra *Orientalismo* de Said[29] – que focam predominantemente na construção discursiva da *alteridade*. Articulações teóricas que tentam entender a condição do sujeito colonizado baseado nas relações si-outro falham necessariamente, diz Gordon, pela razão de que

> [e]las pressupõem a simetria sutil de "Alteridade". Como o racismo é uma negação para um Outro de atributos do si e mesmo de outro si – em outras palavras, mesmo de ser um *Outro* – o esquema resultante é um de localização *abaixo*, na zona do não-ser. Portanto, relações branco-preto são de tal modo que pretos, em seu esforço para se alçar da zona de não-ser, lutam para atingir a Alteridade (para adentrar nas relações Si-Outro); é uma luta para estar em posição, efetivamente, *para o ético emergir*, pois ética e moralidade são propriamente relações entre seres humanos [...] vivendo em um mundo humano.[30]

---

27 > Ver também Nigel C. Gibson, "Romanticism Reconsidered: Fanon, Reciprocity and Revolution (on Fanon's Ninetieth Birthday)", *Acta Academica*, v. 47, n. 2, 2015, pp. 1-18.

28 > Lewis Gordon, "Through the Zone of Nonbeing: A reading of Black Skin, White Masks in Celebration of Fanon's Eightieth Birthday", *The C.L.R. James Journal*, v. 11, n. 1, 2005, pp. 22-23.

29 > Edward W. Said, *Orientalismo*: o Oriente como invenção do Ocidente, trad. bras. de Rosaura Eichenberg. São Paulo: Companhia de Bolso, 2007 [1979].

30 > Lewis Gordon, *What Fanon Said: A Philosophical Introduction to his Life and Thought*. Nova York: Fordham University Press, 2015, p. 69.

Com isso em mente, podemos entender melhor o pronunciamento de Fanon em *Pele negra, máscaras brancas*, segundo o qual, "[a]os olhos do branco, o negro não tem resistência ontológica".[31] Sujeitos pretos são, na expressão de Ciccariello-Maher, *abaixo da alteridade*, são vistos, mas não vistos, *existem,* mas não *são* (humanos):

> esse "abaixo-da-Alteridade" não somente torna a política [...] impossível, mas o mesmo se aplica à ética [...] a ausência da dialética Si-Outro em situações racistas significa a erradicação das relações éticas. Onde a ética é descarrilhada, tudo é permitido [...] aos pretos é negado acesso à ontologia.[32]

Portanto, se a igualdade deve ser contemplada, sujeitos racializados "devem, primeiramente, ganhar acesso à ontologia, atormentando o céu fortificado do próprio ser".[33]

A exposição de Gordon traz consigo uma implicação metodológica importante. Como vimos, o esquema racializado da zona de não-ser existe *abaixo* do nível da dialética hegeliana do senhor e do escravo. Ele "requer uma abordagem que considere contradições que não são de tipo dialético".[34] Estratégias políticas que insistem no reconhecimento humano, embora de óbvia importância ética, não são, no interior das condições de racismo colonial, adequadas em si e de si. Assim, embora "[a] chamada para a *Consciência* Preta [...] requer considerar a 'realidade vivida', um ponto de vista constituidor de sentido",[35] isso não é suficiente, politicamente e eticamente, na medida em que no domínio colonial o preto não é nem um Outro, "não é um ponto de vista".[36] O que mais, poderíamos perguntar, seria necessário para atingir as condições rudimentares nas quais formas viáveis de intersubjetividade se tornam possíveis?

Em uma das elaborações mais desenvolvidas do conceito, Gordon retorna para o tema do inferno:

> [D]anação significa que o preto (ou melhor, o enegrecido [*blackened*]) vive a irrelevância da inocência. Sem a possibilidade de inocência, as vidas enegrecidas [*blackened*] vivem o desastre da aparência onde não há espaço para aparecer de modo não violento. Ser aceitável é não-existência, não-aparência, ou submersão [...] a ausência da dialética

---

31 > Frantz Fanon, *Pele negra, máscaras brancas*. Salvador: EDUFBA, 2008 [1952], p. 104.
32 > George Ciccariello-Maher, "Jumpstarting the Decolonial Engine: Symbolic Violence from Fanon to Chávez", *Theory & Event*, v. 13, n. 1, 2010, p. 3.
33 > Ibid.
34 > Lewis Gordon, "A phenomenology of biko's black consciousness", in: Andile Mngxitama, Amanda Alexander e Nigel C. Gibson (orgs.), *Biko Lives! Contesting the Legacies of Steve Biko*. Londres: Palgrave, 2008, pp. 86-87.
35 > Ibid., p. 87.
36 > Ibid.

Si-Outro em situações racistas significa a erradicação das relações éticas [...]. A ausência de relações éticas significa viver com aquilo que Abdul JanMohamed nomeou de "subjetividade destinada à morte". Significa viver com a possibilidade da morte arbitrária como um traço legítimo do sistema. Significa também testemunhar instâncias concretas de morte arbitrária e práticas sociais que demonstram que um grupo de vidas de pessoas é menos valioso que outros, até o ponto em que não são considerados pessoas reais.[37]

Além de ser uma passagem poderosa, ela coloca no foco uma perspectiva crítica nas conceptualizações de Gordon: elas parecem rotineiramente evitar a formulação de qualquer sentido significativo de agência política. Gordon parece nunca avançar a dimensão *transformadora* intimada por Fanon (para o qual, vale relembrar, a zona é o lugar "onde um autêntico ressurgimento pode acontecer".[38] O que se fez, poderíamos perguntar, do potencial revolucionário deste conceito? Como seria essa subjetividade destinada à morte, potencialmente, ativa? Como a zona de não-ser poderia possibilitar a desalienação?

Há boas razões para essa omissão aparente no trabalho de Gordon, de tal modo conspícua. Pode-se dizer que uma razão prospectiva torna-se visível nos comentários de Davis que, em um engajamento feminista com a zona de não-ser, salienta que para Fanon

> não-ser não é uma zona de transcendência, mas um direto cair-para-dentro da alienação criada pelo sistema de dominação [...] uma imersão tanto no reino do desamor quanto uma experiência de privação epistêmica na qual aquilo que pode ser conhecido, mesmo do mais subjetivo estado de (consciência), é negado.[39]

Para Davis, pensar a zona de não-ser como um modo de transcendência é sucumbir a platitudes humanistas que subestimaram a escala epistêmica e psíquica da violência colonial/antinegra. Como ela elabora, "quaisquer grandes empatias propostas pelo entendimento e amor humanista falham, ao final, face a sua íntima relação com a violência epistêmica da colonização".[40] Um uso crucial do uso do conceito de zona de não-ser como um instrumento crítico emerge aqui: a saber, mostrar a aliança profana entre o humanismo e o colonialismo – ou, como os afro-pessimistas insistiriam sem dúvida, entre humanismo e antinegritude –permitindo-nos, assim, ultrapassar o engodo do discurso humanista da transcendência.

---

37 > Lewis Gordon, "Through the Hellish Zone of Nonbeing: Thinking through Fanon, Disaster and the Damned of the Earth", *Human Architecture: Journal of the Sociology of Self-Knowledge*, v. 5, n. 3, 2007, p. 11.

38 > Frantz Fanon, *Pele negra, máscaras brancas*. Salvador: EDUFBA, 2008 [1952], p. 26.

39 > Dawn Rae Davis, "(Love is) the Ability of Not Knowing: Feminist Experience of the Impossible in Ethical Singularity", *Hypatia*, v. 17, n. 2, 2002, p. 148.

40 > Ibid., p. 147.

Assim se explicaria, talvez, a aparente preferência de Gordon pela leitura da zona do não-ser como *inferno* (ao invés de meramente como limbo), pois, colocado sem rodeios: não há transcendência do inferno. Dito tudo isso, rejeitada razoavelmente a astúcia do humanismo, Davis afirma, entretanto, que "[a] extremidade da negação do Preto, localizado no ponto mais baixo do solo ontológico ... parece respirar ao lado da possibilidade revolucionária colonial".[41] Essa perspectiva de agência revolucionária é levada adiante por Paget Henry, que afirma que é através da zona de não-ser que "novas imagens de si, novos projetos de trazer a si mesmo ao ser-eu podem ser empreendidos [...] [através] de seus poderes autocriadores".[42] Henry também nota que

> Essa incitação para o renascimento é forte, desafiadora, quase compulsive. Através dessa agência, o sujeito que desperta em Fanon assume os estilhaços de sua identidade [*selfhood*] e os reelabora em um novo projeto de ser-no-mundo... Em resumo, dito de forma fenomenológica, a zona de não-ser é um recurso valoroso para o sujeito que elabora sua rota de fuga da *negrification*.[43]

Em um esforço semelhante de salientar o potencial revolucionário no interior do conceito fanoniano, Neil Roberts argumenta que "não importa quão repugnante seja a vida nessa zona de escravização, é uma zona de esperança e natalidade".[44] Ao examinar a zona de não-ser, diz Roberts, Fanon determina que

> não importa quão contraintuitivo ou nauseante, a zona prepara [o ser humano] para a ação, pode induzi-lo para ser ativo, e é uma região madura para um ressurgimento autêntico. Seja através da negritude, do Marxismo [...] ou outro sistema para além das considerações de Fanon em *Pele negra, máscaras brancas*, o axioma é claro: a zona de não-ser guarda em si a perspectiva da revolução entre os não-livres.[45]

Talvez uma razão pela qual a agência revolucionária não é mais central na abordagem de Gordon tem a ver com sua reticência de sugerir, de qualquer maneira, que Fanon deve algo à filosofia de Sartre. Embora eu certamente concorde que devemos rejeitar a ideia de que a obra de Fanon se encontra na sombra da filosofia de Sartre – a importância de Fanon hoje enquanto teórico decolonial aparentemente faz esse ponto muito claro – eu acredito

---

41 > Ibid,
42 > Paget Henry, "Africana Phenomenology: Its Philosophical Implications", *Worlds & Knowledge and Otherwise*, v. 1, n. 3, 2006, p. 14.
43 > Ibid.
44 > Neil Roberts, *Freedom as Marronage*. Chicago: University of Chicago Press, 2015, p. 118.
45 > Ibid., p. 119.

que uma referência mais detalhada a Sartre se prova útil para compreender as implicações da zona de não-ser. Com isso em mente, dirijamo-nos a Nicholas Webber, que ilumina os traços sartreanos da concepção de Fanon:

> *Pele negra* adaptou resultados existencialistas [...] em uma descida aterrorizante ao interior do não-ser, mas é somente a partir dessa zona de declive, Fanon argumenta, que a rejeição de tais mitos e estereótipos acumulados (ou o que nós poderíamos chamar de "desalienação") pode ocorrer [...]. A antinomia que é ao existencialismo de Fanon contém, então, a absoluta negação da existência como sua fonte de germinação: nada e infinito são seu solo e água, autodeterminação seu sol [...]. De forma conflituosa, portanto, a zona de não-ser é tanto volátil quanto acolhedora, deixando o ego dissolvido trancado num cabo-de-guerra perpétuo entre polos da existência – entre a identidade [selfhood] emergente e a objetificação racista [...]. Fanon descobre que a maquinaria cultural estabelecida dissolve qualquer coisa que não seja não-ser: história, razão, criatividade, e negritude provam-se [...] mal preparadas para explodir o quadro mítico tanto dentro quanto fora do sujeito [colonizado] [...]. Fanon determina, numa fraseologia tipicamente Sartreana, a introdução da "Invenção na existência".[46]

Webber nos lembra que, para Sartre, o nada é a característica do *ser-para-si* da existência humana enquanto oposta ao ser-em-si dos objetos materiais. Para o filósofo existencialista, tão conhecido pela máxima "a existência precede a essência", é necessariamente o caso que o ser humano não tenha uma essência determinada ou fixidez, portanto:

> Questionar o ser requer o prerequisito do nada como sua origem e fundação, dado que, em primeiro lugar, apenas através da possibilidade de negação que tais questões podem ser colocadas. Neste quadro, o "nada" de Fanon, sua zona de não-ser, é transformada de desempoderamento e objetificação em uma habilidade empoderadora para injetar invenção na existência.[47]

Com isso, temos a base para uma abordagem existencialista potencialmente convincente do potencial revolucionário da zona de não-ser. E, ainda, permanecem questões. Eu, por mim, permaneço com dúvidas a respeito de se a ética de um humanismo existencialista ou fenomenológico pode acomodar de forma adequada o que Fanon busca com o conceito de zona de não-ser. Isso é particularmente o caso dado o uso de Davis[48] do conceito precisamente para criticar a ideia que humanismo – e, por extrapolação, as variantes existencialistas

---

46 > Nicholas Webber, "Subjective Elasticity, the 'Zone of Nonbeing' and Fanon's New Humanism in Black Skin White Masks", *Postcolonial Text*, v. 7, n. 4, 2013, p. 7.

47 > Ibid., p. 8.

48 > Dawn Rae Davis, "(Love is) the Ability of Not Knowing: Feminist Experience of the Impossible in Ethical Singularity", *Hypatia*, v. 17, n. 2, 2002.

e fenomenológicas do humanismo – poderia oferecer uma plataforma crítica adequada para a conceptualização da antinegritude. O mesmo vale para a perspectiva afro-pessimista que insistiria que humanismo enquanto tal é calcado na extrusão da negritude.[49] Seria negligente não considerar aqui David Marriott, que oferece a crítica definitiva de leituras humanistas fenomenológicas e existencialistas de Fanon. Fanon, ele diz, localiza persistentemente "negritude como uma contaminação necessária do pensamento e ontologia políticos tradicionais".[50] A implicação disso seria que "o racismo interrompe o movimento em direção ao humano, e, paradoxalmente, faz da ontologia algo irrelevante para entender a existência negra".[51] Enquanto tais, ética e política, na medida em que são fundadas no humanismo – particularmente para Marriott da tradição Marxista-fenomenológica – "não podem simplesmente ser evocadas [...] como um modelo para pensar a existência negra".[52]

Três questões particulares emergem com respeito à conceptualização sartreana de Webber.[53] Tendo em mente o exemplo de Steve Biko mencionado acima, poderíamos perguntar: seria a dimensão da morte efetiva e, de fato, de uma subjetividade destinada à morte, tão central quanto ela provavelmente teria que ser nos apelos filosóficos anteriores à nadidade e negação? Em segundo lugar, como deveríamos pensar "a possibilidade da negação" em termos propriamente *psíquicos* ao invés de permitir que se mantenham ocultados nas formulações ontológicas mais abstratas do existencialismo de Sartre? Em outras palavras, a natureza dos processos psíquicos subjacentes a esta passagem para a agência revolucionária permanece turva e necessita, severamente, maior exploração. Em terceiro lugar, com referência à forma da agência política que é posta: qual é o fator animador que subjaz e que *impulsiona* [drives] o vínculo passional a tais causas que arriscam a vida? Uma resposta psicanalítica a estas questões é a pulsão ou, mais precisamente, a dimensão ética da pulsão de morte.[54]

---

49 > Frank B. Wilderson III, *Afro-Pessimism*. Londres; Nova York: Norton, 2020.

50 > David Marriott, "Whither Fanon?", *Textual Practice*, v. 25, n. 11, 2011, p. 36.

51 > Ibid.

52 > Ibid. Mais especificamente, em referência a Sartre, e como parte de uma crítica estendida da orientação fenomenológica-existencial de Lewis Gordon, Marriott observa que "Fanon identifica no sujeito uma nadidade-do-ser vazia que é [...] vinculada ao problema do autoengano em Sartre" (Ibid., p. 46). Este vínculo permite a Fanon "desenvolver pensamentos sobre como o sujeito preto é sempre atrasado e disperso [...] *não-realizado* e, entretanto, para sempre assombrado por sua não-aparência e que só pode adquirir uma certa densidade de ser ao assumir o papel neurótico trágico (de uma branquitude imaginária) – que é também a razão pela qual a fenomenologia não pode nunca ser fundada na experiência desse sujeito pois sua verdade é literalmente vazia" (Ibid.).

53 > Nicholas Webber, "Subjective Elasticity, the 'Zone of Nonbeing' and Fanon's New Humanism in Black Skin White Masks", *Postcolonial Text*, v. 7, n. 4, 2013, pp. 1-15.

54 > Não sou o primeiro a investigar como a pulsão de morte lacaniana pode informar a concepção da agência de figuras politicamente marginais. *No Future: Queer Theory and the Death Drive*, de Edelman (2004), apesar de adotar uma abordagem diferente da minha, é o melhor exemplo dessa iniciativa.

pulsão de morte enquanto fidelidade a uma causa

Por mais estranho que pareça citar Achille Mbembe no contexto de uma discussão sobre teoria lacaniana, prova-se útil aqui brevemente considerar seus comentários no capítulo de *Necropolítica* intitulado "A farmácia de Fanon".[55] O objetivo de Mbembe no capítulo, ele nos diz, é apelar a

> Fanon, cujas considerações sobre a destruição e a violência, por um lado, e sobre o processo de cura e o desejo de uma vida ilimitada, por outro, formam o alicerce de sua teoria da descolonização radical. No trabalho de Fanon, a descolonização radical é vista da perspectiva de um movimento e de um trabalho violento. Trabalho esse que tem por objetivo se abrir para o princípio da vida; tornar possível a criação do novo. Mas será que toda violência é criadora de algo novo?[56]

Questões emergem aqui, não diferentes daquelas colocadas pela própria descrição de Fanon da zona de não-ser. Se quisermos localizar Fanon no lado da "vida ilimitada" como isso poderia ser reconciliado com "o trabalho violento" exigido para o projeto de descolonização?[57] Esse trabalho violento busca, além do mais, "tornar possível a criação do novo" embora "o novo" aqui seja seguramente – um tipo de violência. Como poderíamos entender a violência da qual Mbembe e Fanon falam, uma violência que é tanto criativa quanto se situa do lado da "vida ilimitada"? Com este desafio em mente, podemos nos dirigir, agora, diretamente para a reconceptualização lacaniana da pulsão de morte.

Nossa primeira tarefa para tentar entender como a teorização lacaniana da pulsão de morte pertence ao domínio do político é sublinhar como ela radicalmente diverge da noção freudiana do "Instinto de morte [*death instinct*]". A noção lacaniana da pulsão de morte, diz Slavoj Žižek, em um comentário iluminador,

> nada tem que ver com a ânsia de autoaniquilação, de retorno à ausência inorgânica de toda tensão de vida; ao contrário, ela é o verdadeiro oposto de morrer – o nome da própria vida eterna "não morta", do terrível destino de permanecer preso no ciclo repetitivo e interminável de perambular com culpa e dor. O paradoxo da "pulsão de morte" freudiana, portanto, é que esse é o nome que Freud dá a seu oposto, à maneira como a imortalidade surge na psicanálise, ao sinistro excesso de vida, à ânsia "não morta" que persiste além do ciclo (biológico) de vida e morte, de geração e deterioração. A maior lição da psicanálise é que a vida humana nunca é "só vida": os seres humanos não estão simplesmente vivos, eles são possuídos pela estranha pulsão de gozar a vida em excesso,

---

55 > Na edição brasileira, "A farmácia de Fanon" foi publicada em *Políticas da inimizade* (2020). [N.T.]
56 > Achile Mbembe, "A farmácia de Fanon", in: *Políticas da inimizade*. São Paulo: n-1 edições, 2020, p. 112.
57 > Ibid., p. 112.

apegados apaixonadamente a um excedente que se projeta para fora e perturba o funcionamento comum das coisas.[58]

Em uma leitura comparativa da pulsão de morte nos trabalhos de Lacan e Deleuze, Alenka Zupančič observa similarmente que:

> A pulsão de morte ... não é certamente o primado de alguma vontade obscura ou tendência à agressão, destruição, morte ... é uma noção complexa que deve-se pensar caso se queira colocar uma *afirmação* ... Para Deleuze, a pulsão de morte é uma prerrogativa para a afirmação [ontológica] verdadeira. O que ambos [Lacan e Deleuze] sugerem é que a pulsão de morte não pode ser pensada em termos de uma oposição simples entre vida e morte, pois é precisamente porque é justamente aquilo que nega essa oposição e a (re)configura para começo de conversa.[59]

Estamos a um mundo de distância aqui das asserções pseudo-biológicas de Freud a respeito de um "um instinto [...] presente em todo organismo vivo, tendente à restauração de um estado anterior"[60] da pulsão de morte entendida como "a expressão da inércia da vida orgânica".[61] Ao contrário, muitos dos termos qualificantes usados na descrição acima – pulsão de morte enquanto vínculos passionais subjacentes, enquanto a base para uma forma ontológica de afirmação – estão em completo desacordo com as abordagens padrão do "Instinto de morte" freudiano compreendido como um desejo de dissolver ou aniquilar o próprio si.[62]

Há, ao que parece, mais *vida* do que morte nas descrições acima, mesmo se a vida em questão é de um tipo extraordinário ("morto-vivo", "Imortal"). Encontramos este paradoxo de forma mais óbvia na qualificação de Lacan que "ela não é, com efeito, uma perversão do instinto, mas aquela afirmação desesperada da vida que é a forma mais pura em que reconhecemos o instinto de morte".[63] Como poderíamos compreender o fato de que a pulsão de morte lacaniana concerne mais o mais-de-vida do que morte? O gesto crucial aqui se encontra na insistência da reconceptualização lacaniana de que pulsão de morte não é – bastante paradoxalmente – primeiramente sobre morte (física, biológica). É mais fundamentalmente sobre *pulsão* e, mais precisamente, sobre as pulsões que animam e subjazem a nossos comprometimentos mais ardentes, e que nós perseguimos para além da lógica do

---

58 > Slavoj Žižek, *Visão em paralaxe*. São Paulo: Boitempo, 2008, p. 90.
59 > Alenka Zupančič, *What is Sex?*. Cambridge: MIT Press, 2017, pp. 111-112.
60 > Sigmund Freud, "Além do princípio do prazer", in: *História de uma neurose infantile: ("O homem dos lobos"): além do princípio de prazer e outros textos (1917-1920)*, trad. bras. de Paulo César de Souza. São Paulo: Companhia das Letras, 2010, p. 202.
61 > Ibid.
62 > Charles Rycroft, *A Critical Dictionary of Psychoanalysis*. Londres: Penguin, 1973.
63 > Jacques Lacan, "Função e campo da fala e da linguagem em psicanálise", in: *Escritos*, Rio de Janeiro: Zahar, 1998, p. 321.

acúmulo e dispersão de tensões (em outras palavras, para além do princípio do prazer de Freud). A ênfase está, aqui, decididamente mais na superação, insistência e continuidade – isto é, na *repetição* (que, incidentalmente, explica o interesse filosófico de Deleuze[64] pela pulsão de morte) – do que nos limites da mortalidade ou no impulso em direção à inércia final. Consequentemente, a qualificação oferecida por Sophie Dawkins: "pulsão de morte é obsessão com continuação, não morte mesma [...] é a continuação que importa na conceptualização da pulsão de morte [...] não a cessação da vida".[65]

E ainda assim, não nos damos de cara com o muro aqui? Se a teoria lacaniana da pulsão de morte não é primariamente, ou literalmente, sobre a fisicalidade da morte, então como ela poderia auxiliar-nos, dado que nos ocupamos aqui da subjetividade destinada à morte? Uma qualificação crucial é necessária. Enquanto a pulsão de morte lacaniana não é primariamente sobre a morte corporal efetiva, ela mantém uma relação importante com a perspectiva do falecimento físico. Como sugerido acima, há certos tipos de impulsos pulsionais que o sujeito persegue para além do limiar da dor, a despeito dos múltiplos custos sociais e subjetivos que podem ser incorridos. Dessa maneira, para Lacan, cada instância da pulsão é, potencialmente, uma instanciação da pulsão de morte: a pulsão tomada em sua forma desmesurada despreza qualquer injunção para viver dentro dos imites da autopreservação. De modo talvez inesperado, temos aqui a primeira intimação daquilo que poderia significar falar do estatuto ético da pulsão. O que testemunhamos na pulsão de morte – ou seja, em qualquer pulsão perseguida até o fim, a despeito dos custos incorridos à vivência e bem-estar do sujeito – é uma vontade de fazer todo sacrifício necessário. Quando um tal impulso pulsional se vincula a um objetivo político, aí estamos no domínio ético da pulsão de morte enquanto causa.

O que então estimularia este processo, o que motiva as atividades pulsionais e as mantém em movimento a despeito de se provarem frequentemente prejudiciais, custosas e mesmo arriscadas para a vida, para o sujeito? Isso nos traz de volta para um tema tocado acima, a saber, a ideia da pulsão de morte como um tipo de *vida em excesso de vida* [*life in excess of life*], um modo "morto-vivo" de animação libidinal. Ruti oferece uma série de sinônimos que utilmente sustentam essa caracterização: o caráter "morto-vivo" da pulsão, ela diz, deve ser entendido como um tipo de mais-de-vitalidade, uma energia excessiva, uma forma de agitação corporal.[66] De modo simples: pulsão – e pulsão de morte enquanto pulsão em sua forma não diluída – excede os requerimentos adaptativos e de autopreservação do organismo enquanto entidade biológica. Importantemente, visto que a pulsão de morte

---

64 > Gilles Deleuze, *Diferença e repetição*. São Paulo: Paz & Terra, 1994.
65 > Sophie Dawkins, "Death Drive". Disponível em: https://www.actforlibraries.org/death-drive. Acesso em 18 ago. 2019.
66 > Mari Ruti, *The Singularity of Being*: Lacan and the Immortal Within. Nova York: Fordham University Press, 2012.

pode ser descrita como um excesso de vida "uma pressão, para uma compulsão que persiste além da morte",[67] então ela implica uma *jouissance*, isto é, gratificações libidinais dolorosas que incorremos quando persistimos em uma atividade para além dos parâmetros do prazer ou da autopreservação. Ser um sujeito humano, no interior desse marco teórico, significa ser hospedeiro de uma tendência que se supera – *jouissance* – que perseguimos para além dos linhas divisórias da moderação, normas sociais existentes e nossos próprios interesses que sustentam a melhor vida.

Vale notar que qualquer estimulação afetiva que se eleva para além de um certo limiar pode conduzir à *jouissance*. *Jouissance* não é, enquanto tal, limitada apenas ao afeto negativo ou prejudicial; qualquer vínculo passional é acompanhado por, precisamente, uma tal ordem de excesso. Eu enfatizo esse ponto para sublinhar que a pulsão de morte, apesar de seu *momentum* pleno de *jouissance*, não é necessariamente psicopatológico ou de interesse próprio. Isso pode soar contraditório. Seria, com certeza, qualquer motivação que negligencie considerações de autopreservação e conduza o sujeito para além do princípio do prazer – ou melhor, para o reino do sofrimento –, segundo sua natureza, psicopatológica? Duas respostas são possíveis aqui. Poderíamos conceder, por um lado, que sim, se o psicopatológico é definido em termos daquilo que viola a saúde do sujeito *individual*, então os atos plenos de *jouissance* da pulsão são sempre, por definição, patológicos. E ainda, se o comprometimento do sujeito é algo maior que seu bem-estar – uma causa social, política, moral – então pode-se dizer que a natureza ética do comprometimento prevalece sobre seus custos "psicopatológicos" contingentes.

Isso nos leva a considerar a relação entre a pulsão de morte e a agência. Nós já vimos como instâncias não diluídas da pulsão conduzem o sujeito para além dos parâmetros do meramente natural, além dos imperativos da existência instintual, autopreservativa e adaptativa. Nesse sentido, a pulsão de morte é precisamente o veículo que nos liberta de uma existência natural; é o "antagonismo radical", para citar Žižek, através do qual nós "cortamos o cordão umbilical com a natureza".[68] Isso vale também para as dimensões simbólicas da existência, isto é, para os papeis, identidades, obrigações e leis aceitas que ancoram um sujeito na ordem social, que definem a posição dada de um sujeito. Não obstante quão poderosas e difíceis de serem superadas sejam essas várias formas de ancoragem simbólica, elas também – como veremos – provam-se menos que invioláveis quando se trata da pulsão em suas instâncias mais vigorosas. Há uma boa razão para a alegação de Žižek segundo a

---

67 > Slavoj Žižek, *Visão em paralaxe*. São Paulo: Boitempo, 2008, p. 246.
68 > Slavoj Žižek, *The Sublime Object of Ideology*. Londres: Verso, 1989, pp. 4-5.

qual a pulsão de morte é o nome psicanalítico para "a possibilidade mais radical de um ser humano".[69] Pulsão de morte é, enquanto tal, a agência da negatividade radical.

Dada a distância que estabelecemos do biologismo freudiano (e de leituras mais literais da pulsão de morte), poderia-se perguntar: quais aspectos freudianos permanecem na reconceptualização lacaniana? Isso nos leva para um outro aspecto fundamental da teoria lacaniana da pulsão de morte que devemos ressaltar aqui: o fator da repetição. Embora a referência acima de Žižek à imortalidade da pulsão de morte pareça desnecessariamente dramática, ela oferece um modo efetivo de invocar esse fator da repetição, sublinhando, assim, a *insistência initerrupta* da pulsão. Na teoria psicanalítica, a pulsão é o exemplar da continuação sem fim. Por que este é o caso? Bem, ao contrário do sujeito que é motivado primariamente por objetos do desejo, a pulsão encontra sua motivação não em um objeto, mas na prolongação de sua própria atividade. A satisfação do sujeito se encontra – paradoxalmente – no adiamento permanente de sua satisfação, no não alcançar do objeto completamente. A pulsão é tanto carente de objeto quanto infinita; ela obedece ao imperativo da continuação infinita.

Vale a pena desenvolver as implicações dessa tese. Em contraste ao sujeito que trabalha sob a ilusão de que um objeto irá completá-lo, que alcançá-lo vai, assim, terminar uma dada obrigação ou tarefa política, o sujeito movido pela pulsão encontra satisfação precisamente na continuação, no tentar de novo e de novo apesar do eterno fracasso em alcançar o objeto completamente. O refrão sempre citado de Samuel Beckett: "Tente de novo. Falhe novamente. Falhe melhor" serve, portanto, perfeitamente como mantra da pulsão. Um outro aspecto da dimensão ética da pulsão se torna agora visível. Ao contrário de ser reduzida a um tipo de fixação objetal, a pulsão retém uma fidelidade infinita a uma *atividade* repetitiva e o faz – importantemente – para além de qualquer aspiração de reconhecimento ou recompensa. Não apenas a compulsão da pulsão ocorre para além da redenção de tais objetivos, ela ocorre – como deve ser agora óbvio – a despeito de incorrer tipicamente em perdas subjetivas, sociais e simbólicas severas. Como afirmado, em sua forma desmesurada, a pulsão negligencia normas sociais dadas como também todos os parâmetros daquilo que parece racional, razoável ou permitido em uma dada situação. Tais atividades pulsionais não são, dito estritamente, *corruptíveis*, pelo menos em vista que não são motivações, objetivos e formas de reconhecimento contingentes ou externos ("patológicos"). Ademais, como as atividades pulsionais permanecem sempre insatisfeitas (pelo menos no sentido de alcançar seu objeto) e infinitas, elas não podem ser enganadas por um senso de finalização e completude.[70]

---

69 > Slavoj Žižek, "There is no sexual relationship", in: E. Elizabeth Wright e E. Wright, *The Žižek Reader*. Londres: Blackwell, 1994, p. 190.

70 > Por essa razão, encontramos no *Seminário XI* de Lacan (1964/2008), *Os quatro conceitos fundamentais da psicanálise*, a ideia de que o fim da análise corresponde a uma transição de ser sujeito do desejo para ser um sujeito da pulsão.

Então, embora as repetições incansáveis da pulsão possam, certamente, colocar o sujeito em um curso que conduz para seu prejuízo e mesmo destruição, elas podem também ser entendidas como forma de um comprometimento, um vínculo passional relativo ao qual todo o resto – identificações sociais aceitas, injunções de normas simbólicas cotidianas, o imperativo freudiano do princípio do prazer – é de importância secundária. Com essa discussão em mente, podemos agora entender a enigmática proclamação inicial de que *"o estatuto da pulsão mesma é inerentemente ético"*.[71] Como poderíamos conectar essa consideração teórica da pulsão de morte enquanto moto de mais-vida e agência de negatividade radical com uma instância mais concreta de subjetividade destinada à morte?

na zona entre vida e morte

Na visão de Lacan,[72] a instância exemplar da pulsão de morte enquanto comprometimento radical se encontra na figura de Antígona. O vigésimo primeiro capítulo de sua *A ética da psicanálise* intitula-se "Antígona no entre-duas-mortes" e inclui uma seção intitulada "A pulsão de morte ilustrada". Lacan discute a situação em que Antígona se encontra depois de insistir – contra os desejos do Rei Creonte – em enterrar seu irmão, a despeito do fato de ter sido explicitamente proibida pelas leis do estado de fazê-lo:

> Seu suplício vai consistir em ser trancada, suspensa, na zona entre a vida e a morte. Sem estar ainda morta, ela já está riscada do mundo dos vivos. [...] para Antígona a vida só é abordável, só pode ser vivida e refletida a partir desse limite em que ela já perdeu a vida, em que ela está para além dela [...]. E é também de lá que a imagem de Antígona aparece-nos sob o aspecto que, literalmente, diz-nos ele, faz o Coro perder a cabeça, inflige as justas injustiças, e faz o Coro transportar todos os limites, jogar for a todo o respeito que ele poder ter pelos editos da Cidade.[73]

Há certamente para Lacan algo poderosamente transformador no tornar-se sujeito da pulsão de morte, como é o caso de Antígona. Ela se submete ao teste último do desejo. Seu desejo não é o desejo alienado do Outro; não pode ser ajustado ou moderado de nenhuma forma ["Nenhuma mediação é aqui possível".[74] Pelo fato de que seu desejo foi completamente purificado, esvaziado de conteúdos ou preocupações contingentes ("patológicas"), dado que foi sujeitado a uma atividade única pela qual ela está preparada para sacrificar tudo,

---

71 > Slavoj Žižek, *For They Know Not What They Do*: Enjoyment as a Political Factor. Londres: Verso, 2002, p. 273.
72 > Jaques Lacan, *O seminário, livro 7: a ética da psicanálise*. Rio de Janeiro: Zahar, 2008.
73 > Ibid., p. 331.
74 > Ibid., p. 334

podemos dizer que ela avançou dos parâmetros do desejo para aqueles da pulsão (de morte). É nesse sentido que Antígona é a figura ética paradigmática para Lacan.

É também em *A ética da psicanálise* que Lacan insiste que a pulsão de morte representa a "vontade de criação a partir de nada, vontade de recomeçar".[75] Žižek enfatiza igualmente que a pulsão de morte "abre caminho para a criação de novas formas de vida *ex nihilo*".[76] Como ele formula em outro lugar – um ponto que merece ser reiterado por parecer tão contra intuitivo que a pulsão de morte engendre criatividade –, "para que a criação (simbólica) ocorra, a pulsão de morte ... deve completar seu trabalho de... esvaziar o lugar e então prepara-lo para a criação".[77] Começamos a perceber como esses comentários, à primeira vista implausíveis, se sustentam. Seria elucidativo clarificar aqui a referência acima de Lacan a uma zona – que ressoa de modo sugestivo com a zona do não-ser de Fanon – que existe entre os reinos da vida e da morte. A vida e a morte referidas aqui são mais ambíguas que parecem à primeira mirada: ambas incluem aspectos literais e simbólicos. A Antígona enclausurada, por exemplo, é, embora literalmente viva, simbolicamente morta ["riscada do mundo dos vivos"[78]] em dois sentidos distintos. Ela foi, primeiramente, ejetada da ordem social e, enquanto tal, vive uma vida de morte social. Condenada a execução, ela cruzou, em segundo lugar, o ponto de não retorno e tornou-se efetivamente uma mulher morta ambulante. Ela existe, isto é, em um estado psicológico completamente obscurecido por sua morte que se aproxima velozmente [ela está para além dela"[79]]. E, contudo, é no interior dessa condição de morte simbólica, "desse limite em que ela já perdeu a vida",[80] que uma nova – e radicalmente transformadora – ordem de vida se torna possível.

A perspectiva de Antígona do lugar de morte – tão reminiscente da observação de Biko a respeito sobre "já havia estado morto" e as formas associadas de coragem da juventude da *township* – implica em um ponto-de-vista muito diferente na vida, ou melhor, numa forma de vida *simbólica* que excede a morte. Essa vida simbólica que excede a morte no caso da figura que abandona sua vida por uma Causa tem, pelo menos, dois aspectos. Há, por um lado, a imortalidade simbólica conferida a tal sujeito se seu sacrifício é testemunhado, reconhecido, relembrado, incorporado à história, comemorado, e conferido um estatuto histórico. E há, por outro lado, a perspectiva de como a ordem simbólica existente pode, ela mesma, ser alterada em virtude de um tal sacrifício e a novidade que traz ao mundo. Então,

---

75 > Ibid., p. 255.
76 > Slavoj Žižek, *The Sublime Object of Ideology*. Londres: Verso, 1989, p. 134.
77 > Slavoj Žižek, "From purification to subtraction: Badiou and the real", in: Peter Hallward (org.), *Think Again: Alan Badiou and the Future of Philosophy*. Londres: Continuum, 2004, p. 167.
78 > Jaques Lacan, *O seminário, livro 7: a ética da psicanálise*. Rio de Janeiro: Zahar, 2008, p. 331.
79 > Ibid., p. 331.
80 > Ibid., p. 331.

nós temos, para sublinhar o ponto, a vida simbólica que vem da marcação repetitiva da morte e a vida de uma novidade – parto, nascimento – surgindo em virtude do fato de que a ordem simbólica se transformou.

Devemos notar as ramificações psicológicas que resultam do tornar-se sujeito da pulsão de morte. O que Lacan argumenta a respeito de Antígona é que qualquer investimento inconsciente remanescente que ela tinha na ordem simbólica é agora abandonado por ela, expurgado, agora que ela se tornou sujeito da pulsão de morte. A isso ele se refere quando diz que é da perspectiva destinada à morte de Antígona que qualquer respeito pelos "éditos da cidade" – ou seja, pelas leis e normas do domínio simbólico – são deixados de lado, e deixados de lado – isso é importante – tanto para Antígona quanto para o coro que testemunha. Não devemos passar muito rápido por essa ideia, a saber, que é através da pulsão de morte que são superados todos os comprometimentos inconscientes ao *status quo* da ordem simbólica existente. Reiterar este ponto nos permite retornar a Fanon que, vale lembrar – e isso é crucial – descreve as possibilidades de desalienação da zona de não-ser diretamente depois de lançar a questão "Que quer o homem negro?",[81] uma questão que, como ele afirma, traz consigo a resposta inconsciente prospectiva "ser branco".[82] Em outras palavras, uma maneira de erradicar tais desejos alienantes é entrar na zona de não-ser, que, via Lacan, pode ser conceptualizada também como a zona entre vida e morte, a zona que abre a perspectiva de agência para a pulsão de morte. É importante que aquilo que discutimos aqui não deve se limitar a efeitos meramente individuais e psicológicos. Ser sujeito da pulsão de morte não permite apenas o desinvestimento de si de tais efeitos inconscientes remanescentes de poder, mas significa também que se pode colocar em questão as escoras mesmas do simbólico para uma comunidade política mais ampla [tal efeito prospectivo nos traz a reflexão presciente de Biko: "sua ... morte pode ser algo politizador".[83]

Depois de sugerir mais cedo que a pulsão de morte não precisa ser entendida em termos de morte (literal) e/ou destruição, podemos salientar agora uma forma prospectiva na qual a pulsão de morte *de fato* almeja atingir ambos os fins. Como vimos, a pulsão de morte traz consigo a perspectiva do falecimento de desejos alienados, como também a suspensão do controle do simbólico sobre o sujeito. Com referência a Antígona, podemos ver como, ao persistir para além tanto dos limites do princípio do prazer quanto de sua morte simbólica, ela efetivamente para de ser o que era, o que a ordem simbólica determinara que ela fosse. Até seu comprometimento radical com o enterro do irmão a todo custo, ela tivera uma posição pré-estabelecida na ordem simbólica, o dado papel social, uma posição subjetiva

---

81 > Frantz Fanon, *Pele negra, máscaras brancas*. Salvador: EDUFBA, 2008 [1952], p. 26.
82 > Ibid., p. 27.
83 > Donald Woods, *Biko*. Londres: Paddington Press, 1978, p. 152.

viável. Ao adentrar a zona entre vida e morte (ou, como Lacan vez ou outra coloca "a zona do *entre-duas-mortes*",[84] referindo-se à distinção entre morte simbólica e física), Antígona vira suas costas para o simbólico, para a rede trans-subjetiva de crenças, leis e costumes coletivos que funcionaram tanto para vincular a sociedade quanto para mediar a substância de sua experiência subjetiva cotidiana. Antígona se afasta, assim, dos valores e leis da ordem simbólica; eles não têm mais um papel regulador na moderação do que ela quer.

Mas como Dawkins aponta, tal sujeito da pulsão de morte "não escapa completamente a ordem simbólica, ele ou ela a recriam para satisfazer um impulso eterno de continuar: morto, mas vivo; vivendo apesar de morto".[85] Isso nos oferece uma oportunidade para clarificar como a noção lacaniana de pulsão de morte complica as distinções categoriais entre vida e morte, além de demonstrar a ambiguidade inerente a cada um desses conceitos. Pode-se dizer que Antígona está "vivendo apesar de morta" no sentido de estar vorazmente, *libidinalmente* viva, vigorada pela mais-vitalidade (*jouissance*), muito embora ela seja simbolicamente morta (ejetada da sociedade, consignada para a desgraça, feita 'imperdoável'). E, ainda assim, Antígona é também "morta, mas viva". Seu impulso implacável para enterrar seu irmão significara que ela entrou na trajetória da morte, assumira a subjetividade destinada à morte, mesmo quando seu comprometimento com tal causa ética contenha a potencialidade para uma vida futura em virtude dos efeitos históricos que colocam em cena.

A posicionalidade destinada à morte é, ela mesma, uma precondição para a emergência daquilo que é genuinamente novo, uma ordem diferente de vida, para – como Deleuze o diria – uma forma propriamente ontológica de afirmação.[86] É através de uma apreciação dessa aspiração incessante para revirar um mundo simbólico dado e produzir algo novo que o potencial revolucionário da pulsão de morte torna-se nítido. Temos, assim, com a ideia da pulsão de morte como um modo de mais-vida que imbui o sujeito com a agência da negatividade racial, uma apta resposta aos comentários paradoxais de Mbembe a respeito da relação entre criatividade e violência em Fanon. Mbembe, vale lembrar, se refere a um tipo de "trabalho violento".[87] O projeto de decolonização de Fanon, pressupondo um "desejo de uma vida ilimitada" e visando "o princípio da vida... a criação do novo",[88] requer, para Mbembe, tal trabalho violento. Estamos agora na posição de afirmar o nome lacaniano para esta forma de trabalho violento de descolonização não é outro senão... pulsão de morte.

---

84 > Jaques Lacan, *O seminário, livro 7: a ética da psicanálise*. Rio de Janeiro: Zahar, 2008, p. 374.
85 > Sophie Dawkins, "Death Drive". Disponível em: https://www.actforlibraries.org/death-drive. Acesso em 18 ago. 2019.
86 > Gilles Deleuze, *Diferença e repetição*. São Paulo: Paz & Terra, 1994
87 > Achile Mbembe, "A farmácia de Fanon", in: *Políticas da inimizade*. São Paulo: n-1 edições, 2020, p. 112.
88 > Ibid., p. 112.

conclusão

Para Fanon, escrevendo em 1952, há uma "zona de não-ser, uma região extraordinariamente estéril e árida, uma rampa essencialmente despojada, onde um autêntico ressurgimento pode acontecer".[89] Para Lacan, oferecendo seu sétimo seminário em 1960, há uma "zona do *entre-duas-mortes*"[90] a partir da qual se é "riscada do mundo dos vivos" e de onde se pode "transpor todos os limites, jogar fora [os] editos da cidade".[91] Essa é uma justaposição sugestiva, que indica que há um degrau de concordância no que esses dois teóricos, cada um a sua maneira, tentavam teorizar.

Como se vê há uma conexão histórica interessante – mesmo que atenuada – entre essas duas concepções. No dia 10 de maio de 1960, Laurence Bataille, a filha mais velha da segunda esposa de Lacan, Sylvia Bataille, foi presa e enviada para a prisão de *la Roquette* por seis semanas. Ela foi presa por suas atividades de apoio ao FLN (*Front de liberation national* da Argélia), a mesma causa revolucionária à qual Fanon se dedicou. Lacan estava no processo ensinar *A ética da psicanálise* (o seminário a partir do qual as linhas acima foram retiradas), e levou para Laurence uma transcrição do trabalho em progresso quando a visitou na prisão. Essa foi uma decisão correta, como observa a biógrafa de Lacan, Elisabeth Roudinesco (1997),[92] dado que – como vimos – o texto era em grande parte um comentário sobre a rebelião de Antígona contra Creonte. Lacan de fato referiu-se a Laurence como sua "pequena Antígona". Em agosto de 1960, ele escreveu para D.W. Winnicott a respeito da prisão de Laurence, notando que ela "deu-nos este ano muita preocupação (do que nós estamos orgulhosos), tendo sido presa por suas relações políticas".[93]

Embora essa conexão entre os mundos de Lacan e Fanon pareça fascinante, nós devemos, por razões óbvias, manter-nos cautelosos com outras extrapolações. Sem querer fazer um ponto muito estreito, a situação política de Laurence – não importa quão admirável – não era a de Fanon; a dela não era uma "descida aos verdadeiros Infernos"; sua vida não era definida por objetificações desumanizadoras do racismo ou pela luta contra antinegritude. O mesmo se aplica a Lacan, de quem se poderia dizer que tinha muito pouco, ou mesmo nada, profundo a dizer sobre raça.[94] Enquanto tal, a despeito da perspectiva de identificar

---

89 > Frantz Fanon, *Pele negra, máscaras brancas*. Salvador: EDUFBA, 2008 [1952], p. 26.
90 > Jaques Lacan, *O seminário, livro 7: a ética da psicanálise*. Rio de Janeiro: Zahar, 2008, p. 374.
91 > Ibid., p. 331.
92 >
93 > Jacques Lacan, "Carta de Jacques Lacan a Donald Winnicott", *Natureza humana*, v. 7, n 2, 2005 [1960], p. 475.
94 > Devo essa formulação a David Marriott. Um argumento contrário instrutivo pode ser encontrado em Azeen Khan, "Lacan and Race", in: Ankhi Mukherjee (org.), *After Lacan*: Literature, Theory, & Psychoanalysis in the Twenty-First Century. Cambridge: Cambridge University Press, 2018.

conjunções teóricas prospectivas e pontos de interseção,[95] é prudente manter separadas as trajetórias intelectuais e projetos de pesquisa desses dois homens. Fanon era extremamente preocupado com o racismo, com a luta contra o colonialismo e com o potencial de agência revolucionária que pode emergir da zona de não-ser. Lacan, em contraste, se preocupou com a formulação de uma forma de ética distintivamente psicanalítica, explorando a transição de ser um sujeito de desejos inconscientes alienados para ser um que não abandona [ou "cede", para citar Lacan[96]] um comprometimento radical, tornando-se assim – pelo menos na minha leitura – um sujeito da pulsão.[97] Não importa quão separados os dois projetos intelectuais possam parecer, podemos, ainda assim, colocar a seguinte pergunta nesse ponto: Seria a tarefa de transcender desejos inconscientes alienados (que, pelo menos na teoria lacaniana, são dirigidas a objetos, necessariamente associados com questões de reconhecimento simbólico e os desejos do Outro) uma parte necessária da agência política revolucionária?[98]

Dito tudo isso, a noção reconsiderada por Lacan da pulsão de morte é, assim penso, melhor abordada como um conceito auxiliar – um tipo de suplemento psicanalítico – para a ideia de Fanon da zona do não-ser. Há benefícios em fazer isso. Contemplar a dimensão ética da pulsão de morte lacaniana nos permite oferecer respostas para questões que a literatura secundária em Fanon – incluindo conceptualizações fenomenológicas e existencialistas – parece não ter respondido adequadamente. Qual seria, por exemplo, o fator animador que subjaz, que *impulsiona* [*drives*] o vínculo passional a causas que arriscam a vida? Quais são, ademais, os processos psíquicos subjacentes que podem, se tomados em conjunção com o "descida aos verdadeiros Infernos", resultar em formas revolucionárias de agência política? Pensar a pulsão de morte nos termos qualificados listados acima nos permite responder estas interrogações. Contemplar a dimensão ética da pulsão de morte enquanto mais-de-vida, como aquela que persiste para além dos limites do que é prazeroso, moderato ou preservador da vida, como aquilo que subjaz a uma fidelidade incessante a uma causa, e como aquilo que libera o sujeito para os *potenciais transformadores* do viver entre vida e morte; dessa maneira, somos capazes de oferecer uma explicação convincente da negatividade radical – e, portanto, *agência* radical – que a zona de não-ser potencialmente engendra.

---

95 > Derek Hook, "Fanon with Lacan: Decolonialization by psychoanalytic means...?", *Journal of the British Society for Phenomenology*, v. 51, n. 4, 2020, pp. 305-319.

96 > Jaques Lacan, *O seminário, livro 7: a ética da psicanálise*. Rio de Janeiro: Zahar, 2008, p. 104.

97 > Essa é, obviamente, a minha interpretação das preocupações de Lacan no sétimo seminário, *A ética da psicanálise*. É uma interpretação que pode ser deficiente por sobrepor, retrospectivamente, as teorizações subsequentes de Lacan no seu décimo primeiro seminário, *Os quatro conceitos fundamentais da psicanálise*, a sua obra anterior anterior. Para abordagens mais exaustivas d'*A ética da psicanálise*, ver: Marc De Kesel, *Eros and Ethics*: Reading Jacques Lacan's Seminar VII. Nova York: SUNY Press, 2009; Calum Neill, Lacanian Ethics and the Assumption of Subjectivity. Londres, Nova York: Palgrave, 2011; Alenka Zupančič, *The Ethics of the Real*. Londres: Verso, 2012.

98 > Marriott faz um ponto semelhante, embora em um contexto diferente, ao sustentar que, para Fanon, "a linguagem da neurose [...] [não é] nunca simplesmente secundária à 'linguagem da experiência política'" (David Marriott, "Whiter Fanon?", *Textual* Practice, v. 25, n. 11, 2011, pp. 33-69).

> george, sheldon <.> gozo e mal-estar: um encontro entre psicanálise, raça e a escravidão americana[1] <.> tradução • costa, luisa <

Nosso clima político atual tem levantado temores acerca do futuro da América. Muitos encontram, emanando da esfera política, uma nova permissão para discriminar outras raças, permissão que eles temem poder levar à dissolução dos valores americanos e, potencialmente, à dissolução da própria nação. Proponho, entretanto, que o maior perigo possa ser que essa licença tenha pouco impacto destrutivo sobre a estrutura ampla da nossa sociedade civil. Raça e racismo detêm uma relação tensa com o que Sigmund Freud chamou de mal-estar na civilização. Freud sustentou que o passo decisivo no desenvolvimento da civilização foi a substituição do poder do indivíduo pelo poder da comunidade.[2] Ele observou tais formações com base na renúncia do impulso de gratificação[3] e no cerceamento dos instintos naturais de "agressividade e destruição".[4] Neste sentido, Freud argumentou que a própria civilização é amplamente responsável pela nossa miséria,[5] frustrando nossa busca pelo prazer instintivo.[6] Porém, prenunciando temores contemporâneos, a teoria de Freud também implica e leva a regressões no desenvolvimento da civilização.

Freud observou que, além da formação inicial da comunidade, o curso do desenvolvimento cultural na civilização "parece tender a tornar a lei não mais uma expressão da vontade de uma comunidade pequena [...] ou grupo racial — o qual, por sua vez, se comporta como um indivíduo violento em relação a outros grupos de pessoas, talvez até mais

---

1 > Artigo originalmente publicado como: Sheldon George, "Jouissance and Discontent: A Meeting of Psychoanalysis, Race, and American Slavery", in: D. Goodman, E. Severson e H. Macdonald (orgs.). *Race, Rage and Resistance*. Londres: Routledge, 2019.
2 > Sigmund Freud, *Civilization and Its Discontents*. Londres: Hogarth Press, 1986 [1915], p. 95.
3 > Sigmund Freud, *Thoughts for the Times on War and Death*. Londres: Hogarth Press, p. 282.
4 > Sigmund Freud, *Civilization and Its Discontents*. Londres: Hogarth Press, 1986 [1915], p. 119.
5 > Ibid., p. 86.
6 > Ibid., p. 87.

numeroso".⁷ Sugerindo a incomensurabilidade desses instintos de grupo e individuais para com a comunidade, Freud argumenta que, como consequência do fato de que "paixões instintivas são mais fortes do que interesses razoáveis, a sociedade civilizada é perpetuamente ameaçada pela desintegração".⁸ Contudo, começando com a escravidão, o que a história da raça e do racismo na América tem mostrado é a possibilidade de a civilização se sustentar nesses instintos de agressão e destruição, cuja repressão, na teoria de Freud, parece tão essencial para o progresso social.

O próprio Freud permaneceu amplamente despreocupado com a questão do racismo. Após os horrores da Grande Guerra, Freud deu voz a seu assombro ao reconhecer o grande poder que os instintos destrutivos têm sobre a civilização. Ele lamentou que a inesperada preeminência de tais instintos em membros da "raça branca" tenham dado origem a conflitos internos. Como Freud revela, "nós estávamos preparados para ver que guerras entre pessoas civilizadas e pessoas primitivas, entre raças divididas pela cor da pele [...], ocupariam a humanidade por algum tempo," mas "nós tínhamos a expectativa de que as grandes nações civilizadas dominadoras do mundo encontrariam um outro modo de resolver mal-entendidos e conflitos de interesse".⁹ Prejudicado pelo que devemos reconhecer como racismo, causador da sua relutância em alinhar os instintos primitivos com as "nações brancas" civilizadas, Freud fica chocado com a assustadora onipresença dos impulsos agressivos quando eles não são direcionados a outras raças. Como Jacques Lacan especifica em sua releitura da teoria freudiana, Freud fica chocado mais especificamente pelo "horror do homem civilizado", cuja brutalidade parece recém-revelada pela guerra.¹⁰ Mas a própria rearticulação de Lacan sobre esses instintos está atrelada ao "assustador núcleo do *destrudo*¹¹" ou à pulsão de morte — "uma 'agressão inconsciente'" — que o desejo de cada um pelo prazer nos habilita a imaginar a escravidão como um ressurgimento precoce do prazer pela destruição na história americana, produzida pela nação branca dominante de Freud, precisamente através da estruturação da civilização em torno da identidade racial".¹²

A escravidão, eu argumento, e a história do racismo oriunda dela, possibilita-nos um *insight* único sobre as agressões que maculam a subjetividade de nossa psique. Através de

---

7 > Ibid., p. 95.
8 > Ibid., p. 112.
9 > Sigmund Freud, *Civilization and Its Discontents*. Standard Edition 13. Londres: Hogarth Press, 1986 [1915], p. 276.
10 > Jacques Lacan, *The Seminar of Jacques Lacan Book VII: The Ethics of Psychoanalysis*, trad. de D. Porter Nova York: Norton, 1997, p. 194.
11 > A partir do *International dictionary of psychoanalysis*, de Alain de Mijolla, o termo *destrudo* tem como definição uma energia especificamente associada à pulsão de morte, embora o termo apareça em *O Ego e o Id* (1923), não sendo retomado ou utilizado posteriormente por Sigmund Freud. [N.T.]
12 > Jacques Lacan, *The Seminar of Jacques Lacan Book VII: The Ethics of Psychoanalysis*, trad. de D. Porter. Nova York: Norton, 1997, p. 194.

um esforço focado na articulação dessas agressões, em relação à *raça* e ao conceito de Lacan de *gozo*, mostrarei a seguir que a escravidão revelou a condição psíquica de alienação que guia a subjetividade em sua perseguição perpétua do gozo. O aprisionamento do escravizado americano permitiu uma evidente manifestação de tal alienação subjetiva, fixando esta realidade psíquica exclusivamente ao escravizado, enquanto a própria raça é gerada como uma fonte compensatória de gozo, um objeto *a* lacaniano. Minha proposta é que este objeto *a* fantasioso estruturou a identidade nacional em meio a uma "alvura" impossível que continua a enraizar o progresso social, simultaneamente com a fantasia e com a agressão. Esses meios pelos quais os afro-americanos têm respondido à sua alienação tanto psíquica quanto social claramente mostram a função mais ampla da fantasia e da religião em reproduzir o gozo que, como Lacan especifica, está sempre perdido para o sujeito. Traçarei a busca afro-americana desse gozo fantasioso e religioso através da análise não apenas da escravidão em si, mas também do trabalho da folclorista afro-americana Zora Neale Hurston, cujos escritos nos permitem rastrear a trajetória histórica do objeto *a* em sua produção fantasiosa, primeiro da alma religiosa do escravizado e depois do africano com identidade racial americana. Incomodar essa produção, como mostrarei, é o conflito subjetivo básico, inicialmente identificado por Freud, entre a busca do gozo e as identidades raciais por meio das quais os sujeitos se situam em amplas estruturas da comunidade.

o gozo e a instituição moderna da escravidão

A formação racializada de uma identidade de grupo comum permitiu expressões não usuais de agressão na sociedade americana antebellum. Esse período histórico facilitou de maneira única nossa mudança do foco freudiano, na reconhecida brutalidade do homem civilizado na guerra, para o que Lacan chama de mal localizado no "recôndito do coração" de cada homem.[13] Através dessa mudança, gostaria de sugerir a noção da psique como algo inter-racial e um entendimento da escravidão não como um primitivismo próprio do passado, mas como uma selvageria essencial ao moderno. Ao rejeitar que há uma separação mais estrita entre o primitivismo e a civilização, muito frequentemente implicados nas teorias de Freud, minha leitura, aqui, está alinhada com a afirmação de alguns pensadores, como o teórico de estudos culturais Paul Gilroy, de que "todas as simples periodizações do moderno e do pós-moderno precisam ser drasticamente repensadas"[14] através do reconhecimento da escra-

---

13 > Ibid.
14 > Paul Gilroy, *The Black Atlantic: Modernity and Double Consciousness*. Cambridge, MA: Harvard University Press, 1993, p. 42.

vidão como "o núcleo de nascimento da sociedade moderna".[15] A escravidão não apenas provê a estrutura econômica que criou a América moderna, mas, como sugerirei, posiciona os escravizados afro-americanos entre o que podemos chamar de os primeiros sujeitos verdadeiramente modernos, desenvolvendo em si próprios uma apreciação única pela alienação e pela fragmentação, décadas antes desta sensibilidade distintiva vir a caracterizar momentos históricos posteriores.

Definições clássicas de modernismo identificam um novo sentido de alienação que emerge no sujeito como um resultado direto da Primeira Guerra Mundial, descrevendo-a como significativamente aumentada no pós-modernismo que seguiria a Segunda Grande Guerra. As duas Grandes Guerras são justamente reconhecidas por expor a sociedade "civilizada" à selvageria inata da humanidade, manifestando uma versão desconhecida do eu cuja existência fez com que essa sociedade questionasse o valor de suas religiões e crenças. Confrontado após a Primeira Guerra Mundial, com um deserto de morte e destruição, T.S. Eliot dá voz a uma pergunta que caracterizaria o sentimento de alienação e incerteza que assolava os tempos: "Quais são as raízes que se agarram, que galhos crescem / Desse lixo pedregoso?".[16] Eliot articula uma busca de sentido substancial que, em certa medida, seria fornecido pela psicanálise, na forma de uma noção materializada do eu como fragmentado entre a consciência e uma brutalidade inconsciente agora visível.

Ao reconhecer as implicações mais profundas da alienação subjetiva do inconsciente, através do despojamento da guerra dos "acréscimos posteriores da civilização",[17] Freud declarou à audiência moderna, que restava horrorizada pela violência da Primeira Guerra Mundial, que "a mente primitiva" é, no sentido mais estrito, "Imperecível",[18] concluindo instantaneamente que os humanos não são nada mais nada menos que uma "gangue de assassinos".[19] Enquanto fundamentava o significado em uma noção de fragmentação e brutalidade instintiva, Freud corroeu ainda mais a base da certeza religiosa ao declarar o cristianismo como apenas um meio de "expiação" da culpa, através da morte figurada do filho, em decorrência do desejo edipiano de matar o pai.[20] Ao fazê-lo, Freud produziu para os sujeitos modernos uma imagem de si mesmos como vinculados a outros, dentro da civilização, por um "grande crime" comum, cometido no nível psíquico de seus desejos,[21] um crime que fez

---

15 > Ibid., p. 63.
16 > T. S. Eliot, *The Waste Land*. Nova York: Norton, 2001, p. 5.
17 > Sigmund Freud, *Thoughts for the Times on War and Death*. Standard Edition 14. Londres: Hogarth Press, 1986 [1915], p. 299.
18 > Ibid., p. 286.
19 > Ibid., p. 297.
20 > Sigmund Freud, *Totem and Taboo*. Standard Edition 13. Londres: Hogarth Press, 1986 [1913], p. 154.
21 > Ibid., p. 150.

com que a humanidade criasse a civilização e suas leis de proibição por "culpa", por desejos que sempre ameaçam nos levar a novos atos patricidas e transgressores.[22]

Mas esse confronto moderno com a psique dividida entre o impulso de destruir e as estruturas de Eros exaltadas pela civilização já é reconhecível na instituição da escravidão. A escravidão dos negros americanos dentro da refinada sociedade sulista facilitou uma manifestação social da psique dividida. Para o cavalheiro sulista, como observa Eugene Genovese, "força, graciosidade e gentileza", os marcadores da posição do senhor de escravizados sulista, dentro da sociedade civilizada, passaram a coexistir na esfera social com seu impulso instintivo para a agressão, "sua impulsividade, violência e instabilidade".[23] De maneira compreensível pela teoria lacaniana, essa coexistência da civilização e das pulsões não reprimidas do senhor significava, para o escravizado, que sua alienação psíquica se manifestasse como uma realidade social reconhecível. Podemos começar a compreender essas dinâmicas sociais e a pulsão psíquica de gozo que a estrutura, retornando à discussão de Lacan sobre o que ele chama de vel da alienação, a escolha forçada que cada sujeito faz para se alienar do gozo a fim de alcançar subjetividade (ver Figura 1). Por meio da noção de gozo, o vel de Lacan repensa a discussão freudiana sobre as pulsões e ressitua o momento em que o sujeito perde o acesso aos prazeres que os instintos garantem. O ponto em que Freud havia ligado o sacrifício dos instintos ao nascimento da civilização,[24] Lacan descreve o gozo como a "libra de carne" ou o prazer "sacrificado" que todos os sujeitos renunciam em nome da entrada no mundo simbólico do significado.[25] Essa entrada constitui o sujeito como cisão entre o sentido e o que Lacan chama de ser. O fato de o Simbólico ser estruturado pela linguagem do Outro faz o sujeito acessar a subjetividade pela capacidade da linguagem de organizar o sentido; mas a subjetividade simultaneamente priva os sujeitos do acesso a todas as partes do eu que escapam à linguagem. Essa privação constitui, dentro do psiquismo, uma parte perdida do eu, chamada ser, a que o sujeito renuncia, mas que os instintos ou, na terminologia de Lacan, as pulsões procuram insistentemente manifestar; o que acaba sendo perdido para o sujeito não é apenas o ser, mas também o gozo, o prazer vinculado ao ser que os sujeitos sempre procuram acessar pelas duas modalidades de fantasia e transgressão da lei, ambas podem servir para satisfazer os impulsos da pulsão de agressão e destruição.

---

22 > Ibid., p. 143.
23 > Eugene D. Genovese, *The Political Economy of Slavery*. Londres: MacGibbon and Kee, 1966, p. 33.
24 > Sigmund Freud, *Civilization and Its Discontents*. Standard Edition 13. Londres: Hogarth Press, 1986 [1930], p. 95.
25 > Jacques Lacan, *The Seminar of Jacques Lacan Book VII: The Ethics of Psychoanalysis*, trad. de D. Porter. Nova York: Norton, 1997, p. 322.

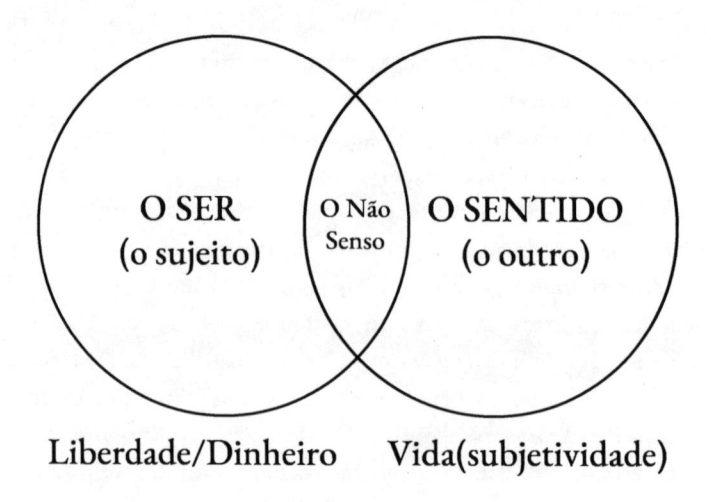

```
        O SER      O Não    O SENTIDO
      (o sujeito)  Senso     (o outro)


      Liberdade/Dinheiro    Vida(subjetividade)
```

Figura 1: O Vel da Alienação

É particularmente por meio da fusão da fantasia e da agressão transgressiva, como com o racismo, que a pulsão pode indiretamente perseguir o gozo na esfera social. Lacan claramente especifica que a pulsão não é direcionada diretamente a objetos externos de prazer. Pelo contrário, a pulsão é "interna" à subjetividade,[26] manifestando a "vida irreprimível" subtraída do sujeito,[27] o ser que sobrevive à divisão[28] do *vel* emergindo fora da agência do significante apenas como uma "força constante" interior.[29] Mas essa força insistente traz consigo uma perda psíquica que, por meio da fantasia, é reassociada ao Simbólico; a pulsão é "coextensiva" com o que Lacan descreve como uma "recordação" fantástica que "historiciza" o ser como uma fonte recuperável de gozo sacrificado em um momento identificável no tempo.[30] Lacan indica o verdadeiro status temporal desse ser perdido em sua descrição do *vel* como uma escolha forçada que, desde o início, "condena o sujeito a aparecer apenas em [uma] divisão", de modo que "aparece, de um lado, como sentido, produzido pelo significante, aparece, do outro, como afânise", ou desaparecimento do ser.[31] A subjetividade, mostra ele, surge apenas por meio dessa cisão, produzindo uma ausência que especificamente constitui,

---

26 > Jacques Lacan, *The Seminar of Jacques Lacan Book XI: The Four Fundamental Concepts of Psychoanalysis*, trad. de A. Sheridan. Nova York: Norton, 1998, p. 167.
27 > Ibid., p. 198.
28 > Ibid., p. 197.
29 > Ibid., p. 164.
30 > Jacques Lacan, *The Seminar of Jacques Lacan Book VII: The Ethics of Psychoanalysis*, trad. de D. Porter. Nova York: Norton, 1997, p. 209.
31 > Ibid., p. 210.

e não precede, a formação do sujeito a formação do sujeito; mas por estar sempre alienado pela linguagem, o sujeito constituído ainda é movido pela fantasia de uma unidade anterior com o ser perdido, uma psique unificada que existia antes da cisão da formação subjetiva. Por meio do que Lacan identifica como essa "miragem" de um eu previamente unificado,[32] as buscas e os desejos do sujeito passam a ser "agitados na pulsão".[33] Essa fantástica unidade perdida organiza a pulsão do sujeito como fundamentalmente uma pulsão de morte, ou uma "vontade de destruição", que é violentamente direcionada ao Simbólico na busca incansável do sujeito por "outra coisa" não "registrada na cadeia significante [do Simbólico]" — um ser ausente, perdido, que pode enraizar o sujeito em perpétuo estado de gozo.[34]

No ponto em que pulsão visa manifestar no Simbólico o gozo anterior à cisão do sujeito, a própria escravidão pode ser identificada como uma historicização do gozo, como o que podemos chamar, a partir de Lacan, de "ponto de referência", por meio do qual reconhecemos o gozo e "a pulsão de morte [como] situada no domínio histórico".[35] A teoria de Lacan evidencia esse vínculo histórico entre escravidão e gozo. Significativamente, Lacan chama seu *vel* subjetivante de "alienação primária", aquela "pela qual o homem entra no caminho da escravidão".[36] Ele explica esse *vel* tanto pela escolha que confronta a vítima de um assalto — Seu dinheiro ou sua vida! — quanto pela escolha que confronta o escravizado — Sua liberdade ou sua vida!.[37] Em ambos os casos, ele comunica, o sujeito só pode manter sua vida por meio de uma alienação constritiva que força seu sacrifício de algo valioso, pois se ele escolher o dinheiro ou a liberdade sobre a vida, ele perde tanto sua vida quanto a preciosa liberdade ou o dinheiro que não sacrificaria ao Outro. Apresentando essa leitura pela primeira vez no Seminário XI, Lacan reforça essa associação do ser com a liberdade e o dinheiro anos depois, no Seminário XVII, por meio de discussões sobre economia e escravidão que fornecem algumas de suas articulações mais convincentes de gozo. Aqui, em uma leitura que nos permite teorizar a interconexão entre a escravidão e o capitalismo, de maneiras não totalmente reconhecidas pelo próprio Lacan, que levanta o argumento contundente de que o capitalismo permitiu o acesso a uma forma quantificável de gozo, sustentando que, a partir de algum "tráfego desconhecido de navios ao redor de Gênova,

---

32 > Jacques Lacan, *The Seminar of Jacques Lacan Book XI: The Four Fundamental Concepts of Psychoanalysis*, trad. de A. Sheridan. Nova York: Norton, 1998, p. 26.

33 > Ibid., p. 243.

34 > Jacques Lacan, *The Seminar of Jacques Lacan Book VII: The Ethics of Psychoanalysis*, trad. de D. Porter. Nova York: Norton, 1997, p. 212.

35 > Ibid., p. 211.

36 > Jacques Lacan, *The Seminar of Jacques Lacan Book XI: The Four Fundamental Concepts of Psychoanalysis*, trad. de A. Sheridan. Nova York: Norton, 1998, p. 212.

37 > Ibid.

ou no Mar Mediterrâneo, ou em qualquer outro lugar", em "um certo ponto da história", "começa o capital" e "o gozo tornou-se calculável, podia ser contado, totalizado".[38]

Como a discussão de Lacan sobre a escravidão está centrada, em sua prática, nas sociedades como a Grécia e a Roma clássicas, ele não reconhece o fato de que esse tráfego de navios torna o gozo calculável, facilitando não apenas o transporte de mercadorias, mas também a transformação de indivíduos em mercadorias. O que Lacan reconhece, no entanto, é que tal tráfico é coextensivo a uma mudança no discurso do mestre, nesse momento da história.[39] De fato, o que começa a se desenvolver através do capitalismo e da escravidão, como sugiro, é "uma sociedade fundada" no discurso do senhor,[40] cujo propósito é mascarar a divisão do senhor, apresentando os objetos de sua posse como prova de que nada lhe falta.[41] Lacan fez esse discurso em suas repetidas críticas à fórmula cartesiana *cogito ergo sum* — "penso, logo existo" — como se enraizasse o sujeito em uma fantasia do eu como um todo e "unívoco".[42] No Seminário XVII, Lacan retoma a noção de *vel* para enfatizar que essa univocidade ilusória mascara a verdadeira condição do sujeito; ele insiste que aquilo com que o sujeito é confrontado no *vel* é mais propriamente expressado na escolha "ou eu não estou pensando ou eu não sou",[43] e elabora que "lá onde estou pensando não me reconheço" porque é "o inconsciente", não o sujeito, que pensa.[44] Destacando o inconsciente como aquela zona de não sentido, já apresentada na Figura 1, Lacan reconhece o *cogito* como um esforço para contornar a falta e a verdade do inconsciente por meio de uma fantasia de univocidade, mas não reconhece o papel paralelo do *cogito* na constituição desse eu unívoco como um eu racial unificado.

Articulada em 1637, quando o tráfico negreiro no oceano Atlântico já estava plenamente estabelecido, a visão de René Descartes da mente humana fundamentada na racionalidade ajudou a facilitar uma separação existencial das raças que estratificou sua relação calculável com o ser, estabelecendo-as como gradações quantificáveis dos seres humanos. Como observou Henry Louis Gates Jr., a Era do Iluminismo, a qual Descartes ajudaria a dar à luz, é "famosa por estabelecer sua existência na capacidade humana de raciocinar" e "usou simultaneamente a ausência e a presença de 'razão' para delimitar e circunscrever a própria humanidade das culturas e das pessoas de cor que os europeus vinham 'descobrindo'

---

38 > Jacques Lacan, *The Seminar of Jacques Lacan Book XVII: The Other Side of Psychoanalysis*, trad. de R. Grigg. Nova York: Norton, 2007, p. 177.
39 > Ibid., p. 177.
40 > Ibid., p. 126.
41 > Ibid., p. 103.
42 > Ibid.
43 > Ibid.
44 > Ibid.

desde o Renascimento".⁴⁵ Esse processo pelo qual a razão foi usada para vincular o ser à raça tem suas raízes, em última análise, em um conceito anterior para a ordenação do Simbólico chamado Grande Cadeia do Ser, um conceito que se origina com Platão e Aristóteles, mas se estende para dentro e além do Renascimento e do Iluminismo. Esse conceito estabeleceu uma estrutura hierárquica para o Simbólico, ordenando verticalmente todos os níveis do ser, de Deus, as várias ordens de anjos, até objetos terrestres, animados ou inanimados, de modo que "em 1750, a cadeia se individualizou" com uma subdivisão da "escala humana"⁴⁶ que posicionava os negros "como a 'mais baixa' das raças humanas, ou como primo em primeiro grau do macaco".⁴⁷ A raça passou a ser um sinal externo das capacidades internas de razão e sentimento, duas características diferenciadoras entre os seres dentro da cadeia que continuariam a dominar as construções americanas posteriores de identidade racial.

De fato, tão poderosa foi sua influência que essas características foram articuladas pelo próprio Thomas Jefferson, terceiro presidente dos Estados Unidos e autor da "Declaração de Independência", com todas as suas noções iluministas relativas aos direitos do homem. Reconhecendo um debate contemporâneo fundamental sobre a "unidade ou a pluralidade da humanidade" que via na raça a prova das possíveis origens "poligenéticas" da espécie,⁴⁸ Jefferson expressa tanto sua incerteza "se [os negros são] originalmente uma raça distinta, ou se distinguem pelo tempo e pelas circunstâncias" quanto sua "suspeita" de que eles são "inferiores aos brancos em dotes de corpo e de mente".⁴⁹ Mantendo um foco no primitivismo animalesco dos negros, Jefferson simultaneamente afirma que, apesar da falta de beleza das mulheres negras, "o Oranootan" escolheria "as mulheres negras em vez das mulheres de sua própria espécie", e acha que "o amor [nos negros] parece ser mais" um desejo "ardente" e "ansioso, do que uma gentil e delicada mistura de sentimento e sensação".⁵⁰

Já podemos ver, na leitura de Jefferson sobre os desejos dos negros, os impulsos desenfreados que Freud mais tarde atribuiria aos primitivos. Mas tais interpretações dos negros como insensatos e incapazes de desenvolver um pensamento racional também estabelecem as bases para seu surgimento na escravidão como representantes da carência psíquica subjetiva. Lacan afirma que "não há contingência na posição do escravizado", pois a presença do escravizado é "a necessidade" que permite que "se produza algo que funcione no

---

45 > Henry Louis Gates Jr., *Loose Canons: Notes on the Culture Wars*. Nova York: Oxford University Press, 1992, p. 54.
46 > Ibid., p. 55.
47 > Ibid., p. 64.
48 > Sander L. Gilman, "Black Bodies, White Bodies: Toward an Iconography of Female Sexuality in Late Nineteenth-Century Art, Medicine, and Literature", *Critical Inquire: "Race", Writing and Difference*, v. 12, n. 1, 1985, p. 235.
49 > Thomas Jefferson, "Notes on the State of Virginia", in: *Writings*. Nova York: Library of America, 1984 [1787], p. 270.
50 > Ibid., p. 265.

conhecimento como significante mestre".⁵¹ Operativo na escravidão é um conhecimento de si enraizado no significante-mestre da brancura como univocidade ou ego ideal alcançável pelo senhor: o discurso do senhor "intervém no sistema de conhecimento" que estrutura o Simbólico, redefinindo o eu, que se divide no discurso entre inconsciente e consciente, ao projetar a carência no escravizado.⁵² A escravidão permitia ao senhor encarnar no escravizado uma condição de carência que parecia ser a característica exclusiva e diferenciadora do escravizado. Significativamente, em sua leitura da subjetividade, Lacan argumenta que o sujeito é reduzido pelo Simbólico ao status de significante, forçado a emergir como sentido apenas por meio de sua relação semiótica com outros significantes. Isto é o que Lacan indica em sua famosa articulação de que o sujeito é um significante "que representa um sujeito para outro significante",⁵³ noção que destaca o fato de que o "eu *entra* em cena como sujeito" por meio de "um discurso em que é a morte que sustenta a existência".⁵⁴ O sujeito, ressalta Lacan, é "devastado pela Palavra",⁵⁵ vivenciando através do significante "a morte" que "traz a vida".⁵⁶ É essa morte ao ser que se vincula visivelmente ao escravizado para facilitar a recuperação do ser perdido do senhor como gozo quantificável.

Esse processo psicossocial de recuperação dependia do que Orland Patterson chamou de "morte social" do escravizado.⁵⁷ Em um estudo inter-histórico e transcultural da escravidão, Patterson determina que o que "dava à relação da escravidão seu valor peculiar para o senhor" era o fato de que a escravidão não permitia ao escravizado "nenhuma existência social independente" de seu senhor.⁵⁸ À medida que pôde estabelecer o escravizado como insensato e irracional, a escravidão facilitou a "alienação natal" (ao nascimento) dos escravizados, separando famílias e rompendo laços de parentesco, rejeitando todas as "reivindicações e obrigações" para com "antepassados remotos" ou "descendentes".⁵⁹ Patterson mostra que o escravizado, assim, "deixou de pertencer, por direito próprio, a qualquer ordem social legítima".⁶⁰ O que podemos especificar através da teoria lacaniana é que essa alienação é uma expressão da relação do escravizado com o significante. A escravidão tentou

---

51 > Jacques Lacan, *The Seminar of Jacques Lacan Book XVII: The Other Side of Psychoanalysis*. Nova York: Norton, 2007, p. 188.

52 > Ibid., p. 201.

53 > Jacques Lacan, *The Seminar of Jacques Lacan Book XI: The Four Fundamental Concepts of Psychoanalysis*, trad. de A. Sheridan. Nova York: Norton, 1998, p. 157.

54 > Jacques Lacan, "The subversion of the subject and the dialectic of desire in the Freudian unconscious", in: *Écrits: The First Complete Edition in English*, trad. de B. Fink. Nova York: Norton, 2006, p. 679, destaque no original.

55 > Jacques Lacan, *The Triumph of Religion*, trad. de B. Fink. Boston: Polity Press, 2013, p. 74.

56 > Jacques Lacan, "The subversion of the subject and the dialectic of desire in the Freudian unconscious", in: *Écrits: The First Complete Edition in English*, trad. de B. Fink. Nova York: Norton, 2006, p. 686.

57 > Orland Patterson, *Slavery and Social Death: a comparative study*. Cambridge, MA: Harvard University Press, 1982, p. 8.

58 > Ibid., p. 10.

59 > Ibid., p. 5.

60 > Ibid.

desvendar a verdadeira condição psíquica de carência do escravizado, fazendo com que seu posicionamento social espelhasse sua realidade psíquica. Fez isso reduzindo o escravizado ao status de significante, como mera mercadoria em um sistema de troca, um significante dentro de uma cadeia de significantes. Essa cadeia significante incorporou a estrutura hierárquica da Grande Cadeia do Ser em uma articulação do escravizado como um não ser paradoxal, cuja eliminação facilitou sua redistribuição como significante para o próprio ser recuperado do senhor.

Ser e gozo estão sempre perdidos para o sujeito, mas, por meio da escravidão, o gozo volta "ao alcance do senhor" na forma do que Lacan descreve como "algo não muito diferente do gozo — um excedente".[61] Lacan vincula esse excedente à fantasia e à transgressão, sugerindo que ele surge, em última análise, no quadro do discurso. Lacan argumenta que o discurso, por sua natureza, "está constantemente tocando" o gozo por "virtude de ser onde ele se origina", surgindo no esforço de nomear e tornar presente a ausência que ele significa.[62] Facilitando a recuperação do sujeito branco de uma sensação extrema de estar menos disponível em outros discursos, o racismo que garantiu a escravidão permitiu um acesso inusitado a esse excedente de gozo. O ser foi ativamente retirado da pessoa do escravizado para garantir esse excedente e conceder ao senhor acesso à brancura como significante-mestre do ser. Lacan esclarece que o "significante que representa um sujeito em relação a outro significante" é o próprio significante que "articula o discurso do mestre".[63] O escravizado, como significante, articulou à brancura sua função exultante de significante mestre que "define" a "legibilidade" da escravidão como instituição social discursivamente justificada.[64]

Por meio do discurso, o senhor circunscreveu o próprio escravizado como objeto a. Este objeto a é o objeto de fantasia que promete retornar o sujeito a um estado de completude pleno de gozo, o objeto ilusório que, aqui, faz-se presente na forma do escravizado para tornar presente o gozo e o ser perdidos do senhor. Uma vez submetido à morte social descrita por Patterson, o escravizado foi empregado como um emblema significante da riqueza e do ser do senhor, facilitando uma estruturação da sociedade sulista, que emulava a Grande Cadeia do Ser, colocando o senhor em seu ápice em uma estratificação dos níveis de ser que são acessíveis ao sujeito humano. A escravidão não só permitiu a ascensão do senhor sobre o escravizado como representante de um ser superior, mas também estruturou a sociedade classista subdividida entre os brancos. Possuir escravizados permitiu que os sulistas brancos se elevassem acima de seus compatriotas não escravagistas, e se estabelecessem

---

61 > Jacques Lacan, *The Seminar of Jacques Lacan Book XVII: The Other Side of Psychoanalysis*, trad. de R. Griggs. Nova York: Norton, 2007, p. 107.
62 > Ibid., p. 70.
63 > Ibid., p. 20.
64 > Ibid., p. 189.

como os membros mais gentis e refinados da sociedade, as manifestações mais puras de um ascendente sendo atingíveis por alguns seletos no Simbólico. O escravizado era, assim, o objeto *a*, o sinal de que o senhor possuía um meio elusivo de autocompletude, uma fonte de univocidade e inteireza.

Sem dúvida, ao final, o mestre, como todos os sujeitos, foi verdadeiramente cindido no *vel* que o aliena do ser, constituindo nele os três registros do psiquismo de Lacan: o Simbólico, que emerge pela linguagem; o Real, que compreende tudo o que escapa à linguagem; e o Imaginário, que se estrutura pelos conceitos de inteireza que desafiam a facticidade da cisão por meio de fantasias que emergem primeiramente no estádio do espelho (Figura 2). Entretanto, através de um capitalismo enraizado na escravidão, os senhores de escravizados procuravam suturar a cisão que dilacera a psique humana. O conceito lacaniano de sutura descreve uma "conjunção" ou costura de registros "Imaginários e simbólicos" do psiquismo sobre a lacuna do Real.[65] Utilizando o escravizado como objeto *a*, o senhor costurou suas fantasias Imaginárias de totalidade na tapeçaria do próprio Simbólico, cobrindo o Real de sua falta com os embelezamentos de um discurso racista que reforçava suas noções de ser (Figura 3). Assim, o que emergiu através do discurso de raça da escravidão foi um meio de organizar tanto o simbólico americano quanto a psique branca racializada.

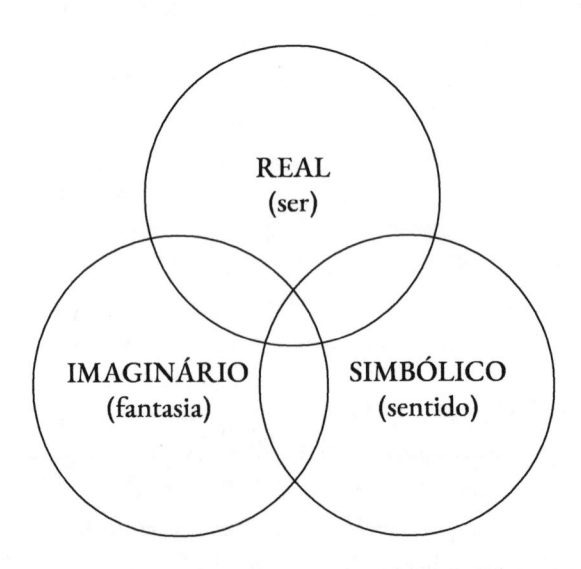

Figura 2: Os três registros da Psyche

---

65 > Jacques Lacan, *The Seminar of Jacques Lacan Book XI: The Four Fundamental Concepts of Psychoanalysis*, trad. de A. Sheridan. Nova York: Norton, 1998, p. 118.

```
      IMAGINÁRIO   a   SIMBÓLICO

                 Real
```

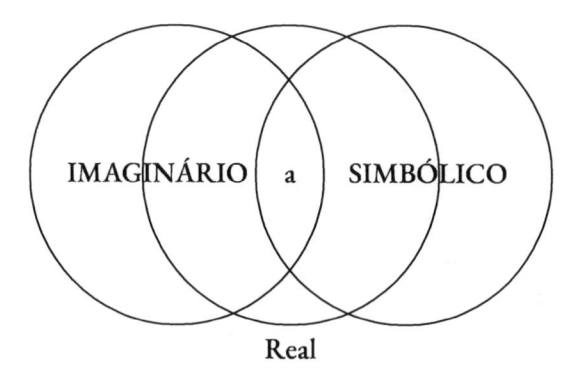

Figura 3: Suturando o Imaginário e o simbólico sobre o Real.

Longe de desestabilizar a sociedade sulista da maneira como Freud prevê, portanto, a liberdade do senhor de explorar o escravizado como fonte de gozo-excedente fundamentou a civilização americana primitiva em uma expressão brutal de instintos básicos que, então, enraízam a identidade branca em suas noções de liberdade e independência. Como observa Toni Morrison, esse discurso fantástico e autocontraditório é precisamente o que é articulado nas narrativas que a América branca contaria de si mesma nas obras literárias de seus guardiões canônicos. Morrison observa que "as características principais e defensoras de nossa literatura nacional — individualismo, masculinidade, engajamento social versus isolamento histórico; problemáticas morais agudas e ambíguas; a temática da inocência aliada a uma obsessão por figurações de morte e inferno — são [...] de fato, respostas a uma presença africanista sombria, permanente e marcante".[66] Essa presença, tanto interna ao eu quanto exteriorizada no escravizado, funcionava por meio de uma "barriga de aluguel negra"[67] em que a "população escrava era entendida como tendo se oferecido para reflexões sobre a liberdade humana em termos outros" do que as abstrações do potencial humano e os direitos do homem" exaltados pelo Iluminismo, pois "nada destacou a liberdade — se ela não a criou — como a escravidão".[68] Tornando, assim, a própria liberdade quantificável na literatura e na vida da nação e de seu povo, o escravizado, como substituto, funcionava como o objeto *a* que tanto nomeava quanto preenchia a falta da América branca.

---

66 > Toni Morrison, *Playing in the Dark: Whiteness and the Literary Imagination*. Nova York: Vintage Books, 1992, p. 5.
67 > Ibid., p. 13.
68 > Ibid., p. 38.

construindo a alma e o eu racial

A instituição da escravidão, devemos ver agora, deu origem ao mundo moderno, produzindo concomitantemente novas estruturas de subjetividade determinadas pela relação do indivíduo com a carência (falta, escassez). O que mediava essa relação, no início da América, não era apenas o capitalismo, mas também a raça, como um aparato de gozo emergente e moderno, um objeto *a* fantasioso, forjado dentro do cadinho da escravidão para definir o ser central de senhores e escravizados. Contudo, ao contrário do senhor de escravizados, que se posicionava como livre da carência, tanto os modernistas da década de 1920 quanto o escravizado do Sul, no período antebellum, não conseguiam manipular facilmente esse aparato, e o que definia esses indivíduos como modernos era uma sensibilidade aguçada em relação à alienação e à fragmentação confrontando a psique humana. Freud e alguns artistas como Eliot mapearam diversamente a fragmentação e a alienação subjetiva em um momento histórico em que a Primeira Guerra Mundial havia fraturado as fantasias dominantes da univocidade e da superioridade racial do sujeito branco civilizado. No entanto, essas fantasias ainda estruturam claramente nosso mundo contemporâneo, e a raça continua sendo um mediador primário da falta e da subjetividade. Essa longa conjunção de raça e de subjetividade exige, como sugiro, uma concepção mais expansiva do moderno, estendendo-se da escravidão, passando pelo pós-moderno e indo até o contemporâneo, uma concepção que reconheça a escravidão como a fonte primeira de uma nova psique racializada que define o sujeito moderno expansivamente considerado. Mais tarde, mostrarei como esse sujeito, no simbólico americano de hoje, permanece dependente da raça, em busca do gozo alienado, e argumentarei que isso é especialmente verdadeiro para o sujeito afro-americano de hoje. No que podemos chamar de início de nossa América agora moderna, no entanto, os escravizados afro-americanos emergiram de maneira única como sujeitos da modernidade, lutando contra a raça em sua capacidade de mediar estados psíquicos de fragmentação e alienação.

O discurso racista que reduzia o escravizado à posição de objeto *a*, empregando-o como o instrumento que sutura a lacuna constitutiva do sujeito branco, buscou, de forma traumática, desmanchar a subjetividade dos negros. A escravidão atacou o Imaginário do escravizado, fragmentando sua psique ao empregar o Simbólico para dizimar as fantasias pessoais do ser. Na compreensão lacaniana do sujeito, tal dessutura só pode levar à psicose e à dissolução do status subjetivo. Mas os ataques traumáticos sobre o ser, emitidos pela escravidão, nunca poderiam eliminar completamente as fantasias através das quais os escravizados, como todos os sujeitos, eram capazes de estabelecer — embora, às vezes, apenas de forma tênue — um sentido sustentador de ser. Apesar do fato de que, como Patterson argumenta, a escravidão tentou situar o escravizado como "uma não pessoa social" com "nenhuma existência socialmente reconhecida fora de seu mestre", parte do que os escravizados eram capazes de fazer consistia em construir um discurso do eu que moldou as crenças religiosas em narrativas folclóricas que refletem suas visões de mundo pessoais e comunitárias.[69] Por meio de práticas folclóricas, como contar histórias, os escravizados tentaram criar não apenas uma contranarrativa àquela facilitada pelo significante mestre da brancura, mas também, e mais basicamente, uma narrativa de si que simplesmente tornava a vida vivível, uma narrativa que recuperava para eles uma aparência de ser, ressuturando seus eus fragmentados e produzindo seu próprio mais-de-gozo.

Lacan observa que quando há uma erupção do Real, quando algo "não vai bem" em nosso confronto com a impossibilidade que está na fronteira de nossa existência,[70] muitas vezes, é a religião que intervém para "acalmar o coração das pessoas"[71] e "dar sentido a todas as coisas angustiantes" que a pessoa experimenta.[72] Na escravidão, a religião tornou-se um meio de ordenar uma existência impossível através da salvação de um sentido comunitário do ser. Ao se converterem ao cristianismo, os escravizados acessavam uma "linguagem e um vocabulário flexível" que lhes permitia expressar suas próprias concepções de liberdade, salvação e seus direitos naturais.[73] Por meio de uma "religião sincrética, compartilhando características do cristianismo protestante e das religiões tradicionais africanas", eles criaram o sentido de uma identidade de grupo baseada, não nas construções de raça do mestre, mas em uma experiência e visão de mundo compartilhadas.[74] Os escravizados se situavam dentro da comunidade por meio da ajuda de estruturas religiosas expressivas como "o padrão de chamada e resposta que os negros trouxeram da África", que permitia a um escravizado "dialogar" com a comunidade de uma maneira que "preservava sua voz como uma entidade distinta" enquanto também "misturavam-na com as de seu semelhante".[75] Essa identidade de grupo afirmou o ser do escravizado individual, contrariando a "alienação natal" e a "morte social" do escravizado, ao construir o objeto *a* como um objeto interno encontrado nos afro-americanos como o núcleo de seus eus religiosos, as almas dos escravizados.

Em sua conexão com o ser, o objeto *a* lacaniano nos permite esboçar uma genealogia dessa alma afro-americana. Tal genealogia torna visível, o que argumentarei mais tarde, um reposicionamento impressionante da raça como o objeto *a* da fantasia estruturando a identidade comunitária afro-americana. Lacan argumenta que a noção cristã de alma articula uma

---

69 > Ibid., p. 5.
70 > Jacques Lacan, *The Triumph of Religion*, trad. de B. Fink. Boston: Polity Press, 2013, p. 72.
71 > Ibid., p. 64.
72 > Ibid., p. 65.
73 > Melvin Dixon, "Singing swords: The literary legacy of slavery", in: Charles T. Davis e Henry Louis Gates (orgs.), *The Slave's Narrative*. Nova York: Oxford University Press, p. 300.
74 > Ibid., p. 298.
75 > Lawrence W. Levine, "Slave songs and slave consciousness", in: Allan Weinstein, Frank Otto Gatell e David Sarasohn (orgs.), *American Negro Slavery: A Modern Reader*. Nova York: Oxford University Press, p. 152.

fantasia do objeto *a* como uma "semelhança de ser" que permanece no homem para ligá-lo ao Ser Supremo.[76] O homem tolera "o intolerável em [seu] mundo" por causa da noção de uma alma que garante seu retorno àquilo que encarna uma plenitude de ser, ser absoluto;[77] e essa relação com o ser também estrutura a identidade comunal e grupal. Vinculados pelo próprio ser, os indivíduos "reconhecem e escolhem uns aos outros" como "amigos", como membros de um parentesco repensado, por meio de "sua coragem em manter [uma] relação intolerável" com o ser, pela apreensão de distinguir a maneira mensurável pela qual cada um compensa a perda do ser.[78] O que unifica o grupo é a inserção fantasiosa de uma alma dentro do outro que, para o sujeito, sofre como eu, uma alma que espelha a minha, enraizando-me no que Lacan chama de um processo de "amor da alma",[79] pelo qual eu amo o outro porque ele detém fantasticamente aquele corpo estranho já perdido para mim, que ainda ressoa com a falta que está "em mim mais do que o eu".[80] Essa fusão do outro com o ser ausente do sujeito é fonte não apenas do amor religioso, mas também da identidade racial; e enraíza os afro-americanos contemporâneos no que descreverei depois de Lacan como uma luta ética pela identidade pessoal e grupal como meio de acesso ao gozo — uma luta que, como se vê na obra de Freud, é pertinente a todos os sujeitos, mas é especialmente visível na vida dos negros americanos.

Dentro da escravidão, os afro-americanos não podiam diretamente ressignificar e redistribuir o conceito de raça para recuperar o gozo e o sentido de ser. Em vez disso, o que eles moldaram na defesa do ser foi essa noção sincrética da alma eterna do escravizado. Nas narrativas folclóricas relatadas por escravizados afro-americanos, encontramos tanto a construção fantasiosa de tal alma como fundamento do ser quanto a reformulação do gozo pelas comunidades escravas na fonte de uma identidade cultural afro-americana ainda não explicitamente dependente da raça. Zora Neale Hurston, em seu estudo antropológico da cultura folclórica afro-americana, *A Igreja Santificada*,[81] relata uma versão dos contos populares contados pelos escravizados sobre High John de Conquer, uma figura mística que forneceu um meio discursivo para os escravizados tolerarem sua escravidão. High John, descreve a narrativa de Hurston, era um "sussurro, uma vontade de ter esperança",[82] que

---

76 > Jacques Lacan. *The Seminar of Jacques Lacan Book XX: Encore, on Feminine Sexuality*, trad. de B. Fink. Nova York: Norton, 1998, p. 92.

77 > Ibid., p. 84

78 > Ibid., p. 85

79 > Ibid.

80 > Jacques Lacan, *The Seminar of Jacques Lacan Book XI: The Four Fundamental Concepts of Psychoanalysis*, trad. de A. Sheridan. Nova York: Norton, 1998, p. 263.

81 > Zora Neale Hurston, "High John de Conquer", in: *The Sanctified Church*. Nova York: Marlowe and Company, 1981, pp. 69-78.

82 > Ibid., p. 69.

tinha vindo da África "andando os próprios ventos que enchiam as velas dos navios" na Passagem do Meio[83] antes de se tornar "um homem natural".[84] Atravessando as plantações não reconhecidas pelos senhores dos escravizados, High John, o "portador da esperança", forneceu aos escravizados os meios para travar "uma batalha poderosa sem mostrar força externa" e vencer sua "guerra de dentro".[85] High John funcionou como modelo paradigmático para o discurso da comunidade escravizada; às vezes "turistando pelas plantações como o riso provocador de Brer Rabbit", ele encarnava as histórias que os escravizados contavam a si mesmos.[86] Ele serviu seu povo da mesma forma que o "Rei Arthur da Inglaterra",[87] concedendo-lhes, através da narrativa, um meio de "traçar uma saída do não caminho".[88]

O que a figura de High John fornecia aos escravizados era, como especifica o conto de Hurston, "uma coisa interna pela qual viver", um objeto *a* fantasioso que poderia enraizar seu senso de possuir uma alma individualizada que os une na perseverança contra o sofrimento.[89] Essa alma estava presa à convicção de que "algo melhor estava por vir".[90] Quando "o chicote caía sobre um escravizado no Alabama", High John poderia estar "no Texas", mas "antes que o sangue secasse nas costas, ele estava lá", fazendo com que alguém "nos bairros tristes sentisse vontade de rir" e de dizer: "Agora High John de Conquer, Old Massa não conseguiu tirar o melhor *dele*. Aquele velho John era um caso".[91] Permanecendo "imbatível", John desafiou "o impossível" vencendo a escravidão "com a alma do homem negro inteira e livre".[92] Curando e moldando essa alma, João mostrou aos escravizados que "aquele que vence de dentro está na classe do 'Ser'. Esteja aqui quando o homem implacável vier e esteja aqui quando ele se for".[93] Gerando uma noção de conquista que posiciona a alma do escravizado como eterna, íntegra e livre tanto dentro quanto depois da escravidão, High John ajudou a fornecer aos escravizados uma sensação vivificante da permanência de seu ser, uma convicção interna que poderia contrariar a estrutura hierárquica do ser através da qual a escravidão justificava sua subjugação.

---

83 > Ibid., p. 70. A Passagem do Meio corresponde a um lugar no oceano, palco do comércio negreiro pelo Atlântico, por onde passaram milhões de africanos transportados à força para as Américas. [N. T.]
84 > Ibid., p. 69.
85 > Ibid., p. 70.
86 > Ibid.
87 > Ibid., p. 71.
88 > Ibid., p. 70.
89 > Ibid., p. 69.
90 > Ibid.
91 > Ibid., ênfase no original.
92 > Ibid., p. 70.
93 > Ibid., p. 71, ênfase no original.

Contrapondo-se, assim, ao gozo eruptivo que caracterizava o impulso do senhor de escravizados para sua gratificação imediata, a figura do High John de Conquer ajudava a temperar o desejo do escravizado por meio de um conhecimento recebido "cem anos antes que a liberdade estivesse chegando", uma percepção adquirida "muito antes de os brancos saberem alguma coisa sobre isso".[94] Essa percepção enraíza os escravizados em um "sentimento e significado interior" que gera a coragem que eles manifestam ao suportar a relação intolerável com o não ser que a escravidão lhes confere.[95] A sua convicção da permanência do ser permite-lhes não só sacrificar o gozo eruptivo pela gratificação retardada do desejo, mas também transformar a dor e o sofrimento em prazer. Os escravizados da narrativa de Hurston reconhecem, com diversão, que seus senhores não "sabem de onde tiramos nossos prazeres",[96] mas eles próprios localizam sua fonte de prazer em uma "canção de presente" que lhes foi legada pelo "Old Maker" durante suas jornadas com High John.[97] Deixando seus "corpos cansados de trabalho" para trás, eles e John visitam o céu e recebem do Criador uma "melodia que você pode dobrar e moldar da maneira que quiser para encaixar as palavras e os sentimentos que você teve".[98] A própria melodia funciona como uma narrativa da alma, um dom de Deus que uniu um povo nas formas expressivas pelas quais eles recuperam o gozo perdido.

No ponto em que os proprietários de escravizados, como Jefferson, leem o prazer exibido em tais formas como prova de que a dor é transitória no escravizado insensato, a narrativa transmite que o "segredo da canção e do riso dos negros" é sua capacidade de fortalecer um senso eterno de ser que parece sempre quiescente na escravidão.[99] Sua jornada para a aquisição de sua "canção de presente" exigia que os escravizados "atingissem dentro de si mesmos e tirassem todas aquelas roupas finas que [eles] andavam carregando", e isso lhes forneceu acesso a instrumentos musicais que "estavam bem dentro de onde tiraram suas roupas".[100] Por meio de High John, os escravizados estabeleceram um meio interno para se remodelarem na roupagem de práticas religiosas e musicais expressivas que uniam a comunidade. Ao dobrar a melodia do Criador para ajustar suas palavras e sentimentos, eles transformaram o gozo do mestre no prazer do escravizado.

Dando origem a formas culturais como o blues, esse processo de gozo por meio de sua transformação em prazer marca uma estética central na cultura desenvolvida pelos

---

94 > Ibid., p. 72.
95 > Ibid., p. 73.
96 > Ibid., p. 78.
97 > Ibid., p. 77.
98 > Ibid.
99 > Ibid., p. 78.
100 > Ibid., p. 76.

escravizados e seus descendentes. No entanto, não há apenas estética envolvida nessa relação com o gozo, mas também ética. A ética lacaniana privilegia o desejo sobre o gozo, propondo que, "do ponto de vista analítico", o que cada sujeito deve fazer é agir "em conformidade com o desejo que está nele".[101] Essa postura ética, argumenta Lacan, é o que o sujeito pode alcançar no "fim de uma análise", um processo que permite que a "função do desejo permaneça em uma relação fundamental com a morte".[102] Mas, sem o recurso da análise, o que a escravidão possibilitou traumaticamente por meio de sua própria brutalidade foi justamente essa relação. Apresentando a possibilidade de o escravizado enfrentar o que Lacan chama de "a realidade da condição humana", a escravidão desnudou as fantasias pelas quais os sujeitos mascaram a falta, reduzindo o escravizado a um significante e confrontando-o com sua morte social.[103] Esse desnudamento abriu o potencial para o que Lacan chama de travessia da fantasia fundamental, as ilusões de univocidade que escapam ao fato da fragmentação subjetiva. Lacan argumenta que um sujeito que "atravessou a fantasia radical [pode] experimentar a pulsão" como a agitação que alimenta uma nova relação com o desejo.[104] Aqui, a pulsão, como "vontade de destruição", pode ser mais produtivamente abraçada como "vontade de criar do zero, vontade de recomeçar".[105] É esse processo de começar do zero, da dizimação do próprio ser, que a escravidão impôs ao escravizado, e as produções culturais que emergem desse processo talvez estejam entre os exemplos circunscritíveis mais próximos de uma criação lacaniana "*ex nihilo*".[106]

Aqui podemos conceber a cultura afro-americana — com a compreensão única de "liberdade" de seu povo, seu jogo com discurso e linguagem e sua transformação estética da dor em "riso" e "canção" — através da descrição de Lacan do oleiro.[107] Assim como o oleiro "cria o vaso com a mão ao redor" do "vazio em [seu] centro", também a cultura afro-americana envolve uma criação que é construída em torno da lacuna de sua falta.[108] A música jazz, como uma "arte que tradicionalmente prospera em improvisação",[109] e o blues, que é

---

101 > Jacques Lacan, *The Seminar of Jacques Lacan Book VII: The Ethics of Psychoanalysis*, trad. de D. Porter. Nova York: Norton, 1997, p. 314.
102 > Ibid., p. 303.
103 > Ibid.
104 > Jacques Lacan, *The Seminar of Jacques Lacan Book XI: The Four Fundamental Concepts of Psychoanalysis*, trad. de A. Sheridan. Nova York: Norton, 1998, p. 273
105 > Jacques Lacan, *The Seminar of Jacques Lacan Book VII: The Ethics of Psychoanalysis*, trad. de D. Porter. Nova York: Norton, 1997, p. 212.
106 > Ibid.
107 > Zora Neale Hurston, "High John de Conquer", in: *The Sanctified Church*. Nova York: Marlowe and Company, 1981, p. 212, p. 78.
108 > Jacques Lacan, *The Seminar of Jacques Lacan Book VII: The Ethics of Psychoanalysis*, trad. de D. Porter. Nova York: Norton, 1997, p. 78.
109 > Ralph Ellison, *Living with Music*. Nova York: Random House, 2002, p. 35.

tanto "uma crônica autobiográfica de catástrofe pessoal expressa liricamente" e um esforço de "dedilhar [o] grão quebrado" de perda catastrófica para esteticamente "transcendê-la", são ambos ilustrativos desse tipo de criação.[110] No entanto, tal conformação de um recipiente para a falta só pode emergir no discurso do Simbólico, por meio da agência do significante; e fundamental para o significante é sua função essencial como "causa do gozo", significantes de raça, como já vimos, visam justamente ao gozo e à totalidade do ser.[111] Em narrativas como a de High John, os afro-americanos construíram não apenas formas religiosas e musicais expressivas moldadas em torno da falta mas também os rudimentos de um objeto de fantasia para preencher essa falta, uma alma como objeto *a* que deu substância a uma noção da diferença essencial do grupo. E essa diferença, que inicialmente constituía, através da alma, uma concepção de ser que rejeitava as fantasias de raça do mestre, veio, com o tempo, a ser confundida com a própria raça como a essência da fantasia que define os afro-americanos.

Lacan mostra que "nós fazemos realidade a partir do prazer".[112] A escravidão e o racismo produziram a raça como um mediador ilusório, mas determinante, do acesso subjetivo ao prazer e ao estar em nossa sociedade americana. Vimos como, no caso dos americanos brancos, essa mediação incita sua unificação em estruturas racial-comunitárias que, como Freud reconhece, opõem a comunidade aos interesses da sociedade ou civilização mais ampla. Mas as experiências dos afro-americanos também mostram como a identidade comunal, enquanto perpassa suas realidades políticas, pode simultaneamente impedir o desejo pessoal. São as exigências políticas do racismo, combinadas aos maiores prazeres prometidos pela identidade racial como objeto *a* — como uma fantasia-essência interna que preenche a falta que é meramente emoldurada e contida pelas formas culturais — que continuamente desviam os afro-americanos do que Lacan identifica como o caminho no qual um sujeito pode "reconhecer a topologia de [seu próprio] desejo".[113] Esse caminho menos prazeroso da falta, a ética lacaniana deixa claro, individualiza o desejo subjetivo, concedendo ao sujeito a compreensão do "nível mais profundo de si mesmo"[114] e "sustentando um tema inconsciente" que enraíza cada sujeito não nas fantasias do Simbólico, mas nos "rastros de algo que é especificamente [seu] negócio".[115]

---

110 > Ibid., p. 103.
111 > Jacques Lacan, *The Seminar of Jacques Lacan Book XX: Encore, on Feminine Sexuality*, trad. de B. Fink. Nova York: Norton, 1998, p. 24.
112 > Jacques Lacan, *The Seminar of Jacques Lacan Book VII: The Ethics of Psychoanalysis*, trad. de D. Porter. Nova York: Norton, 1997, p. 225,
113 > Ibid., p. 315.
114 > Ibid., p. 323.
115 > Ibid., p. 319.

Mas uma luta entre os prazeres da fantasia racial é travada consistentemente com as revelações do desejo individualizado que se desenrolam nas produções culturais e literárias dos afro-americanos, aparecendo notavelmente no trabalho da própria Hurston e de outros autores afro-americanos "modernistas", como W. E. B. Du Bois. A famosa articulação de Du Bois do sujeito afro-americano como traumatizado e dividido pela raça em uma consciência dupla tornou-se um retrato definidor da identidade negra americana.[116] É uma imagem de identidade que suplanta o que Du Bois chama de "os sentimentos religiosos do escravizado", com a raça como o centro do eu individual e comunitário.[117] Sustentando que "para o negro de hoje" a religião é uma "queixa e uma maldição, um lamento em vez de uma esperança",[118] Du Bois coloca a raça em primeiro plano na tentativa de "conservar", reavaliar e redistribuir politicamente esse conceito em esforços para produzir mudança social.[119] Mas o próprio trabalho de Hurston, particularmente seu famoso romance de 1990, *Their Eyes Were Watching God*, surge como uma rejeição geral da raça, como o núcleo da identidade pessoal, demonstrando como sem raça o se faltante, que pode estar contido dentro da exploração encapsulada de um tema inconsciente individualizado.

A protagonista do romance de Hurston, Janie Crawford, é confrontada, pela primeira vez, com sua negritude quando é apontada por outros em uma fotografia de si mesma e de seus companheiros brancos. Embora a juventude e a diferença racial de Janie a privem de qualquer espaço autodefinido no Simbólico, permitindo que outros zombem de sua liminaridade, renomeando-a de "Alphabet", Janie nunca se incomodou com a diferença racial;[120] despreocupada com a raça diante desse quadro, ela reage à sua descoberta apenas com as palavras sedadas: "Ai, ai! Eu sou colorida!".[121] Ao que é claramente a resposta da própria Hurston à noção de raça de Du Bois como a divisão do eu consciente, Janie narra insistentemente que sua "vida consciente começou" não com a descoberta anterior da raça, mas no "portão da babá", quando o "beijo de um menino no portão" despertou sua sexualidade.[122] Individualizando a identidade de Janie, o romance de Hurston enraíza essa sexualidade em uma experiência sob uma pereira em flor, que "chamou [Janie] para vir e contemplar um

---

116 > W. E. B. Du Bois, "Of our spiritual strivings", in: H, L. Gates Jr. e T. H. Oliver (org.). *The Souls of Black Folk*. Nova York: Norton, 1999, p. 11.

117 > W. E. B. Du Bois, "The religion of the American Negro", *The New World: A Quarterly Review of Religion, Ethics and Theology*, Boston: Mifflin, n. 9, dez. 1900, p. 615.

118 > Ibid., p. 622.

119 > W. E. B. Du Bois, "The Conservation of Races", *Occasional Papers*, Washington, D.C, American Negro Academy, n. 2, 1897, p. 15.

120 > Zora Neale Hurston, "High John de Conquer", in: *The Sanctified Church*. Nova York: Marlowe and Company, 1981, p. 9.

121 > Ibid.

122 > Ibid., p. 10.

mistério" que pessoalmente "a comoveu tremendamente".[123] Isolada sob a pereira, Janie experimentou sua libido como uma força dirigida internamente em busca de ressonâncias externas. Como ela observava tudo com atenção, desde "botões de folhas até a virgindade nevada da flor" e escutava laboriosamente "tantos que ela ouviu que não tinham nada a ver com seus ouvidos", Janie encontrou uma conexão com "outros assuntos vagamente sentidos que atingiram sua observação externa e se enterraram em sua carne".[124] Sua experiência sob a pereira começa a articular um tema inconsciente que conduzirá suas ações ao longo do livro. Descartando a raça e rejeitando progressivamente as ilusões do Simbólico que prometem sua satisfação no outro, Janie se move através de cada nova experiência em sua vida com a determinação de que "seus velhos pensamentos viriam a calhar [...] mas novas palavras teriam de ser criadas e ditas para se adequar a eles".[125] Agarrando-se a uma experiência temática que para ela "é a verdade",[126] ao mesmo tempo em que refaz o sonho e fabrica palavras dentro do Simbólico para nomeá-la, Janie exemplifica uma ética enraizada no desejo, uma ética autoexploradora e autoconstrutiva fundada em uma busca metonímica não pelo gozo eruptivo ou pelas "ilusões" enfrentadas "no caminho do desejo",[127] mas por algo mais fundamentalmente seu, algo que ressoe com a "força constante" de seu próprio ser perdido.[128]

A visão de Hurston do sujeito racializado que se reconstitui por meio de um desejo individualizado seria suplantada pelo foco político já instado por figuras como Du Bois. Na década de 1930, a obra de Richard Wright, em particular, insistiria em um alinhamento entre a arte e a política que levou à rejeição dos escritos de Hurston, fazendo com que a própria Hurston caísse na obscuridade Até a década de 1970. A essa altura da história afro-americana, a raça já havia sido cimentada à política e combinada à religião. Figuras seminais do movimento dos Direitos Civis, como Martin Luther King Jr., tentaram equilibrar a salvação espiritual da alma com a libertação política da raça; King argumentou que "a segregação distorce a alma e danifica a personalidade" ao criar falsos sentidos de "superioridade" e "inferioridade" raciais.[129] Mas a necessidade de lutar contra a inferioridade racial, ou o que King descreveu como o "senso denegridor de ser ninguém" que ataca não apenas o indivíduo, mas a raça como um todo, incitou insistentemente os esforços dos afro-americanos para

---

123 > Ibid.
124 > Ibid.
125 > Ibid., p. 31.
126 > Ibid., p. 56.
127 > Jacques Lacan, *The Seminar of Jacques Lacan Book VII: The Ethics of Psychoanalysis*, trad. de D. Porter. Nova York: Norton, 2007, p. 219.
128 > Jacques Lacan, *The Seminar of Jacques Lacan Book XI: The Four Fundamental Concepts of Psychoanalysis*, trad. de A. Sheridan. Nova York: Norton, 1998, p. 164.
129 > Martin Luther King Jr., "Letter from Birmingham Jail", in: Joy James (org.), *Imprisoned Intellectuals: America's Political Prisoners Write on Life, Liberation, and Rebellion*. Lanham, MD: Rowman and Littlefield, 2003, p. 38.

combater o racismo com raça.[130] Hoje, frequentemente superando tanto a compreensão individualizada da personalidade exaltada por Hurston quanto a função da alma criada na escravidão, a raça na América contemporânea se solidificou como o que eu chamaria de um Até[131] lacaniano, um objeto infinitamente sedutor que nos liga aos sonhos de recuperar nosso ser perdido e às atrocidades do passado que despedaçaram o ser.

Esse Até, que aparece no trabalho de Lacan como um precursor do objeto *a*, é definido como uma atrocidade que foi submetida ao processo de divinização, tornando-se uma ascensão que se situa na entrada para o além. Lacan descreve a Até por meio da imagem da crucificação, que nos protege com autoaniquilação subjetiva, barrando nosso acesso direto ao gozo avassalador e do ser absoluto que posicionamos nesse além. Mas a Até apenas protege o sujeito atraindo para "si todas as tramas do desejo".[132] Isto fundamentalmente estagna o desejo, deixando o sujeito preso em uma fixação insuportável com a atrocidade que se ergueu no lugar do ser. Raça, eu argumento, é uma Até sedutora que agita e atrai o desejo através de uma ascensão na qual ele se torna a porta de entrada para o ser.

Em um Simbólico racial que já colapsou a falta subjetiva com as experiências sociais dos afro-americanos, a raça, como Até, posiciona-se tanto como a raiz das atrocidades enfrentadas pelos negros americanos quanto o sedutor, expediente político que pode proteger os negros de mais horrores. Combinando sedutoramente o social e o psíquico, a raça se apresenta como um meio de recuperar aquela aparência de ser arrancada do sujeito pela linguagem e desvelada em sua ausência pela escravidão e pelo racismo. O perigo, porém, é que esse Até posicione não apenas o ser, mas também a escravidão como seu além. Enquanto a noção fantasiosa da alma alinhava o ser com o Ser Supremo, o Até da raça busca um ser que, no racismo do Simbólico, é produzido como correlato de uma brancura impossível mais plenamente assegurada no passado racista. Com esse Até, a escravidão e o racismo passam a funcionar como o divino, ministrando aos sujeitos os contornos próprios de suas ações, concedendo-lhes uma ontologia particular de si e construindo para eles os caminhos fantasiosos pelos quais possam reconquistar seu ser perdido. Manifestando um surgimento historicizado do gozo, a escravidão produziu a raça como um objeto que tanto revela quanto preenche o vazio aberto na própria fronteira do ser do sujeito racializado; e na América contemporânea, faz isso igualmente para negros e brancos. Como Até, a raça seduz o sujeito americano com os prazeres prometidos da identidade racial comunal, sufocando desejos

---

130 > Ibid.
131 > Até, a partir da mitologia grega, é a deusa da fatalidade, que personifica as ações irreflexivas e suas consequências.
132 > Jacques Lacan, *The Seminar of Jacques Lacan Book VII: The Ethics of Psychoanalysis*, trad. de D. Porter. Nova York: Norton, 1997, p. 262.

pessoais que podem permitir aos sujeitos renunciar ao gozo pela exploração de uma ética que pode refazer tanto o eu quanto a nação "civilizada".

conclusão: mascarando e revelando o real

Lacan descreveu a psicanálise como um "sintoma" do Real que invade o Simbólico em um determinado momento histórico[133] para expressar "os descontentamentos da civilização de que Freud falou".[134] Suas leituras situam Freud e a psicanálise em uma lacuna aberta por esta invasão, como agentes de mediação que tornam possível "perceber o que é a invasão do real".[135] Mostrei, de maneira completa, entretanto, que a escravidão marca uma invasão precoce não reconhecida por Freud, uma erupção na qual a perseguição visível do mestre pelo gozo do real e a ostensiva transformação do escravizado em significante da falta passam a expressar o descontentamento de uma civilização com os limites impostos ao gozo pela realidade psíquica. Na escravidão, tais limites foram rompidos, revelando a atrocidade no cerne do sujeito humano, que, ao receber a sanção social para buscar o gozo, buscaria, como Freud só reconheceria décadas depois, "explorar a capacidade [do outro de trabalhar sem compensação, de usá-lo sexualmente sem seu consentimento, de apreender seus bens, humilhá-lo, causar-lhe dor, torturá-lo e matá-lo".[136]

Antes do próprio Freud, foram os ex-escravizados que deram verdadeiro sentido a essa intrusão do Real. Particularmente por meio de narrativas autorais de sua antiga escravidão, ex-escravizados destacaram e criticaram a coexistência paradoxal dessa brutalidade com os ideais de liberdade que estruturam a identidade nacional americana. De fato, no primeiro romance publicado por um afro-americano, o escravizado fugitivo William Wells Brown pinta uma imagem reveladora da América dividida entre dois modos totalmente integrados, mas divergentes, de acessar o mais-de-gozo. William Wells Brown, em 1853, ficcionaliza a então popular e agora validada afirmação das façanhas sexuais de Thomas Jefferson com sua escrava, em um conto intitulado *Clotel* ou, *A filha do presidente*. Enquanto considerava esta filha como uma escrava que escapa de seus perseguidores, pulando para a sua própria morte do centro de uma ponte que liga a "capital da União", Washington, D.C., ao estado escravagista da Virgínia, Brown contextualiza a escravidão dentro de uma narrativa de origem revisionária que une o nascimento da nação ao tráfico de dois navios.[137] Ambos

---

133 > Jacques Lacan, *The Triumph of Religion*, trad. de B. Fink. Boston: Polity Press, 2013, p. 65.
134 > Ibid., p. 66.
135 > Ibid., p. 67.
136 > Sigmund Freud, *Civilization and Its Discontents*. Standard Edition 13. Londres: Hogarth Press, 1986 [1930], p. 111.
137 > William Wells Brown, *Clotel or, the President's Daughter*. Nova York: Penguin, 2004 [1853], p. 184.

chegando em 1620, um navio é o "Mayflower" ancorado em Plymouth Rock," e o outro é o "navio negreiro em James River", carregando sua primeira carga de escravizados a caminho de Jamestown".[138]

Esses navios, cada um servindo ao que Brown se refere como um "pai" da sociedade que viria a surgir, marcam o nascimento da nação por meio de uma fratura de ideias que definiram as ideias Iluministas.[139] Elas encarnam, por um lado, os idealismos abstratos, que buscam equalizar o acesso ao prazer através de noções de direitos humanos e, por outro, racionalizações para formas imediatas e quantificáveis de gozo enraizadas em transgressões eruptivas contra tais direitos.[140] Todavia, contrário ao que a teoria de Freud anteciparia, a rédea livre de impulsos não reprimidos que essa fratura permitiu não levou, naturalmente, ao colapso da precoce sociedade americana. Ao invés disso, ela estratificou a nação em Norte e Sul, estabelecendo, como Brown expõe, duas estruturas sociais igualmente viáveis e "paralelas".[141] O que definiu essas estruturas foi a maneira divergente na qual elas perseguiram o gozo. Expresso em abordagens conflitantes de raça e capital que são claramente exemplificados por Brown no contraste entre o "trabalho não remunerado", na "Instituição peculiar do Sul" e na "honra do trabalho, sustentação da lei" praticadas nas instituições do Norte, essa disputa culminou na Guerra Civil como luta por modos não conciliados de acesso ao gozo que já haviam se tornado internos a cada região. Mas a Guerra Civil não trouxe uma resolução para as disputas da América sobre o gozo; e, de fato, os impulsos estratificantes em direção à violência racial e ao idealismo humanista ainda existem em paralelo um com o outro, em um simbólico americano que suturou a si noções de raça que ainda hoje conferem à branquitude sua capacidade única de mascarar o Real.

Reconhecendo a confiança do sujeito em tais máscaras, Lacan previu que "a humanidade será curada da psicanálise" como sintoma através do uso do "sentido religioso" para "reprimir" o Real revelado que a psicanálise torna perceptível.[142] Mas o que deve ser reconhecido é como a raça, talvez excedendo a religião, continua a funcionar como uma tela predominante para o Real em nossa sociedade americana. Ao estender nossa análise para além do momento modernista da década de 1920 que deu origem ao reconhecimento racializado de Freud dos impulsos brutais que conduzem ao mal-estar, mostramos que a raça intervém sobre o acesso ao gozo, gerando noções de identidade que não apenas sustentam o fascínio histórico da branquitude, mas também atraem até mesmo os afro-americanos

---

138 > Ibid., p. 156.
139 > Ibid.
140 > Ibid.
141 > Ibid., p. 155.
142 > Jacques Lacan, *The Triumph of Religion*, trad. de B. Fink. Boston: Polity Press, 2013, p. 67.

para identidades comunais e raciais. Tanto oferecendo um meio de defesa contra a opressão social quanto combinando o eu com o grupo e suas atividades, tais identidades incorporam e até suplantam noções religiosas da alma com a raça como o núcleo essencial do sujeito. Essa nova versão da alma, raça como o eu central que emerge do legado resultante da escravidão, implica visivelmente os afro-americanos em lutas psíquicas com o gozo e o ser que se desenrolam para todos os sujeitos, embora, muitas vezes, de maneiras menos dramáticas ou prontamente perceptíveis. Finalmente, foi a extrema brutalidade da Primeira Guerra Mundial que desvelou de forma traumática o Real que o próprio Freud foi capaz de perceber em sua análise da psique humana e de seus instintos subjetivos. De maneira semelhante, a extremidade das lutas dos afro-americanos contra as manifestações sociais de descontentamento psíquico oferece compreensões ainda inexploradas da relação que raça e gozo mantêm para cada um de nós como sujeitos de uma civilização americana modernizada.

> gherovici, patricia <.> psicanálise do povo e para o povo¹ <.> tradução • lima, rodrigo <

Em 1918, dois meses antes do Armistício, ciente da destruição causada pela Primeira Guerra Mundial e dos enormes problemas criados para os mais vulneráveis, Sigmund Freud proferiu uma conferência comovente no V Congresso Psicanalítico Internacional em Budapeste. A palestra, "Caminhos na Terapia Psicanalítica",² que foi breve, focou inicialmente em questões técnicas do método de tratamento, mas mudou drasticamente de tom ao final, quando Freud especulou sobre o futuro da psicanálise. Ele então anunciou que "em algum momento a consciência da sociedade despertará".³ Essa nova consciência implicaria reconhecer que

> o pobre tem tanto direito a auxílio psíquico quanto hoje em dia já tem a cirurgias vitais. E que as neuroses não afetam menos a saúde do povo do que a tuberculose, e assim como esta não podem ser deixadas ao impotente cuidado do indivíduo. Então serão construídos sanatórios ou consultórios que empregarão médicos de formação psicanalítica, para que, mediante a análise, sejam mantidos capazes de resistência e de realização homens que de outro modo se entregariam à bebida, mulheres que ameaçam sucumbir sob a carga de privações, crianças que só têm diante de si a escolha entre a neurose e o embrutecimento.⁴

Ao apelar à consciência da sociedade, Freud fez uma observação aparentemente óbvia, embora bastante revolucionária para a época: os pobres têm tanto direito quanto os ricos de se beneficiarem da psicanálise. Em seu apelo apaixonado, Freud propôs assim uma

---

1 > Versões do presente capítulo foram originalmente publicadas como: Patricia Gherovici, "Hate Up to My Couch: Psychoanalysis, Community, Poverty and the Role of Hatred", Psychoanalysis and History, v. 24, n. 3, pp. 269-290, 2022. e Patricia Gherovici, "Un psicoanálisis para el pueblo", Aperturas Psicoanalíticas, v. 68, 2021.

2 > Sigmund Freud, "Caminhos da terapia psicanalítica", in: S. Freud, *História de uma neurose infantil ("O homem dos lobos"), Além do princípio do prazer e outros textos (1917-1920)*, v. 14, trad. bras. De Paulo Cesar de Souza. São Paulo: Companhia das Letras, 2010.

3 > Ibid., p. 291.

4 > Ibid.

"psicoterapia para o povo"[5] cuja estrutura e composição seguiriam o modelo da "psicanálise rigorosa e não tendenciosa".[6] Essa visão progressista foi também um apelo à reforma social. Ambos destacam o papel dos psicanalistas como agentes de mudança tanto em nível individual quanto social. Tal projeto seria materializado no entreguerras com a criação de uma rede inclusiva de mais de uma dezena de clínicas em sete países com o objetivo de tornar a psicanálise acessível a todos. Vale ressaltar que, durante as décadas de 1920 e 1930, a segunda geração de psicanalistas atuantes nas clínicas gratuitas incluía diversas mulheres analistas em posição de liderança, entre as quais Helene Deutsch, Anna Freud, Karen Horney, Edith Jackson e Melanie Klein. A psicanálise do período entreguerras não estava apenas alerta para a injustiça na sociedade, era também um movimento internacional.[7]

Teria a situação mudado desde então? Na verdade, pode-se dizer que ela regrediu em mais de um século. Mais uma vez, parece que as populações pobres foram excluídas do processo psicanalítico, seja no âmbito privado ou institucional. Embora exista uma extensa literatura associando a desigualdade de renda às disparidades de saúde, uma pesquisa de Manasi Kumar[8] que revisou setenta anos de estudos psicanalíticos disponíveis no banco de dados on-line *Psychoanalytic Electronic Publications* (de 1933 a 2003) revelou que muito pouco havia sido escrito sobre pobreza em psicanálise. Nessa limitada bibliografia, um aspecto recorrente é a afirmação de que pessoas de baixa renda são "pobres candidatos" à psicanálise.[9] Isso se daria não apenas por razões financeiras, mas também porque tais pessoas seriam psiquicamente carentes. A pobreza apareceria não como um fator econômico, mas como um déficit emocional e cognitivo que tornaria esses grupos inanalisáveis.

Por que tantos psicanalistas pensariam que a pobreza acontece em um mundo separado e distante de suas preocupações? Sempre que falo sobre minha experiência de realizar tratamentos psicanalíticos com porto-riquenhos pobres e outros latinos, desencadeio surpresa, dúvida e descrença. Em uma espécie de ato reflexo, a ideia de trabalhar psicanaliticamente com minorias e pessoas de cor é regularmente descartada. Como já disse em outro lugar, é como se as pessoas pobres não pudessem se dar ao luxo de ter um inconsciente.

Este artigo é baseado em minha experiência como psicanalista em um *barrio* da Filadélfia, que me levou a refletir sobre a psicologia do racismo, da segregação e de outras formas de intolerância à diferença. Acredito que o simples fato de a psicanálise não estar

---

5 > Ibid., p. 292.

6 > Ibid.

7 > Elizabeth Danto, *Freud's free clinics: Psychoanalysis and social justice 1918-1938*. Nova York: Columbia University Press, 2005.

8 > Manasi Kumar, "The poverty in psychoanalysis: 'Poverty' of psychoanalysis?", *Psychology and Developing Societies*, v. 24, n. 1, 2012, pp. 1-34.

9 > Harvey Bluestone & Ricardo M. Vela, "Transcultural Aspects in the Psychotherapy of the Puerto Rican Poor", *Journal of the American Academy of Psychoanalysis*, Nova York, v. 10, 1982, p. 272.

disponível para os pobres constitui uma forma de racismo que não se limita ao fato de essas populações serem majoritariamente negras ou pardas. Argumentarei que a psicanálise, graças ao seu poder de tornar concreta a alteridade, pode revelar seu potencial emancipatório com populações marginalizadas em virtude de raça, classe, gênero ou sexualidade. Em um segundo momento, farei referência ao conceito recente de afropessimismo desenvolvido por Frank Wilderson III[10] em relação ao racismo. Na tentativa de atravessar a fantasia racista, concluirei com uma discussão sobre os escritos de Toni Morrison[11] sobre a invenção da alteridade, repensada a partir de uma perspectiva lacaniana.

Quem seriam essas pessoas que são excluídas e que parecem estar fora do alcance da psicanálise? Por que são elas consideradas não-sofisticadas o suficiente, subdesenvolvidas, apenas alcançáveis como objetos de atividades de caridade? Isso não seria resultado de uma atitude paternalista que as infantiliza? Minha experiência com o trabalho clínico em um *barrio* da Filadélfia provou, por outro lado, que a psicanálise pode ser efetivamente conduzida em ambientes não considerados "tradicionais" para sua prática. A psicanálise não é apenas possível, mas muito necessária no chamado gueto hispânico. Foi isso o que mostramos em uma coleção que organizei junto com Chris Christian, entitulada *Psychoanalysis in the Barrios*.[12] A coleção foi inspirada em um documentário chamado "Psychoanalysis in el barrio" produzido por Basia Winograd[13] para demonstrar que a psicanálise pode ser conduzida com sucesso nas chamadas zonas "de fora", em ilhas sociopolíticas racializadas definidas por fronteiras linguísticas que são invisíveis para o observador externo, mas experimentadas como intransponíveis por seus habitantes.

Esses locais marginalizados que chamamos de *barrios* são espacialmente separados e socialmente distantes dos Estados Unidos convencionais. Além disso, são ambientes sociais hostis, marcados pela criminalidade, resultado de economias paralelas baseadas no tráfico de drogas. Há também uma presença crescente de religiões fundamentalistas, de fragmentação familiar associada à pobreza extrema e à violência sistêmica. Obviamente, esse tipo de segregação residencial tem consequências socioeconômicas negativas para grupos minoritários. Muitas vezes, essas comunidades experimentam suas localizações espaciais desfavorecidas como um obstáculo a ser superado.

---

10 > Frank Wilderson. *Afropessimism*. Nova York: Liveright Publishing Corporation, 2020.
11 > Toni Morrison, *A origem dos outros: seis ensaios sobre racismo e literatura*, trad. bras. de Fernanda Abreu. São Paulo: Companhia das Letras, 2019.
12 > Patricia Gherovici e Chris Christian, *Psychoanalysis in the Barrios: race, class and the unconscious*. Nova York: Routledge, 2019.
13 > Basia Winograd et al. *Psychoanalysis in El Barrio*. Documentário. *PEP Video Grants*, PEP Web, 2016.

Por que tentar inserir a psicanálise em um local tão controverso? A etimologia da própria palavra *barrio* é baseada em uma forma de segregação: *barrio* é um "arabismo" derivado da palavra árabe clássica *barrī* que significa "selvagem", através do árabe andaluz *bárri* ("exterior"), denotando assim um "fora". Embora seja incontestável que o desenvolvimento urbano desigual e a distribuição injusta da riqueza criam esses espaços urbanos excluídos, colocamos a psicanálise propositalmente nos *barrios* para desafiar a ideia de um "dentro" e de um "fora" do alcance do inconsciente.

Por muito tempo,[14] sob o título "Freud *in the barrio*", venho defendendo uma prática mais socialmente responsável da psicanálise, que não se esqueça de que as origens de nossa profissão foram bastante radicais, como vimos documentado na obra de Danto.[15] Podemos acrescentar que o apoio de Freud ao tratamento dos pobres e das classes trabalhadoras foi apagado não apenas da memória coletiva, mas principalmente da história psicanalítica. A iniciativa de Freud, no entanto, encontrou um equivalente na cidade de Nova York em 1945, quando o psiquiatra Fredric Wertham, o romancista Richard Wright e o jornalista Earl Brown abriram uma clínica de influência psicanalítica no porão da Igreja Episcopal de St. Philip, no Harlem. Chamava-se Clínica Lafargue em homenagem a uma figura latina, o médico e filósofo afro-cubano Paul Lafargue, cubano mestiço, genro de Karl Marx e autor do famoso ensaio *O direito à preguiça*.[16]

A Clínica Lafargue defendeu uma prática da psicanálise socialmente consciente e comprometida em desfazer os efeitos negativos da segregação.[17] Os fundadores confiaram na psicanálise para repensar a "raça", levando a uma clínica antirracista capaz de superar a segregação.[18,19] Com a psicanálise comprometida como "moldura e método essenciais",[20] a Clínica

---

14 > Patricia Gherovici, "The ghetto sublime hysterics", Bien Dire, v. 2, n. 3, 1995-6, pp. 5-21; Id., "Recuerdos del futuro: histeria raza y el ghetto hispano", in: Fundación del campo lacaniano (org.), 1895-1995,Estudios sobre la histeria, cien años después, Tomo I (pp. 33-43). Buenos Aires: Ediciones Kline, 1996; Id., "The Puerto Rican syndrome", Journal for the Psychoanalysis of Culture and Society, v. 2, 1996, pp. 182-186.; Id., "Sigmund dans le Barrio", Scansions, v. 6/7, n. 7, 1996.; Id., "Blocking the Hispanic unconscious: Subjectivity and subjection", Clinical Studies: International Journal for Psychoanalysis, v. 2, n. 2, 1997, pp. 23-37.; Id., "The Hispanic La Raza: Psychoanalysis and losing (the) race", Clinical Studies: International Journal for Psychoanalysis, v. 3, n. 1, 1997, pp. 55-71.; Id., "Le ghetto contre-attaque: la production hysterique dans le barrio portoricain aux Etats-Unis", La clinique lacanienne. Revue internationale, v. 3, 1998, pp. 135-150.; Id., "Between meaning and madness: The altered states of Hispanics in the U.S.", in: A. Molino and C. Ware (orgs.), Where id was: Challenging Normalization in Psychoanalysis. Londres: Continuum, 2001, pp. 149-163.; Id.,The Puerto Rican syndrome. New York: Other Press, 2003.; Id., "Un Freud francés con acento español", Imago Agenda, n. 86, 2004, pp. 22- 24.; Id., "Let's beat up the poor", CR: The New Centennial Review, v. 13, n. 3, 2013, pp. 1-28.

15 > Elizabeth Danto, op. cit.

16 > Paul Lafargue, *O direito à preguiça*. São Paulo: Edipro, 2016.

17 > Gabriel Mendes, *Under the strain of color: Harlem's Lafargue Clinic and the promise of an antiracist psychiatry*. Ithaca: Cornell University Press, 2015, pp. 35-37, 40-44.

18 > Jay García, *Psychology comes to Harlem: rethinking the race question in twentieth-century America*. Baltimore: Joh Hopkins University Press, 2012.

19 > Ibid., pp. 49-74, 105-135;

20 > Gabriel Mendes, *Under the strain of color: Harlem's Lafargue Clinic and the promise of an antiracist psychiatry*. Ithaca: Cornell University Press, 2015, p. 103.

Lafargue desafiou na prática o racismo dos serviços psiquiátricos que não levavam em conta as consequências psíquicas da opressão na avaliação e tratamento de afro-americanos pobres. Infelizmente, em 1959, a clínica do Harlem foi obrigada a fechar, mudando-se para outro local e minimizando a influência psicanalítica, principalmente por causa do macartismo.

Diante de tais experimentos socialmente responsáveis e progressistas, observa-se que há décadas a discussão sobre desigualdade de classe e gênero, racismo e discriminação étnica na psicanálise praticamente desapareceu. É como se essas questões ideologicamente carregadas não importassem para o tipo de psicanálise que é praticada nos Estados Unidos. Eli Zaretsky[21] notou a diferença substantiva entre a psicanálise europeia e a forma como ela se desenvolveu nos Estados Unidos, onde rapidamente "tornou-se um método de cura e autoaperfeiçoamento".[22] Nos EUA a psicanálise teria tomado uma forma mais comercializável, imbuída pelo "espírito otimista e pragmático que a transformou de muitas maneiras", como observa Philip Cushman.[23] A psicanálise tornou-se então um método disponível apenas para aqueles que podiam pagar. Na América Latina, a psicanálise se desenvolveu como uma práxis transformadora, muitas vezes associada à política progressista. Na década de 1950, por exemplo, na Argentina, Enrique Pichon-Rivière, psicanalista nascido na Suíça e membro fundador da Asociación Argentina de Psicoanálisis, abriu clínicas psicanalíticas em favelas.[24]

Historicamente, a psicanálise americana desconsidera as implicações políticas da prática, desenvolvendo-se como uma subespecialidade médica estreita e muito lucrativa,[25,26] completamente divorciada da política e aparentemente impermeável às pressões da história. A despolitização da psicanálise nesse país foi amplamente documentada por historiadores como Nathan Hale[27] e Russell Jacoby.[28] Ao contrário da conformidade política da psicanálise americana, no resto das Américas a psicanálise teve um desenvolvimento muito diferente, sendo considerada eminentemente política.

Meu argumento é que vale a pena contestar as suposições comuns sobre a psicanálise, uma vez que muitas vezes ela é apresentada como um tratamento praticado apenas com pacientes de classe média e média alta. Com essa suposição, a própria psicanálise foi

---

21 > Eli Zaretsky, *The secrets of the soul: A social and cultural history of psychoanalysis*. Nova York: Vintage, 2005.

22 > Ibid., p. 67.

23 > Philip Cushman, *Constructing the self, constructing America: A cultural history of psychotherapy*. Addison Wesley, 1995, p. 148.

24 > Horácio Legras, "Psicanálise na América Latina", in: Ray, Sangeeta, Henry Schwarz, José Luis Villacañas Berlanga, Alberto Moreiras e April Shemak (orgs.), *A Enciclopédia de Estudos Pós-coloniais*. Nova Jersey: Blackwell Publishing, 2016.

25 > Nathan Hale, *The rise and crisis of psychoanalysis in the United States: Freud and the Americans, 1917-1985*. Oxford: Oxford University Press, 1995.

26 > Sherry Turkle, *Psychoanalytic politics: Jacques Lacan and the French Revolution*. Londres: Free Association Books, 1992.

27 > Nathan Hale, op. cit.

28 > Russell Jacoby, *The repression of psychoanalysis: Otto Fenichel and the political Freudians*. Nova York: Basic Books, 1983.

"guetizada", vítima de sua própria segregação. Aspectos importantes da experiência humana, como raça, desigualdade social e identidade de gênero (todas essas categorias socialmente construídas da diferença), têm sido historicamente negligenciados na teoria psicanalítica. Eles constituem um "recalcado", assombrando sintomaticamente a psicanálise.

Em 1918, Freud especulou que o futuro da psicanálise dependia do fato de ela se tornar uma prática inclusiva. Em 1926, em "A questão da análise leiga" (*Die Frage der Laienanalyse*),[29] Freud propôs que não os médicos, mas os "leigos", eram mais adequados para se tornarem psicanalistas. Sua escolha de palavra insistia na inclusão, já que "leigo" deriva do latim tardio *laicus*, do grego *laikos*, "do povo". No entanto, há uma tensão inerente à psicanálise entre um certo universalismo que muitas vezes esconde realidades colonialistas e imperialistas e uma posição marginalizada de alteridade que, no entanto, se esforça para abordar todos os sujeitos.

Essa tensão reaparece nas obras de dois pensadores do racismo que viram a importância da psicanálise: Frantz Fanon,[30] que usou Jacques Lacan contra Octave Mannoni para colocar o negro como um Outro absoluto, ao mesmo tempo excluído e sexualizado, e Frank Wilderson,[31] que também se engajou na teoria lacaniana e argumentou, em *Afropessimismo*, que a maldição da escravidão não foi levantada, o que implica que a posição subjugada dos afro-americanos os tornou não-humanos. Essa exclusão estrutural os colocaria na situação de uma morte social, uma morte que satura a vida negra.[32]

A devastadora situação de exclusão levanta a questão: como alguém se torna um outro racializado? Essa é a pergunta que Toni Morrison coloca em uma instigante série de palestras ministradas na Universidade de Harvard sobre raça, medo, fronteiras, movimentos em massa de povos e desejo de pertencimento, publicadas em *The Origin of Others*.[33] A reflexão afiada de Morrison não lida com diferenças raciais, mas sim com o problema do ódio, uma vez que ela acredita que existe apenas uma raça: somos todos humanos. "Raça é a classificação de uma espécie, e nós somos a raça humana, ponto final".[34]

As diferenças entre as pessoas podem ser construídas tangencialmente a partir de genes e taxonomias biológicas, mas são principalmente o resultado de fantasias projetivas. Morrison examina a fetichização da cor da pele em nossa era de migração em massa, questionando

---

29 > Sigmund Freud, "A questão da análise leiga: diálogo com um interlocutor imparcial (1926)", in: *Inibição, sintoma e angústia, O futuro de uma ilusão e outros textos (1926-1929)*, v. 17, trad. bras. de Paulo Cesar de Souza. São Paulo: Companhia das Letras, 2014.

30 > Frantz Fanon, *Pele negra, máscaras brancas*, trad. bras. de Renato da Silveira. Salvador: EDUFBA, 2008.

31 > Frank Wilderson. *Afropessimism*. Nova York: Liveright Publishing Corporation, 2020.

32 > Orlando Patterson, *Slavery and social death: a comparative study*. Cambridge: Harvard University Press, 2018.

33 > Toni Morrison, *A origem dos outros: seis ensaios sobre racismo e literatura*, trad. bras. de Fernanda Abreu. São Paulo: Companhia das Letras, 2019.

34 > Ibid., p. 38.

por que os seres humanos inventam e reforçam categorias de alteridade que são desumanizantes. Em sua análise do racismo, a originalidade de Morrison aparece em sua virada de mesa, demonstrando que o racismo não apenas objetifica suas vítimas, que são despojadas de sua humanidade, mas também que o racismo desumaniza os próprios racistas, que "não seriam nada sem ele".[35]

Seguindo o exemplo de Toni Morrison, proponho uma travessia da fantasia racista que reconheça o Outro enquanto dá espaço ao outro. Essa travessia daria um acesso mais equitativo à psicanálise. Para realizá-la, vou me dedicar a um desvio no que posso chamar de metapsicologia do racismo e outras expressões de ódio, como a exclusão motivada por classe, gênero ou sexualidade.

Embora tenhamos ouvido o termo pejorativo "ciência judaica" usado para descrever a psicanálise, para Freud a judeidade se expressava em uma relação única com seu próprio judaísmo: uma invenção que o sustentou em seu "esplêndido isolamento" e forneceu uma base para a compreensão da psicanálise como experiência do exílio subjetivo e da nomeação.

Como Betty Fuks[36] mostrou em *Freud e a judeidade*, para Freud o judaísmo foi importante para sua formação afetiva e intelectual. Fuks se distancia da ideia de que a psicanálise é uma forma de judaísmo secular. Ela segue as próprias afirmações de Freud, lê atentamente seus escritos e conclui que a diáspora, o exílio e a errância que marcam a história do povo judeu reaparecem na descoberta freudiana. De fato, a psicanálise não é apenas uma experiência de exílio, deslocamento e relocação, mas o próprio psicanalista se posiciona como um estranho, como um "outro".

O analista está estruturalmente na posição de "estranho", como Julia Kristeva propôs em *Estrangeiros para nós mesmos*.[37] No entanto, a posição de "estranho" provoca emoções fortes que não são necessariamente agradáveis:

> "Viver o ódio". Frequentemente o estrangeiro formula assim a sua existência, mas o duplo sentido da expressão lhe escapa. Sentir constantemente o ódio dos outros, não ter outro meio social senão aquele ódio. [...]. o ódio proporciona uma consistência ao estrangeiro. [...]. O ódio o torna real, autêntico de alguma forma, sólido ou, simplesmente, vivo [...]. Viver com o outro, com o estrangeiro, confronta-nos com a possibilidade ou não de *ser um outro*. Não se trata simplesmente, no sentido humanista de nossa aptidão em aceitar o outro, mas de *estar em seu lugar* – o que equivale a pensar sobre si

---

35 > Ibid.
36 > Betty Fuks, *Freud e a judeidade: a vocação do exílio*. Rio de Janeiro: Zahar, 2000.
37 > Julia Kristeva, *Estrangeiros para nós mesmos*, trad. bras. de Maria Carlota Carvalho Gomes. Rio de Janeiro: Rocco, 1994.

e a se fazer outro para si mesmo. [...]. Ou será que devemos admitir que nos tornamos estrangeiros num outro país porque já o somos por dentro?³⁸

Podemos encontrar muitos exemplos desse "outro interior", seja na descrição freudiana do inconsciente como a Outra cena (em alemão: *andere Schauplatz*), expressão retirada de Gustav Fechner e mencionada em *A Interpretação dos Sonhos*,³⁹ seja na noção freudiana de pulsão, ou sempre que temos um lapso de linguagem e ouvimos as produções de nosso próprio inconsciente como uma língua estrangeira. Ser estrangeiro marcado pelo ódio a si mesmo, aqui entendido como fazer-se outro para si mesmo, corresponde a ser você mesmo o "você" de "vocês".⁴⁰ Para entender isso, a obra de Freud é esclarecedora. Freud explora o ódio abordando a noção de amor, ao revisitar a injunção bíblica do Antigo Testamento: "Amarás ao teu próximo como a ti mesmo".

A frase faz parte de uma unidade de dois versículos que instruem os israelitas a não se odiarem, nem se vingarem ou guardarem rancor uns contra os outros, mas a amarem uns aos outros. "Não te vingarás, nem guardarás rancor aos filhos do teu povo, mas amarás a teu próximo como a ti mesmo."⁴¹ O mandamento do amor universal foi mais tarde associado a um requisito fundamental do cristianismo. Podemos lembrar que Freud⁴² permaneceu cético diante de um mandamento de amar "seu povo", considerando-o simplesmente impossível de seguir.

nosso povo

Em uma passagem bastante visitada e marcante do texto *O mal-estar na civilização*, Freud⁴³ pede para esquecermos tudo o que sabemos sobre a injunção de amar o próximo para abordá-la de forma diferente. Como podemos amar "vocês" como amamos "nosso povo"? Freud se afasta da injunção bíblica de amar todos os outros para discutir uma disposição humana geral à agressão e à hostilidade mútua.

De fato, "o ser humano não é uma criatura branda, ávida de amor, que no máximo pode se defender, quando atacado, mas sim que ele deve incluir, entre seus dotes instintuais,

---

38 > Ibid., pp. 22-23.

39 > Sigmund Freud, *A interpretação dos sonhos (1900)*, trad. bras. de Paulo Cesar de Souza. São Paulo: Companhia das Letras, 2019.

40 > No original: "Being a foreigner marked by self-hatred understood here as making oneself other to oneself corresponds to being oneself the 'you' of 'you people.'" [N.T.]

41 > Levítico 19:18

42 > Sigmund Freud, "O mal-estar na civilização (1930)", in: *O mal-estar na civilização e outros textos (1930-1936)*, v. 18, trad. bras. de Paulo Cesar de Souza. São Paulo: Companhia das Letras, 2010.

43 > Ibid.

também um forte quinhão de agressividade".[44] Ao final, Freud interpôs o mandamento do amor com o *dictum* latino *Homo homini lupus*, o homem é o lobo do homem.

Em "Os instintos [*Trieb*] e seus destinos",[45] Freud afirma que "enquanto relação com o objeto, o ódio é mais antigo que o amor".[46] Para a criança, o ódio é a forma mais primária pela qual a realidade externa é percebida: "O exterior, o objeto, o odiado seriam sempre idênticos no início".[47] Assim, o ódio é inicialmente indiferenciado: a criança precisa ser cuidada, é impotente e sobrecarregada com necessidades prementes que precisam ser satisfeitas por uma agência externa. Os bebês experimentam suas necessidades enquanto dor – as necessidades internas (fome, frio), bem como o mundo externo dos objetos (a comida que ainda não está lá para saciar a fome, o cuidador que demora demais para responder e pode estar confuso sobre como ajudar) não são diferenciados: tanto necessidades internas quanto objetos externos causam desprazer e ódio.[48] Freud segue Wilhelm Stekel,[49] que definiu o ódio como "o fundamento de todos os eventos psíquicos", afirmando que "uma nova concepção da vida" deve "repousar sobre o fato de o ódio ser tanto o elemento primário quanto a base de sentimentos altruístas".[50] De fato, Freud mostra que o ódio não é exclusivamente destrutivo em relação ao objeto: o ódio introduz uma primeira fronteira diferenciadora entre dentro e fora que garante a permanência dessa fronteira e é seu princípio constituinte. Freud argumenta que o amor

> é originalmente narcísico, depois passa para os objetos [...] enquanto fontes de prazer. [...] O primeiro desses estágios divisamos no incorporar ou devorar, um tipo de amor compatível com a abolição da existência separada do objeto, e que portanto pode ser designado como ambivalente.[51]

A fase oral envolve incorporar e devorar o objeto; no estágio pré-genital, sádico-anal, "surge a procura pelo objeto, sob a forma de impulso de apoderamento, ao qual não importa se o

---

44 > Ibid., p. 76.
45 > Sigmund Freud, "Os instintos e seus destinos", in: *Introdução ao narcisismo: ensaios de metapsicologia e outros textos (1914-1916)*, trad. bras. de Paulo César de Souza. São Paulo: Companhia das Letras, 2010.
46 > Ibid., p. 79.
47 > Ibid., p. 76.
48 > Ibid., p. 66, nota 2.
49 > Wilhelm Stekel, *Die Sprache des Traumes: Eine Dartsellung der Symbolik und Deutung des Traumes in ihren Beziehungen zur kranken und gesunden Seele*. Wiesbaden: Verlag von J.F. Bergmann, 1911.
50 > Ibid., p. 536.
51 > Sigmund Freud, "Os instintos e seus destinos", in: *Introdução ao narcisismo: ensaios de metapsicologia e outros textos (1914-1916)*, trad. bras. Paulo César de Souza. São Paulo: Companhia das Letras, 2010, pp. 78-9.

objeto é danificado ou aniquilado. Essa forma e fase preliminar do amor mal se distingue do ódio, em seu comportamento para com o objeto".[52]

Freud sustenta que no início da vida não há distinção entre amor e ódio. O autor se afasta claramente da afirmação de que o ódio se origina do amor e, portanto, dos impulsos sexuais.

O ódio surge simultaneamente com a constituição do eu. O ódio expressa os instintos de autopreservação do eu, a vontade de potência e o desejo de domínio. Antes do estágio genital, a autopreservação do ego é ameaçada pelo encontro com o objeto. A aquisição posterior da distinção amor/ódio que se forma no estágio genital permite que eles se unam, trazendo a pessoa inteira à existência. Essa definição freudiana a respeito da indistinção entre amor o ódio no início da vida evoca um dos neologismos de Jacques Lacan que resulta da união de aparentes opostos – *hainamor* ou amódio.[53] Freud se afasta da afirmação de que o ódio se origina do amor e, portanto, dos impulsos sexuais. Em vez disso, o ódio surge ao lado da constituição do eu. Ele expressa os instintos de autopreservação do eu, a vontade de poder e o desejo de domínio.

Em nosso mundo contemporâneo, o encontro com o Outro é muitas vezes uma oportunidade de exercer a exclusão. Estamos testemunhando uma crescente desigualdade mundial, militarização e terror ao lado de forças racistas, nacionalistas e fascistas determinadas a excluir e matar. No entanto, nas origens da subjetividade, o encontro com outra pessoa, com a "outra pessoa pré-histórica e inesquecível, que jamais é igualada por ninguém posteriormente"[54] é útil e benéfico não apenas por razões práticas, mas por seu significado moral. No *Projeto para uma Psicologia Científica* de 1895,[55] Freud considera o próximo como simultaneamente o primeiro objeto satisfatório e o primeiro objeto hostil, bem como o único capaz de ajudar. Freud argumenta que é em relação a esse primeiro ser humano amado/odiado que aprendemos a julgar e a lembrar.

Seguindo essa especulação sobre as origens da subjetividade, Freud conclui que os humanos aprendem a pensar no encontro com seus semelhantes: "um objeto *semelhante* foi, ao mesmo tempo, o primeiro objeto hostil, além de sua única força auxiliar".[56] O bebê está em estado de necessidade, totalmente dependente de um "outro" para sua sobrevivência. O bebê experimenta necessidades como sendo dolorosas: estando à mercê do cuidador, os bebês são incapazes de se defenderem sozinhos e são totalmente dependentes do mundo

---

52 > Ibid., p. 79.
53 > Jacques Lacan, *O seminário, livro 20: mais, ainda*. Rio de Janeiro: Jorge Zahar, 1998, p. 122.
54 > Sigmund Freud, "Carta a Wilhelm Fliess de 06 de dezembro de 1896", in: Jeffrey Masson (org.) *A correspondência completa de Sigmund Freud para Wilhelm Fliess (1887-1904)*. Rio de Janeiro: Imago, 1986, p. 213.
55 > Sigmund Freud, "Projeto para uma psicologia científica" (1950[1895]), in: *Publicações pré-psicanalíticas e esboços inéditos (1886-1889)*, Edição completa das obras psicológicas de Sigmund Freud, v. I. Rio de Janeiro: Imago, 2006.
56 > Ibid., p. 252.

exterior, que fornecerá nutrição e conforto. Freud identifica "o desamparo inicial de todos os seres humanos" como "a *fonte primordial de todos os motivos morais*".⁵⁷

Tal reconhecimento precoce do desamparo nos remete a uma ética básica do Outro. O Outro deve ser tolerado e não apenas amado ou odiado. A consciência do bebê de sua própria vulnerabilidade extrema e de sua dependência do cuidador, combinada com a função apaziguadora do ajudar é primordial – só então o ódio e o amor podem advir.

Embora a transferência tenha sido frequentemente teorizada no eixo do amor, Donald Winnicott⁵⁸ fala sobre a necessidade do analista de ser capaz de *odiar o paciente objetivamente*. O autor vai direto ao ponto e descreve a ambivalência simplesmente como "ódio na contratransferência", apresentando um argumento convincente para a expressão do ódio de maneira sábia. Somente se aceitarmos nosso ódio como psicanalistas, dentro da privacidade de nossos consultórios, podemos começar a combater o ódio que sustenta o racismo inconsciente e o peso do privilégio branco não analisado. Além disso, talvez precisemos admitir que odiar 'dói de uma forma agradável'.⁵⁹ Isso me leva a analisar a forma como a psicanálise pode ajudar a atravessar a fantasia racista. Morrison escreve que

> A necessidade de transformar o escravizado numa espécie estrangeira parece ser uma tentativa desesperada de confirmar a si mesmo como normal. A urgência em distinguir entre quem pertence à raça humana e quem decididamente não é humano é tão potente [...]. O risco de sentir empatia pelo estrangeiro é a possibilidade de se tornar estrangeiro.⁶⁰

A construção do estrangeiro tem seus benefícios e concede lucros psíquicos. Esse lucro é teorizado por Lacan a partir da noção de *gozo*, conceito que dá conta do lucro inconsciente extraído por um sintoma (ele se refere ao *gozo* como uma mistura indistinguível de dor e prazer, como em dizer que algo 'dói por ser uma coisa boa'). Tomemos um exemplo clínico: Ramona, uma mulher da República Dominicana, certa vez chegou à terapia frustrada e chateada: ela reclamou que "negros sujos" haviam se mudado para seu quarteirão. Mesmo tendo a pele morena escura, ela não se identificava como negra porque falava espanhol. Assumindo-se parte da multidão hispânica amorfa, ela se identificava com o discurso racializado hegemônico que usava a linguagem para construir a diferença racial.

---

57 > Ibid., p. 370.
58 > Donald Winnicott, "O ódio na contra-transferência", in: *Da pediatria à psicanálise: obras escolhidas*, Rio de Janeiro: Imago, 2000.
59 > "Hurts so good", na expressão de língua inglesa [N. T.].
60 > Toni Morrison, *A origem dos outros: seis ensaios sobre racismo e literatura*, trad. bras. de Fernanda Abreu. São Paulo: Companhia das Letras, 2019, p. 54.

Sem saber que apoiava um discurso racista que também a segregava, ela mesma se tornou vítima de tais comentários depreciativos. Como sabemos, "hispânico" refere-se a um idioma e não a uma cor de pele. Qual é a raça dos hispânicos? Até o *US Census Bureau* admite que os hispânicos "podem ser de qualquer raça". Muitos dos meus pacientes dos *barrios* muitas vezes se identificam como pertencentes à "raça porto-riquenha" ou a "La Raza" em vez de hispânicos ou latinos. Mesmo que possamos chamá-los, de forma mais politicamente correta, de "latinx", esses sujeitos e suas experiências de opressão, como outras populações pertencentes às chamadas minorias, continuarão sendo negados e vistos como parte de uma multidão, um único corpo indiferenciado. Os hispânicos ou latinos são apresentados pelas práticas discursivas dominantes como uma série de imagens congeladas nas quais qualquer traço de individualidade, classe, cultura e diferença de gênero é apagado. Essa opressão se perpetuada pela noção de "raça" que moldou as identidades latinas.

do povo

Como o racismo era o sintoma de Ramona, tive que lidar com ele sem combatê-lo imediatamente ou mesmo sem tentar reduzi-lo. Ramona ofereceu a "via régia" para superar seus estereótipos e preconceitos. O ódio que ela precisava para se definir só poderia ser liberado quando seus novos vizinhos começassem a aparecer em seus sonhos. Assim como Freud, Lacan toma o sonho como metáfora do desejo; isto é, ele sustenta que os sonhos são uma formação de compromisso, uma satisfação substituta de um desejo inconsciente. Como seu sintoma de racismo, os sonhos de Ramona estavam lhe concedendo uma forma deslocada de satisfação. Colocando seus sonhos em prática e lendo-os como um texto, como uma mensagem enigmática que ela estava enviando para si mesma, Ramona tomou consciência de seu investimento inconsciente nos vizinhos que ela odiava tanto quanto a si mesma. Uma simples associação de palavras em relação a um sonho (ela estava em uma festa na casa do vizinho desprezado) revelou-se reveladora.

Ela pensou primeiro no ditado *"mi casa es su casa"* (minha casa é sua casa) ou "o que é meu é seu". Surpresa que os vizinhos odiados estavam em seu sonho e a acolheram em sua casa, ela exclamou "¡Ay, bendito!" (Oh, abençoado!), uma expressão equivalente a "Meu Jesus!" em alguns países da América Latina. A homofonia de "Ay" era, ela me contou mais tarde em suas associações, um eco da pronúncia de Haiti em espanhol (ay-tee). Mais um "outro racializado" de quem ela não gostava havia aparecido e expunha o preconceito, a interpretação seletiva da história e o nacionalismo da República Dominicana, que se expressavam na xenofobia sistêmica contra os haitianos de pele mais escura.

De fato, na República Dominicana, país de origem de Ramona, os haitianos não são apenas cidadãos de segunda classe; são considerados os "eternos inimigos do povo dominicano".

Lá, "os alunos são, literalmente, educados para odiar" os haitianos, o que se chama anti-haitianismo.⁶¹ No passado, os haitianos foram vítimas de vários massacres em massa.

Por causa de sua cor de pele, em várias ocasiões a própria Ramona foi discriminada por ser suspeita de ser haitiana. Sob ameaça de ser deportada, ela teve que provar sua cidadania dominicana às autoridades. Por isso, ela nunca saiu de casa sem sua *cédula* (documento de identificação detalhando sua etnia, raça e status de imigração). Ramona também reconheceu que secretamente se sentia uma impostora. Fundamentalmente, ela acreditava que todos os verdadeiros dominicanos tinham a pele mais clara; ela suspeitava, de fato, que fosse descendente de haitianos. Quando criança, ela ouvia uma piada ocasional zombando seu pai, o que levantava dúvidas sobre sua paternidade – seus pais e avós de ambos os lados tinham a pele mais clara que a dela. Essa peculiaridade biológica, o pigmento de um ancestral desconhecido de pele mais escura, tornou difícil para ela crescer em uma sociedade baseada na raça e no preconceito.

Seu trabalho ao longo do tratamento centrou-se no que Freud chamou de narcisismo das pequenas diferenças – ou seja, a propensão humana para a agressão entrelaçada com o desejo por uma identidade distinta.⁶² Quando Freud usou a expressão narcisismo das pequenas diferenças, ele quis destacar que são precisamente as diferenças mínimas que geram confrontos entre pessoas que são bastante parecidas. Essa é a raiz de uma percepção de estranheza que leva à hostilidade entre eles, afirmando mais uma vez o poder fascinante do estranho na construção da identidade.

Antes de mencionar a noção de pequenas diferenças em O Mal-estar na Civilização, Freud se referiu a tais diferenças em 1918, em "O tabu da virgindade"⁶³ em relação à diferença sexual. Para Freud, o narcisismo das pequenas diferenças aparece como uma construção sintomática, uma defesa contra a castração que também impede o reconhecimento da diferença sexual.

Freud retoma a ideia das pequenas diferenças em 1921, quando aborda a intimidade para mostrar como o ódio emerge no limiar da extimidade. Em *Psicologia das massas e Análise do Eu,* Freud escreve:

---

61 > Ver Shari K. Hall, "Antihaitianismo: Systemic Xenophobia and Racism in the Dominican Republic". *The Council on Hemispheric Affairs*, 2017. Disponível em: https://www.coha.org/antihaitianismo-systemic-xenophobia-and-racism-na-república-ca-dominicana/. Acesso em: 3 de junho de 2021.

62 > Sigmund Freud, "O mal-estar na civilização (1930)", in: *O mal-estar na civilização e outros textos (1930-1936)*, v. 18, trad. bras. de Paulo Cesar de Souza. São Paulo: Companhia das Letras, 2010, p. 81.

63 > Id., "O tabu da virgindade (Contribuições à Psicologia do Amor III)", in: Sigmund Freud, *Observações sobre um caso de neurose obsessiva [O homem dos ratos"], Uma recordação de infância de Leonardo da Vinci e outros textos (1909-1910)*, Obras completas volume 9, trad. bras. de Paulo César de Souza. São Paulo: Companhia das Letras, 2013.

> Conforme o testemunho da psicanálise, quase toda relação sentimental íntima e prolongada entre duas pessoas – matrimônio, amizade, o vínculo entre pais e filhos – contem um sedimento de afetos de aversão e hostilidade, que apenas devido à repressão não é percebido. Isso é mais transparente nas querelas entre sócios de uma firma, por exemplo, ou nas queixas de um subordinado contra o seu superior. O mesmo ocorre quando as pessoas se juntam em unidades maiores. Toda vez que duas famílias se unem por casamento, cada uma delas se acha melhor ou mais nobre que a outra. Havendo duas cidades vizinhas, cada uma se torna a maldosa concorrente da outra; cada pequenino cantão olha com desdém para o outro. Etnias bastante aparenta- das se repelem, o alemão do sul não tolera o alemão do norte, o inglês diz cobras e lagartos do escocês, o espanhol despreza o português. Já não nos surpreende que diferenças maiores resultem numa aversão difícil de superar, como a do gaulês pelo germano, do ariano pelo semita, do branco pelo homem de cor.[64]

Freud nos mostra que a "cola" que mantém unidos os membros da multidão é a convicção de que seu amor pelo líder os unirá criando um vínculo (uma conexão especular, hipnótica) que os salvará de seu desamparo radical. Multidões ignoram a diferença porque anseiam por conformidade – elas precisam de um líder ou mestre para amar e ser amado sem qualquer preocupação com a verdade. Sempre que encontramos fenômenos de massa, encontramos segregação. A segregação não é uma consequência secundária, mas a própria formação de uma multidão. A segregação é o que constitui a multidão.

A segregação é o desmentido da diferença. Todas as formações grupais apagam a diferença, uma vez que sua constituição se baseia em um princípio de identidade, uma identidade construída na alienação, na identificação com um outro. Qualquer tentativa de enfatizar as diferenças, por mínimas que sejam, pode ser sentida pela multidão como um ataque que ameaça sua própria existência. Os membros da multidão se amam enquanto odeiam o forasteiro, o estranho, o outro, que não é "como nós". O narcisismo das pequenas diferenças desempenha um papel central na criação do "nós". As diferenças podem ser "pequenas", mas são claramente intoleráveis porque o "outro" representa um ponto cego na imagem especular. O poder do racismo decorre do fascínio primordial que cada um de nós experimenta diante de outros humanos, a cativação por uma imagem hipnotizante do outro no espelho. Esse fascínio pelo outro paradoxalmente o apaga como tal, pois um se identifica com a imagem especular do outro enquanto faz o outro, enquanto tal, desaparecer.

Como explica Philippe Julien:

> Com sua invenção do estádio do espelho, Lacan expôs a própria fonte do racismo [...]. De fato, o poder do racismo está enraizado no fascínio primordial de cada um de nós

---

64 > Sigmund Freud, "Psicologia das massas e análise do eu (1921)", in: *Psicologia das massas e análise do eu e outros textos (1920-1923)*, trad. bras. de Paulo César de Souza. São Paulo: Companhia das Letras, 2011, p. 57.

com seu equivalente, na visão cativante da *Gestalt* do corpo do outro no espelho. Um tipo específico de beleza, silhueta e tônus muscular; a potência do corpo em movimento ou em repouso; a cor da pele, dos olhos e do cabelo – tudo isso define uma fisionomia fenotípica produtora de parentesco ao longo de linhas genotípicas. Por outro lado, essa visão exclui o estranho, aquele com quem não posso me identificar a fim de que ele não quebre meu espelho.[65]

Esse ponto cego no espelho é também o lugar que oculta a divisão subjetiva. Negamos a mesmice do "outro", para imaginar um outro completo, negando nossa própria castração, o que remonta à primeira introdução de Freud das "pequenas diferenças" em relação à diferença sexual.

O racismo não é simplesmente a intolerância às diferenças, mas a intolerância à mesmice excessiva. Se as características que definem esse "outro" se confundem, aqueles que se identificam como não sendo "como eles" sentem sua identidade ameaçada. Ou seja, a negação do outro é correlativa da afirmação do eu. Ver o próximo refletir e se espelhar demais em mim mesma ameaça o senso único de si mesmo de uma pessoa. Como propõe Pierre Bourdieu em *Distinction*,[66] a identidade social se constrói nas diferenças criadas pelas coisas mais próximas de si. Essas semelhanças representam a maior ameaça, pois as diferenças são exacerbadas para criar uma ilusão de superioridade.[67] Implícita no texto de Bourdieu está a ideia de que o externo tem a tarefa de definir o interno. No ódio de Ramona por seus novos vizinhos na Filadélfia, ela estava replicando o racismo do qual ela mesma havia sido vítima, ao mesmo tempo em que tentava afirmar uma identidade que negava o fato de que essa visão fosse construída sobre a semelhança disfarçada de diferença. No final, Ramona se deu conta dessa repetição; ela entendeu que o ódio projetado nos vizinhos era o ódio a que ela havia sido submetida. Ela inconscientemente expressou isso com a frase "o que é meu é seu". Não pude deixar de pensar no ditado que apareceu em seu sonho, "Mi casa es su casa" e me pergunto se Ramona poderia estender sua hospitalidade aos vizinhos que ela via como estando abaixo dela.

para o povo

Para continuar pensando no problema do outro, vamos discutir a antipatia de Ramona por seus vizinhos que ela via como "outro" ou "não-eu". Ela os odiava porque os via como tendo

---

65 > Philippe Julien, *Jacques Lacan's Return to Freud: The Real, the Symbolic, and the Imaginary*. Nova York: NYU Press, 1994, p. 28.
66 > Pierre Bourdieu, *Distinction: A Social Critique of the Judgement*. Cambridge: Harvard University Press, 1984.
67 > Ibid.

acesso a uma forma de gozo, um gozo do qual ela foi excluída. Para compreender o ódio expresso no racismo, precisamos compreender a economia do gozo posta em movimento. Esse lucro inconsciente está em jogo sempre que nos deparamos com o racismo.[68] Ramona reclamou que seus novos vizinhos eram barulhentos, estavam sempre sentados do lado de fora nos degraus como se fossem donos da calçada, eram hostis, recebiam muita gente em casa, tocavam música alta, faziam churrasco na calçada. Em outras palavras, ela achava que eles tinham acesso a algum gozo estranho do qual ela precisava se distanciar: "Eles" – os vizinhos – não eram como "nós". Não só seus vizinhos pareciam se divertir de uma maneira estranha e desconhecida, mas ao fazê-lo, também estragavam a diversão de Ramona, porque ela não podia mais aproveitar o quarteirão onde morava como o fazia antes.

Assim foi como eu intervim: primeiro, identifiquei o problema fundamental em ação: Ramona criou uma fantasia racista na qual o gozo do "Outro" era inversamente proporcional ao seu. Essa situação estava se tornando cada vez mais intolerável e Ramona acreditava que a presença dos novos vizinhos a obrigaria a se mudar para outro lugar. Curiosamente, Ramona me contou que, quando se mudou para sua casa alguns anos antes, ficou surpresa por gostar tanto de seu quarteirão. De uma maneira curiosa, havia uma intensidade perturbadora no prazer associado a viver onde ela morava, ao norte do *Roosevelt Boulevard*, uma avenida que funciona como um limite invisível e um marcador de ascensão social em seu *barrio*. Tudo estava ótimo para Ramona, até que "essas pessoas", "*esos prietos*," (esses pretos) se mudaram para sua vizinhança.

Se inicialmente parecia que ela alegava que eles não pertenciam ali, na verdade foi Ramona quem sentiu que ela mesma não pertencia. Alguns anos antes, quando ela chegou ao outro lado do *Roosevelt Boulevard*, Ramona estava preocupada em não se encaixar no que ela achava ser uma área melhor; ela projetou esse mesmo sentimento de não pertencer aos novos vizinhos. Os vizinhos desprezados tornaram-se uma manifestação de seus velhos medos, de sua própria experiência de ser uma estranha. Acima de tudo, ela odiava os vizinhos porque eles pareciam à vontade, confortáveis e felizes em seu novo ambiente, divertindo-se "demais". Esse excesso perturbador, na verdade era seu, porque assim como eles, ela havia se mudado de uma área menos desejável para essa parte melhor do bairro, o que muito lhe agradou. Seu próprio acesso ao prazer passou a ser regulado de fora pelos vizinhos odiados, um "Outro", que desfrutava em excesso e que, como resultado, a fazia gozar menos. A projeção racista de Ramona era uma fantasia que lhe permitia regular o próprio gozo ao restabelecer o equilíbrio em uma situação vivida como avassaladora.

---

68 > Para ver uma análise semelhante do racismo inspirada na análise de Slavoj Žižek do racismo como roubo de gozo, ver Patricia Gherovici, "Laughing about Nothing: Democritus and Lacan", in: Patricia Gherovici e Manya Steinkoler (orgs.), *Lacan, Psychoanalysis and Comedy*. Cambridge: Cambridge University Press, 2016, e Patricia Gherovici, "The Lost Souls of the Barrio: Lacanian Psychoanalysis in the Ghetto", in: Derek Hook e Sheldon George (orgs.), *Lacan and Racism*. Londres: Routledge, 2021.

A fantasia, segundo a psicanálise, é uma construção com um vazio em seu centro. A fantasia racista de Ramona era uma tela sem nada por trás, e era apenas uma questão de tempo até que ela chegasse à raiz de seu verdadeiro problema. Diante desse núcleo do nada, Ramona desviou sua ansiedade culpando os vizinhos por forçá-la a pensar em se mudar e, assim, ter que deixar um quarteirão tão desejável, tão maravilhoso, tão ensolarado, tão cheio de pessoas boas, simplesmente perfeito. Na medida em que Ramona foi capaz de fantasiar que os vizinhos estavam roubando seu gozo, que o quarteirão estava perfeito até que os novos vizinhos chegassem, ela poderia construir o quarteirão como um espaço ideal (perdido). O bairro poderia então ser imaginado como o mais belo, um lugar do qual ela é excluída pelos outros que ela exclui.

"Se os *prietos* não estivessem lá", ela ponderou, "a vizinhança seria ótima novamente". "Se ao menos os vizinhos tivessem se mudado para outro lugar no bairro, eu poderia finalmente me divertir." Esse diálogo interno é bastante estereotipado em todas as formas de racismo. Se pudéssemos nos livrar do "outro" (os imigrantes que tiram nossos empregos, os judeus, os negros, os gays, os ateus etc.) tudo seria perfeito. A lógica da exclusão requer um "outro" problemático, uma encarnação da imperfeição. Ramona identificou esse "outro" necessário nos vizinhos negros; ela precisava deles para manter a fantasia de uma situação perfeita de um quarteirão ideal, um bairro perfeitamente harmonioso onde todos os vizinhos se gostam, uma fantasia que se baseava em sua própria exclusão dele, projetada nos vizinhos. Com essa fantasia intacta, Ramona evitou o transtorno pessoal que o gozo acarretava para ela.

O humor me permitiu introduzir a possibilidade de mudanças para Ramona. O espaço que o riso abriu para ela permitiu que ela se separasse de seus próprios preconceitos racistas. Para Ramona, aceitar os vizinhos, tolerá-los e não se mudar, era aceitar ao mesmo tempo uma quota de insatisfação, sem sua fantasia racista como espaço reservado para um ideal impossível. Na fantasia racista de Ramona, o "outro" a exclui de seu gozo. "Se não fossem os novos vizinhos, esse bloco seria ótimo." Eu queria que Ramona reconhecesse que o excesso que ela projetava no "outro" escondia a verdade de seu próprio gozo fracassado. Foi somente quando ela aceitou essa dinâmica inconveniente e limitante que ela conseguiu algum arbítrio. Por meio do tratamento, ocorreu uma rendição de gozo e ela finalmente conseguiu um pouco de liberdade desse sintoma. Neste caso, consegui fazê-la rir. A distância criada pelo riso foi suficiente para desvendar a frágil construção que sustentava seu racismo. Uma piada boba que a fez rir durante uma sessão suspendeu o mecanismo paranoico racista, apontando para o fato de que seu ódio esconderia e revelaria ao mesmo tempo as pequenas diferenças que são exacerbadas em grandes obstáculos no caminho para se criar um senso de identidade. Essa piada também a lembrou de que, quando você ri, é possível enxergar sua própria rigidez e introduzir ali alguma flexibilidade subjetiva.

No processo de fazer uma piada ao invés de buscar significado, Ramona estava de fato criando significado. Em vez de exacerbar pequenas diferenças, ela acabou sendo capaz de simpatizar com os estranhos que se mudaram para seu quarteirão, os vizinhos que ela havia anteriormente racializado e desumanizado, além de superar o medo que tinha de se tornar ela mesma uma estranha, uma estrangeira de pele escura, uma haitiana que poderia, por sua vez, ser racializada e desumanizada.

Ramona sabia que muitas vezes era vista como "diferente". Ela sempre se sentiu diferente e precisava ver essa diferença reconhecida. Sua cor de pele havia sido usada por outros como base para discriminação racial. Ramona tinha pavor de encontros com a polícia, e se sentia vulnerável à violência física ou assédio por ser negra.

Mesmo que meu trabalho com Ramona tenha começado quando ela me consultou e me colocou em uma posição de supostamente deter um saber médico que a ajudasse a curar seu sofrimento, a própria dinâmica da análise acabaria por empurrá-la ainda mais em seu desejo de conhecimento. Nesse processo, mais cedo ou mais tarde o analista se afasta de seu papel de detentor do conhecimento e surge um novo desejo, um desejo de diferença. Na medida em que a psicanálise ofereceu a Ramona um lugar onde ela não era um objeto, mas um sujeito, deu-lhe também um espaço de transformação, um espaço com potencial emancipatório, um espaço que não apenas "tolera" a diferença, mas a deseja.

Vemos como o ódio de Ramona pelos novos vizinhos expressava e escondia seu próprio mal-estar ao subir na escala social. Isso é chamado de "aporofobia", o neologismo criado pela filósofa espanhola Adela Cortina para transmitir a "rejeição do pobre" desencadeada pelo medo de ficar pobre. Tal noção abrange uma ampla gama de interações sociais entre os pobres e os não pobres que incluem aversão, antipatia, desprezo, nojo, desrespeito, medo e ódio.[69] Em minha progressão até agora, explorei como a psicanálise pode evitar práticas excludentes. Chego assim à última seção deste artigo esperando que possamos começar a pensar psicanaliticamente sobre sintomas de ódio como o racismo, a discriminação e a exclusão. Após a pandemia de Covid-19 e a crescente conscientização sobre a discriminação violenta, o racismo estrutural e o impacto do movimento *Black Lives Matter*, parece que nenhum analista pode ficar imune ao contexto cultural em que trabalhamos. Parece inevitável tomar uma posição.

Nossa prática é afetada pelo contexto sociopolítico atual. A psicanálise não está fora da história. Precisamos, por exemplo, começar a abordar a aparentemente indizível branquitude da psicanálise. Há uma teorização emergente sobre a psicanálise transgênero, mas este trabalho raramente se envolveu com raça ou branquitude na psicanálise; a exceção ocasional

---

[69] > Ver Adela Cortina, *Aporofobia, el rechazo al pobre: Un desafío para la democracia*. Barcelona: Paidós, 2017

é a discussão de raça quando o analisando ou o analista não são brancos. Como observa Dionne Powell,[70] no que se refere à discussão sobre raça, há um "silêncio coletivo" na psicanálise. Essa tendência intensifica a branquitude da profissão: "Dentro da psicanálise é notável a ausência de diversidade, de alteridade, naqueles que tratamos, treinamos e ensinamos" e a raça "é mencionada apenas quando o paciente não é branco".[71]

Daniel Butler[72] convida a abordar o racismo estrutural na psicanálise examinando o próprio cenário da psicanálise:

> o imaginário branco deposita seu mundo fantasmático (i.e. a violência da escravidão e do colonialismo) no *setting*, e esse depósito é entranhado ainda mais profundamente a partir da projeção de fantasias racistas nos corpos negros. Profundamente enraizado, esse depósito ainda nunca é total; fantasmas assombram o espaço social e psíquico, habitando complexas topografias psíquicas e nacionais, e revelando como as histórias de racismo estrutural são vividas material e corporalmente no presente.[73]

Nos Estados Unidos em particular, espera-se que declaremos algum tipo de identidade para existir na sociedade, e essa identidade é um conjunto de raça, classe e gênero. Ao mesmo tempo, enquanto o racismo estrutural sobredetermina a psicanálise, as afirmações identitárias que sustentam noções de self e de representações sociais muitas vezes colidem com a experiência subjetiva. Isso pode ser explicado por meio da premissa psicanalítica de que o sujeito emerge quando a identidade falha. Aqui a teoria psicanalítica atua como um corretivo para as reivindicações identitárias. A psicanálise sustenta que a impossibilidade da representação da sexualidade no inconsciente desafia implicitamente a fixidez das reivindicações identitárias. É nesse sentido que a transição de gênero pode levantar a questão da corporeidade racial e necessariamente interpelar a interseção negligenciada entre gênero, classe e raça ao considerar o status de branquitude normativa implícita.

No estudo de Donald Moss sobre as dinâmicas sociais, políticas e psíquicas das formas estruturadas de ódio, ele argumenta que o ódio é uma forma de fazer uma reivindicação identitária – *nós não somos como eles*.[74] Se o mandamento bíblico discutido acima apela a um certo narcisismo primordial, se o mandamento de amar o próximo como se ama a si mesmo se mostra impossível, como afirma Freud, talvez tenhamos que questionar também

---

70 > Dionne Powell, "Race, African Americans, and Psychoanalysis: Collective Silence in the Therapeutic Situation." *Journal of the American Psychoanalytic Association*, v. 66, n. 6, 2018, pp. 1021-1049.

71 > Ibid., p. 1024.

72 > Daniel Butler, "Racialized Bodies and the Violence of the Setting", *Studies in Gender and Sexuality*, v. 20, n. 3, 2019, pp. 146-158.

73 > Ibid., p. 148.

74 > Donald Moss (org.), *Hating in the first person plural: psychoanalytic essays on racism, homophobia, misogyny and terror*. Nova York: Other Press, 2003.

a natureza do amor-próprio. Mas será que nos amamos? Se odeio o outro porque não posso tolerar diferenças, então o ódio apaga a diferença e nos torna iguais. Se sua tendência é odiar o próximo, talvez você o odeie exatamente como odeia a si mesmo.

Quando o ser do outro é eclipsado, permanecemos no nível do corpo, e quando os sujeitos são reduzidos a corpos, surge então o racismo. Como os pensadores do movimento afropessimista argumentaram, o ódio racial exclui todas as formas de diferença, desumaniza o próximo e transforma o ser racializado em uma entidade senciente morta-viva que carece de existência ontológica.

Mas lembremos que o racismo não só desumaniza o outro racializado, mas também desumaniza o racista, que precisa do outro excluído para existir, como mostrou Toni Morrison. A ascensão do racismo tem a ver com o que Lacan chama de "desatino de nosso gozo".[75] Impomos nossos modelos de gozo a outros que são construídos como "subdesenvolvidos"[76] para criar uma distância que mantemos a todo custo. O "outro" se constrói como o estrangeiro, subdesenvolvido, aquele que rouba nossos empregos, aquele que toma nosso espaço, aquele que estraga nosso gozo.

Se o desejo do analista não é um desejo puro, mas "um desejo de obter a diferença absoluta",[77] como argumenta Lacan, então um primeiro passo é reconhecer que o ódio que sentimos pelo outro, o próximo, o estranho, o estrangeiro, o subalterno colonial, o escravo, relaciona-se com a possibilidade de ser um outro. Além disso, se temos um "outro" dentro de nós, o ódio pelo outro, por "vocês", é também nosso.

Lacan previu o retorno de um passado sombrio, expresso no aumento dos sintomas de ódio como o racismo e a segregação. Seria isso causado pelo declínio da imago paterna que Lacan menciona em 1938 no artigo para a enciclopédia sobre a família? Seria esse ódio a expressão de uma busca compensatória pelo pai da horda primordial, um tirano todo-poderoso, uma figura toda gozadora, colocada acima da lei, como Erdogan ou Bolsonaro? Seria esse ódio uma evidência de uma quebra no contrato social? Os racistas sempre existiram, mas agora se sentem autorizados a realizar seus desejos assassinos.

Se a repressão vacila, renuncia-se ao sacrifício do gozo. Sabemos da agressão suicida do narcisismo: citando *O misantropo*, Lacan descreve o aspecto narcísico do ódio que invade o personagem Alceste no momento em que ele se enfurece ao ouvir o soneto de Oronte, porque reconhece nele sua própria situação, mas representado não apenas com exatidão excessiva, mas em uma caricatura distorcida. Ele percebe que o idiota de seu rival é sua

---

75 > Jacques Lacan, "Televisão", in: *Outros escritos* (pp. 508-543), Rio de Janeiro: Jorge Zahar, 2001, p. 533.

76 > Ibid, p. 533.

77 > Jacques Lacan, *O Seminário, livro 11: os quatro conceitos fundamentais da psicanálise*. Rio de Janeiro, Jorge Zahar, 1988, p. 260.

imagem no espelho. As palavras de fúria que ele então pronuncia mostram claramente que ele procura atacar a si mesmo. Winnicott e Freud concordam – o ódio está na origem do pensamento. Sem ódio não há separação e sem separação não há construção do corpo e da psique. Lacan caracterizou nossa época como uma civilização do ódio. Em que consistiria essa "civilização" do ódio?

Gostaria de definir nossa prática como baseada em um acolhimento incondicional, ou seja, em plena hospitalidade. No entanto, como Jacques Derrida apontou, a etimologia da hospitalidade nos remete ao "anfitrião" que aceita todos os "hóspedes" que podem ser convidados, mas também contém um *"hostis"*, termo latino que significa "inimigo". Como essa nova consciência afeta nosso ideal de neutralidade? Seria suficiente estarmos cientes de nosso racismo inconsciente e de preconceitos como o heterossexismo ou a normatividade de gênero? Como podemos ajudar a psicanálise a se desenvolver e prosperar em nossa atual situação de conflito? Eu argumentaria não deixando de lado o ódio — afinal, como dizia o lema latino, *qui bene amat bene castigat* (quem bem ama bem castiga). Ou, amar bem é odiar bem. Contar com a psicanálise é contar com a dimensão inconsciente de nossa experiência; se o ódio é inevitável, pelo menos temos que odiar com responsabilidade. O ódio é primário e inescapável, para odiar de forma civilizada, de forma responsável, seria preciso odiar sem gozar demais.

A realização de uma cura analítica não depende apenas da decodificação dos sintomas. A psicanálise implica transformar a economia psíquica do gozo. Um psicanalista que leva em conta o gozo inconsciente pode intervir clinicamente. Este tipo de intervenção nunca está fora da história. Sabemos por exemplo que a noção de raça, apesar de ser uma fantasia, pode organizar a relação do sujeito racializado com o ser – como demonstrado de maneiras bastante díspares por Frank Wilderson[78] e Sheldon George.[79] A raça, como outras formas impossíveis de construção da diferença, serve para organizar o *gozo* tanto para o sujeito racista quanto para o sujeito racializado, e elas precisam ser analisadas.

Sabemos que as comunidades racializadas experimentam níveis contínuos e desproporcionais de pobreza. Nos *barrios*, "raça" era muitas vezes invocada para designar o "pobre". Meu estudo de um único diagnóstico, a síndrome porto-riquenha, me permitiu ver como uma resposta ao estresse culturalmente sancionada (o *ataque de nervios*) se torna uma forma de patologizar o pobre ou o outro cultural por meio de uma expressão de racismo sancionada psiquiatricamente.[80] O futuro da psicanálise depende do retorno às suas raízes

---

78 > Frank Wilderson, *Afropessimism*. Nova York: Liveright Publishing Corporation, 2020.
79 > Sheldon George, *Trauma and Race: A Lacanian Study of African American Racial Identity*. Waco: Baylor University Press, 2019.
80 > Patricia Gherovici, *The Puerto Rican syndrome*. New York: Other Press, 2003

políticas iniciais – já presentes nas clínicas gratuitas. Embora essa consciência social radical tenha se perdido em tradução, particularmente nos Estados Unidos, sugiro que possamos refinar e reinventar a psicanálise de forma produtiva e criativa para o futuro, voltando ao espírito de 1918, os tempos felizes em que a psicanálise não era vista para "vocês", mas para todos, uma vez que uma psicanálise que não seja inclusiva, que não seja das pessoas e para as pessoas, não merece ser chamada de psicanálise.

> guerra, andréa <.> cripta: o inconsciente colonizado <

"Estar sem esperança é também, nesse caso, estar sem temor."[1]

"Falamos a mesma língua porque falamos versões diferentes de uma mesma língua sem um centro nítido, sem determinação única. Um idioma de muitas verdades."[2]

A descoberta freudiana do inconsciente e sua estrutura como linguagem, imersa em um contexto complexo de contradições e paradoxos históricos, sociais, simbólicos, político-ideológicos e econômicos, encontra ressonâncias ao longo dos séculos e das viradas epistêmicas de leitura e intervenção sobre os modos psíquicos de sofrimento. O que outrora fora tomado como estrutura epistêmica que englobava o mundo, na permanente tensão entre o que é natureza e o que é cultura, perdeu, com a virada linguística e com o pensamento crítico, suas aporias.

Os movimentos de contracultura, feministas, negros, os estudos culturais, a filosofia pós-kantiana e o pensamento contracolonial reviraram a argamassa do corpo gnosiológico ocidental, cujas lentes avançavam sobre a dor humana de modo posicionado como universal, no engodo normativo que os semblantes das grandes narrativas emancipatórias sustentavam como univocidade. A psicanálise, nessa seara, sempre andou na contramão.

Mestre da suspeita, Freud verificava algo que não se escrevia no texto da racionalidade moderna. Sua descoberta, radicalizada por Lacan, encontra-se apoiada na desnaturalização do corpo e na dimensão simbólica da dor em um realismo muito pouco ortodoxo. Enquanto hiato entre o somático e o psíquico, a pulsão, como um dos conceitos fundamentais da psicanálise, desorganizou a querela entre a evidência orgânica e a determinação da sobrecultura. Enquanto falha entre a representação e a existência, o inconsciente se interpõe como intervalo, "marcado por um branco ou ocupado por uma mentira".[3] Enquanto prazer-dor que

---

1 > Jacques Lacan, "A psicanálise: razão de um fracasso", in: *Escritos*. Rio de Janeiro: Jorge Zahar, 2003, p. 348.
2 > Caetano Galindo, *Latim em pó: Um passeio pela formação do nosso português*. São Paulo: Companhia das Letras, 2022, p. 209.
3 > Jacques Lacan, "A Ciência e a Verdade", in: *Escritos*. Rio de Janeiro: Jorge Zahar, 1998, p. 260.

alicia afeto e laço, o gozo liquefaz a certeza da razão. Um corpo goza para além de qualquer métrica econômica – mas não sem ela – e aquém de qualquer racionalidade científica ou instrumental – mas não sem sua régua. O gozo da língua ultrapassa toda domesticação que tenta docilizá-lo. Sofre-se, como ato de fala – ou *falasser* – pelos poros da estrutura.

Atravessada pela herança da primeira onda colonial datada do período da reconquista cristã na Europa e do avanço ultramarino na invasão das Américas no século XVI – que retumba viva e atual –, recolho, como psicanalista, o modo como o inconsciente, sempre colonizado, responde aos impasses civilizatórios do mal-estar colonial. Minha proposição teórica, neste texto, como mulher branca e professora universitária, na ocupação da função de psicanalista, parte de uma intervenção clínica. Estive, junto a três outras mulheres, psicanalistas e negras, no trabalho transferencial de escuta-registro-testemunho-intervenção em um quilombo urbano na cidade brasileira em que resido: a capital do estado de Minas Gerais, no Brasil.

A escuta clínica nasceu de uma moradora, porta-voz da demanda de sofrimento psíquico de uma outra mulher, também negra, deste quilombo. A demanda se formula, de saída, desde um modo coletivo de pertencimento não individualizado. Uma mulher sofre psiquicamente neste quilombo. Outra mulher desdobra sua demanda de análise. Ela se formula pela via negativa da transferência: "não acredito na psicologia".

Não é sem efeitos ter um corpo branco nessa cena clínica racializada. Não é casual o encontro-confronto com a herança do período escravagista, na forma de quilombo, no estado brasileiro que realizou o terceiro ciclo colonial extrativista, o do ouro, responsável pela expansão da língua portuguesa com a influência banta do quimbundo, dos gbe e do iorubá no país, deixando suas mazelas ecológicas, políticas, econômicas e subjetivas como rastro em suas montanhas de minério. Um(a) psicanalista, quando se desloca da cena protegida do *setting* analítico do consultório, perde, de saída, um ponto de perspectiva suposto neutro e universal, acomodado ao horizonte geopolítico, histórico, racial, de gênero e classista de enquadre. O território, como plano inconsciente no ato de fala, campo de lalíngua de gozo, modula a dimensão semântica e o desentendimento de modo a radicalizar a estrangeiridade do que excede a estrutura da linguagem.

Pensar a escuta do inconsciente, sempre um acontecimento de corpo como ato do *falasser*, num território pós-colonizado guarda uma propriedade que descobri na prática e compartilho neste texto. Dada a migração linguística forçada,[4] a ocupação devastadora

---

4 > Charles Melman, "O complexo de Colombo", in: Association Freudienne Internationale (org.). *Um inconsciente pós-colonial, se é que ele existe*. Porto Alegre: Artes e Ofícios, 2000, pp. 25-35; Caetano Galindo. *Latim em pó: Um passeio pela formação do nosso português*. São Paulo: Companhia das Letras, 2022.

das colônias e o uso abusivo do corpo escravizado, o real do trauma colonial da escravização produz um efeito de linguagem específico: a cripta. É sobre ela que escrevo aqui.

por não se poder dizer na língua

Ao inaugurar o trabalho clínico neste contexto, testemunhei um modo peculiar de a estrutura da linguagem se articular desde o plano inconsciente como desastre, tremor, defesa, atravessado pela história colonial, um espectro. Há um modo específico ainda não teorizado pela psicanálise, justamente por se tornar obnubilado pelo discurso eurocêntrico e invisibilizado pelo discurso colonial.[5] Ele diz respeito ao ponto de encontro entre a pulsão e a representação, embotado no signo linguístico, como excedente que não pôde ganhar impressão psíquica, dada a migração linguística forçada datada do período de colonização, que retorna fixada nas insígnias a ela correlatas, produzindo sentido num curto-circuito não dialetizável. A ausência da inscrição originária do trauma transatlântico, na lalíngua mãe de gozo, mantém uma fissura estrutural no signo linguístico, cuja intensidade pulsional é, por sua vez, encriptada pela língua estrangeira que fixa, congela e impede o deslize pulsional que produziria suas possibilidades de significação.

Há uma corrupção no nível sígnico, tomado a partir da semiótica de Pierce cuja incidência no pensamento lacaniano, sabemos, foi responsável por uma abertura ao real em sua teoria com efeitos sobre a clínica psicanalítica. Essa adulteração sígnica que testemunhei é decorrente de um modo específico de relação entre os três termos do signo peirciano: objeto (ideia associada ao *representamen*), *representamen* (imagem índice do objeto físico) e *interpretamen* (mediador da relação entre objeto e representante).[6] Identificamos uma suspensão ou uma corruptela na capacidade de ligação ente o objeto e o índice (*representamen*) no nível conectivo da interpretação (*interpretamen*).

Há uma impossibilidade de realizar a ligação entre a ideia e a imagem-índice do objeto dada a imposição de uma outra língua estrangeira radicalmente desconhecida para escrever a experiência no campo do Outro. Dessa maneira, ela se reduz ao índice que, curto-circuitado em sua possibilidade de ser representado, resta congelado na significação que lhe foi atribuída pela língua do colonizador. Mantém, assim, retida toda a carga pulsional mortífera como intensidade viva e atual, não amortecida ou historicizada pela linguagem. Esses índices tornam-se, assim, ordens de ferro e imagens não dialetizáveis.[7]

---

5 > Andréa M. C. Guerra, *Sujeito suposto suspeito: a transferência no Sul Global*. São Paulo: n-1 Edições, 2022.
6 > Charles Sanders Peirce, *Semiótica*. São Paulo: Perspectiva, 2005.
7 > Jacques Lacan, *Os não-tolos erram*. Porto Alegre, RS: Editora Fi, 2018.

Essa constatação é compartilhada por duas intelectuais decoloniais:[8] Sílvia Cusicanqui e Rita Segato. Cusicanqui, intelectual indígena aymara, socióloga contracolonial, testemunha essa corrupção sígnica ao verificar que as palavras, no horizonte dos países pós-colonizados, perdem sua capacidade de representação, de conexão entre o público e o privado, explodindo pulsionalmente em violentos levantes quando atingidas ou mobilizadas. "No colonialismo, há uma função muito peculiar para as palavras: elas não designam mas encobrem. [...] Desse modo, as palavras se converteram em um registro ficcional, repleto de eufemismos que escondem a realidade ao invés de designá-la."[9] Veremos que a verdade para a psicanálise tem estrutura de ficção, sendo sua imbricação o que constitui a realidade psíquica. O que se opõe à ficção, à escrita da história no mundo da representação é a imobilidade pulsional, que indica a presença da Coisa (*das Ding*) no real sem representação. Mas entendamos a constatação de Cusicanqui, que muito nos interessa!

Como socióloga, ela recupera a dimensão dos discursos públicos como formas de não dizer, apoiados em crenças hierárquicas e desigualdades naturalizadas, incubadas no senso comum. De tempos em tempos, são desnudadas em formas explosivas de conflitos raciais, étnicos, de gênero.

> Acredito que aí se desnudam essas formas escondidas, *soterradas*, dos conflitos culturais que carregamos e que não podemos racionalizar, nem sequer conversar a respeito. Custa-nos falar, conectar nossa linguagem pública com a linguagem privada. Custa-nos dizer o que pensamos e nos conscientizarmos desse pano de fundo pulsional, de conflitos e vergonhas inconscientes.[10]

Por isso mesmo, ela funda e se dedica a uma sociologia das imagens, buscando nos desenhos os elementos da dominação colonial e suas reverberações, e não nos textos documentais e históricos. O trânsito entre a imagem e a palavra é parte da metodologia e da pedagogia que ela adota ao unir as brechas entre o castelhano *standard*-culto e os modos coloquiais de fala, assim como entre experiência vivida e experiência visual, especialmente entre estudantes migrantes indígenas de origem *aymara* ou *qhichwa*. Além disso, para ela, as imagens permitem furar o bloqueio das versões oficiais dos sentidos não censurados pela língua oficial.

Ela traz como exemplo a carta endereçada ao rei da Espanha por Waman Poma de Ayala, escrita entre 1612 e 1615, com mais de mil páginas e trezentos desenhos feitos a tinta, repleta de termos e expressões orais étnicos originários, cantigas e jayllis (canto de vitória). É nos

---

8 > O uso do termo decolonial alinha-se aqui à crítica de constituição imperial de uma geopolítica do poder, visando o movimento epistêmico contracolonial como possibilidade de abertura a outros universais, sustentando a diferença radical da alteridade.
9 > Silvia Rivera Cusicanqui, *'h'ixinakax utxiwa: uma reflexão sobre práticas e discursos descolonizadores*. São Paulo: n-1
10 > Ibid., p. 30.

desenhos, mais do que no texto, que o sentimento cataclísmico referido à subordinação em massa imposta pela colonização e a sociedade indígena pré-hispânica se revelam. Ela nomeia de teorização visual ou iconográfica do sistema ou da situação colonial essa proposta e prefere uma leitura cinematográfica a uma semiótica das obras.

Um exemplo contundente da análise visual mostra uma imagem na qual um adulto indígena é retratado de forma desproporcional, apequenado, face a um colonizador espanhol. Como os termos espanhóis tais que opressão ou exploração não existem nas línguas aymara ou qhichwa, a palavra jisk'achaña os resume numa associação entre a humilhação e a condição de servidão. "A humilhação e a desordem andam de mãos dadas"[11] no Mundo ao Revés desenhado na obra. "A visão estreita da crítica acadêmica, obediente à noção de 'verdade histórica' passou ao largo do valor interpretativo da imagem".[12]

As imagens preservam, para a socióloga, a potência da poiesis do mundo que se guarda na caminhada e nos kipus (sistema mnemotécnico e de registro dos antigos povos andinos). "A alteridade indígena pode ser vista como uma nova universalidade, que se opõe ao caos e à destruição colonial do mundo e da vida".[13] Ainda que, para a psicanálise, seja o real, e não o imaginário, o ponto que articula o que não cede, guardemos, por ora, da teoria sociológica da autora: (1) a impossibilidade de associação entre a imagem e a palavra, (2) a redução da potência da verdade à imagem e (3) a irrupção pulsional quando se esbarra no que está soterrado.

A asseveração desse modo de obstáculo à escrita pulsional ganha volume quando, em seus estudos antropológicos sobre o Édipo Negro, Rita Segato também verifica uma dimensão sígnica encriptada referente ao racismo que, no Brasil, ganha uma forma específica. "Como operação cognitiva e afetiva de expurgo, exclusão e violência não se exerce sobre outro povo, mas emana de uma estrutura alojada no interior do sujeito, plantada na origem mesma de sua trajetória de emergência".[14] Analisando o contexto pós-colonial brasileiro, Segato e Gonzalez[15] dedicam uma densa reflexão sobre os modos inconscientes de defesa contra a violência colonial e suas reverberações, na analítica da figura da mulher negra no Brasil.

Aqui nos deteremos apenas em Segato. A autora trabalha o duo da maternidade brasileira na figura jurídica e biológica da mãe branca, de um lado, e de outro, da mãe de fato, a mãe preta. A autora aproxima a dupla inscrição materna, no contexto antropológico

---

11 > Ibid., p. 39.
12 > Ibid., p. 45.
13 > Ibid., p. 48.
14 > Rita Segato, *Crítica da colonialidade em oito ensaios: e uma antropologia por demanda*. Rio de Janeiro: Bazar do Tempo, 2021, p. 243.
15 > Lélia Gonzalez, *Por um feminismo afro-latino-americano*. Rio de Janeiro: Zahar, 2020.

brasileiro, a duas figuras da religião de matriz africana na "descrição mitológica do panteão das divindades".[16] Ela aproxima Iemanjá da mãe legítima, em equivalência à mãe branca, jurídica, fria, hierárquica, distante e indiferente. Enquanto Oxum, mãe de criação, de adoção, cujo carinho verdadeiro se mescla à simbologia do mar, traiçoeira e falsa, é associada à tradição histórica do Atlântico e da escravização. A ambivalência de afetos e o apagamento da história da escravização através do exercício da dupla função materna no Brasil – mãe e babá – é efeito de uma operação de foraclusão da mãe negra pelo discurso branco oficial da academia e da ciência até então, atualizada nas imagens das pinturas de bebês com suas amas no período colonial e imperial.

Segato lê a defesa que toma o bebê como sendo o país, Brasil, e a mãe preta, a África, numa alusão ao desprendimento no qual se sacrificam, ao mesmo tempo, a mãe, o escuro da pele e a África originária. "Arranca-se a mãe não branca e oculta-se sua possibilidade de inscrição – que ainda perdura codificada e criptografada, como sempre acontece na psiquê – ao contrabandear, em seu lugar, outra cena que bloqueia definitivamente a possibilidade de resgate".[17]

Novamente temos um bloqueio, uma cena que sutura a possibilidade de resgate da experiência. Segato nomeia de cripta esse invólucro com o qual, assim como Cusicanqui, ela se confronta em seu encontro com uma história cujas páginas foram arrancadas. Ainda que toda história seja sempre escrita em segunda mão no tratamento da pulsão de morte, ambas as autoras assinalam uma operação específica de bloqueio com a linguagem herdeira de processos de colonização e migração linguística. Esse obstáculo tem a ver com o modo como as línguas imperiais se impuseram sobre as línguas nativas nas colônias e do estabelecimento da língua das nações colonizadas. Para a psicanálise, seu efeito será pulsional, de gozo.

Línguas novas nascem e outras se modificam desde os idos tempos históricos.[18] Mas, segundo intensos dissensos e discussões da área da linguística histórica, nada foi de tal forma devastador quanto a violência colonial na criação de novas línguas. Em geral, a transformação e o nascimento de novas línguas eram fenômenos oriundos da chegada de um povo que se misturava a um substrato, ou mesmo o eliminava, impondo uma nova variedade, adotando o que havia no local ou gerando uma espécie de fusão entre línguas. No Brasil, país herdeiro da colonização portuguesa, a complexidade da constituição da língua guarda matrizes dos povos indígenas originários e estruturas afrogramaticais advindas com a escravização, cujas evolução, diferenciação, fragmentação e supressão compuseram um mosaico

---

16 > Rita Segato, *Crítica da colonialidade em oito ensaios: e uma antropologia por demanda*. Rio de Janeiro: Bazar do Tempo, 2021, p. 221.

17 > Ibid., p. 229, grifo nosso.

18 > Caetano Galindo. *Latim em pó: Um passeio pela formação do nosso português*. São Paulo: Companhia das Letras, 2022; Gabriel Nascimento, *Racismo linguístico: os subterrâneos da linguagem e do racismo*. Belo Horizonte: Letramento, 2019.

complexo com origens perdidas e laços construídos pelo estupro, invasão, despossessão e toda sorte de violência colonizadora.

Se as línguas tupi e macro-jê são os maiores troncos dos povos originários e as línguas bantas, do grupo gbe e iorubá, as de matrizes africanas de maior incidência na formação da língua portuguesa no Brasil, conseguimos entender por que, por exemplo, encurtamos os plurais (vinham no prefixo e não no sufixo com um "s")[19] ou a troca do "l" pelo "r" da matriz iorubá.[20] "Nosso português parece ter sido estruturalmente alterado por esses falantes de línguas africanas."[21] Porém, o que nos interessa aqui é o que uma língua mãe – lalíngua – guarda do som como equivocidade que ressoa enquanto efeito de gozo do corpo.[22] Como uma língua afeta o gozo? Os efeitos do glotocídio, da supressão da língua, cultura, família, economia, território físico e simbólico de pertencimento, deslocou, com a escravização, o corpo do colonizado de sua possibilidade de reescrita. Fissurou o signo linguístico, sem recomposição.

Trata-se, diferentemente da teoria clássica do trauma em Freud, de uma supressão radical da possibilidade de significação de uma vivência traumática, cujo gozo colonial atroz não traz possibilidade alguma de satisfação (pulsão de morte) e resta brutalizado e embotado pela língua estrangeira imposta. Diferentemente do trauma sexual analisado por Freud,[23] não há uma primeira cena hiperlidibinizada, que não encontra tradução sexual (tempo 2 em Freud) e a qual, revivida numa segunda cena atualizada, poderia ser finalmente traduzida,

---

19 > Caetano Galindo. *Latim em pó: Um passeio pela formação do nosso português*. São Paulo: Companhia das Letras, 2022, p. 191.

20 > Lélia Gonzalez, *Por um feminismo afro-latino-americano*. Rio de Janeiro: Zahar, 2020.

21 > Caetano Galindo. *Latim em pó: Um passeio pela formação do nosso português*. São Paulo: Companhia das Letras, 2022, p. 186.

22 > Wiltord propõe uma tese para a língua *criola*, produto da colonização francesa nas Antilhas, baseada na descrença na autoridade simbólica. Para ela, a estrutura dos enunciados *criolos* articulados em francês é inaudível para quem os fala numa denegação inconsciente que incide sobre a divisão do sujeito pela linguagem. A alteridade se funda como autoridade, produzindo uma degradação da autoridade simbólica e uma injunção superegoica pelo desmentido, manifestadas pela desconfiança da língua do colonizador, uma recusa em se implicar subjetivamente no diálogo e um uso de alusões, perífrases e subentendidos na substituição de palavras para nomear os objetos. Em síntese, trata-se da *"perversão colonial da dimensão simbólica da linguagem*, com relação ao *gozo* do corpo transportado pela língua criola falada" (Jeanne Wiltord, "À propòs de la langue créole", in: *Mais qu'est ce que c'est donumun Noir? Essai psychanalytique sur les conséquences de la colonisation des Antilhes*. Paris: Éditions des Crépuscules, 2019, p. 151). Um dos efeitos dessa perversão colonial é o entrave à perda de gozo necessária à emergência do desejo e a prevalência, não do traço simbólico recalcado como condição para a fantasia criar o invólucro em torno deste vazio, mas do olhar como objeto pulsional virulento, no qual ela constata a "pregnância de uma interpretação sexual *imaginarizada* do *real* que não recebeu tratamento edípico" (Ibid., p. 152) como através da crença em demônios. Entretanto, para além do Édipo e do Simbólico, a autora destaca lalíngua como o que recolhe os efeitos de gozo do corpo pelas equivocidades de uma língua falada. A linguagem estruturada, para Lacan, é o que se tenta saber de lalíngua e sendo lalíngua o depósito de gozo transmitido pelo ato de fala, a equivocidade tem mais a ver com este gozo e sua experiência inconsciente, que com a etimologia ou a gramática. Daí Wiltord propor a invenção da língua *criola* como tratamento do real traumático da colonização nas Antilhas, através dos significantes intrusos que introduz, não como representantes do sujeito, mas antes como *lastro do depósito do gozo colonial*. Mais uma vez estamos diante de significantes que não representam, mas antes carreiam gozo por seus restos pulsionais. Novamente, uma autora decolonial abre caminho para pensarmos a colonização como produzindo um efeito inconsciente mais devastador que os já conhecidos, como o recalque, testemunhando a impossibilidade real de alcance lingueiro do simbólico, o que decorre, a meu ver, de uma adulteração no nível do signo de gozo, como veremos mais adiante.

23 > Sigmund Freud, "Projeto para uma psicologia científica" (1895), in: *Edição standard brasileira das obras psicológicas completas de Sigmund Freud*, v. 1. Rio de Janeiro: Imago, 1990, p. 385-529.

associada à sua dimensão sexual. Não se trata de uma situação atual (1) hipercatexizada pela situação antiga (2). Ao contrário, o que os filhos do estupro colonial nos mostram é o esforço quase impossível de invenção de recursos para significação do trauma colonial, para articulação pulsional do gozo mortífero da colonização, que retorna atualizado em insígnias congeladas sem significação, depositadas como espectro sobre os corpos cuja cor ou etnia indiciam os restos da colonização. Estamos diante de uma situação atual (cena 2) atravessada por outra língua congelada e afastada de seu poder de significação (cena 1), uma cripta.

Como não haveria incidências inconscientes da colonização, se o inconsciente é estruturado exatamente como uma linguagem e sua estrutura é o que vem tentar constituir um saber sobre a lalíngua mãe de gozo? Como não haveria efeitos de gozo, se a imposição violenta de línguas estrangeiras sobre línguas originárias e a aniquilação da humanidade de distintos povos e etnias africanos estão na base constitutiva da modernidade? A máscara da escrava Anastásia como resto colonial não é exibida incessantemente por acaso. A brutalidade imperial também incidiu em nossa terra, Pindorama, desde os tempos coloniais, e o retorno iterativo do gozo inassimilável de sua violência, assim encriptado pelo signo, precisa ser formalizado para ser lido e tratado decolonialmente pelo campo psicanalítico.

uma teoria da cripta: a doença do luto de abraham e torok

Uma teoria da cripta foi desenvolvida por Nicolas Abraham e Maria Torok,[24] a fim de explicar uma patologia do luto.[25,26] Eles partem da análise tanto da dimensão quanto do destino do núcleo irrepresentável de sua estrutura, fonte mesmo da possibilidade ou impossibilidade de advento da palavra e da representação do vivido. A perda do enlutado produziria um excesso libidinal que, experimentado como irrupção orgástica, engendraria o afeto da vergonha, que, posteriormente, ganharia o invólucro do segredo, como um crime inconfessável.

A relação com o objeto perdido, pela via da vergonha e do segredo, desembocaria, assim, na base constitutiva da cripta. Ela estaria articulada a um afeto primário do bebê com a mãe, assentado na noção da herança da dor da separação da mãe, de onde também nascem as palavras. O que se enterra com a cripta seria a ambivalência, sedução ou carência do objeto perdido, perpetuado pela fantasia de incorporação. A teoria, assentada na psicanálise das relações de objeto, entende a relação mãe-bebê como uma unidade dual.

---

24 > Nicolas Abraham e Maria Torok, *A casca e o núcleo*. São Paulo: Escuta, 1995.
25 > Suzana Pons Antunes, *Um caminho a partir do trauma: o pensamento de Nicolas Abraham e Maria Torok*. Rio de Janeiro: PUC-RJ, 2003.
26 > Omar David Moreno-Cárdenas, *A colonização e seus restos: transmissão, linguagem e olhar*. Belo Horizonte: UFMG, 2023.

Nesse processo, os autores diferenciam incorporação de introjeção. A incorporação sem tradução seria vivida em ato e movida pela vergonha em relação ao segredo, devido a uma dificuldade em se introjetar o objeto perdido. Por isso, a incorporação, para os autores, seria um problema no nível da introjeção e dela se diferiria no processo do luto. Uma das consequências dessa dificuldade seria, inclusive, a identificação endocríptica como efeito da dimensão traumática desse luto patológico. Nela, a identificação ao objeto perdido ocorreria pela incorporação de traços do fantasma, da vida de alguém-túmulo. E estaria ligada a segredos de antepassados que se carrega sem saber. Duplo insondável importante de destacar, pois implica uma dimensão transgeracional da transmissão de um impossível de pronunciar.

> Um dizer enterrado em um dos pais se torna para a criança um morto sem sepultura. Esse fantasma retorna, então, a partir do inconsciente e vem assombrar, induzindo fobias, loucuras, obsessões. Seu efeito pode chegar até a atravessar gerações e determinar o destino de uma raça.[27]

A cripta se situaria entre o Inconsciente dinâmico e o Ego da introjeção como uma espécie de "Inconsciente artificial, instalado no seio do Ego".[28] Como uma muralha, a cripta, essa espécie de túmulo, tornaria o inconsciente mais impermeável ao mundo externo, menos filtrável. A cripta seria oriunda dessa clivagem e seria estruturalmente distinta daquela operada pelo recalque na neurose. Ela não desliza, seja metonimicamente, seja metaforicamente, pela cadeia de significantes. O recalcamento neurótico se distinguiria do recalcamento conservador da cripta. E sua consequência, o congelamento do encriptado, se diferenciaria também do sintoma neurótico.

Na teoria da neurose freudiana, o recalque separa ideia e afeto, mandando o conteúdo ideacional – fonte do conflito – para o sistema inconsciente (*Ics.*), mantendo o afeto livre no aparelho psíquico. O afeto se liga a novas representações substitutivas em relação à originalmente recalcada, porquanto menos intensamente angustiantes e passáveis pelo crivo libidinal das catexias do sistema pré-consciente–consciente (*Pcs.-Cs.*). Na histeria de conversão, o novo investimento libidinal se dá pela via da catexização de um substituto metafórico de natureza somática ou motora do corpo, que, por condensação, atrai toda a catexia para si próprio.

---

27 > Nicolas Abraham e Maria Torok, apud Suzana Pons Antunes, *Um caminho a partir do trauma: o pensamento de Nicolas Abraham e Maria Torok*. Rio de Janeiro: PUC-RJ, 2003.
28 > Nicolas Abraham e Maria Torok, *A casca e o núcleo*. São Paulo: Escuta, 1995, p. 239.

"Na histeria de conversão, o processo do recalque é completado pela formação do sintoma, e não precisa, como na histeria de angústia [fobia], continuar até uma segunda fase".[29] Na histeria de angústia, o recalque é bem-sucedido em remover e substituir a ideia, mas falha em poupar o desprazer. Por isso, empreende uma nova tentativa de fuga, uma segunda fase, na qual se forma a fobia propriamente dita e suas evitações necessárias, destinadas a impedir a liberação da angústia e do desprazer.

Finalmente, no caso da neurose obsessiva, a ideia rejeitada é substituída por "um substituto por deslocamento",[30] através da catexização de novas representações, pequenas e indiferentes, e falha também em evitar o desprazer. Assim, o recalque da ideia oriunda do sistema $Pcs.$-$Cs.$ é obstinadamente mantido, pois provoca a abstenção da ação, um aprisionamento motor do impulso pela ideia. "O trabalho do recalque na neurose obsessiva se prolonga numa luta estéril e interminável",[31] podendo passar das ideias obsessivas aos atos compulsivos e, destes, aos rituais.

No caso da cripta, a defesa é mais radical e não encontra correspondência na linguagem – nem pelo deslize metonímico, nem pela condensação metafórica –, através de rearranjos significantes substitutivos do conflito original. Ela está articulada a um núcleo irrepresentável que guarda uma dimensão de impossibilidade de passar à palavra. Relaciona-se com os elementos inconfessáveis do desejo, ligados ao objeto perdido, que não podem sequer serem pronunciados pela vergonha que provocam. É como se, diante do desejo, assim equivalido a um crime pelos autores, ocorresse uma clivagem do ego no momento mesmo de sua realização que, ilegítima, inconfessável e inominável, encripta-se, não se tornando passível de tradução.

Destacamos deste aspecto da diferenciação entre a teoria da neurose freudiana e a teoria da cripta da dupla Abraham e Torok[32] tanto seu aspecto transgeracional da palavra-túmulo, quanto sua dimensão de interrupção do movimento pulsional, no ponto de sua conexão com a palavra, bem como a formação da cripta em si mesma. O efeito imobilizador defensivo da cripta opõe-se, assim, à defesa inconsciente engendrada pelo recalque, regido pela lógica libidinal do prazer-desprazer.

Cabe lembrar que Freud acrescenta à sua teoria do princípio do prazer, adiado pelo princípio da realidade, um novo dualismo pulsional com a introdução da noção de pulsão de morte. Esta resta sempre sem a possibilidade de ligação com a representação, tensionando com a pulsão de vida, vias que nunca encontraram "alguma possibilidade de prazer e que

---

29 > Sigmund Freud, "Repressão", in: *A história do movimento psicanalítico*. Rio de Janeiro: Imago, 1996 [1915], p. 180.
30 > Ibid., p. 181.
31 > Ibid., p. 181.
32 > Nicolas Abraham e Maria Torok, *A casca e o núcleo*. São Paulo: Escuta, 1995.

nunca, mesmo há longo tempo, trouxeram satisfação, mesmo para impulsos pulsionais que desde então foram recalcados".[33] Esse impossível de representar será de grande relevância para nossa proposição. Ele é responsável pelo movimento de compulsão à repetição.

O encriptado, assim, diz respeito a um conteúdo que não pode se exibir sob a forma de palavras, mantendo-se indizível no interior da cripta, como "palavras enterradas vivas".[34] O fato, em si mesmo, resta numa existência oculta atestada por uma ausência manifesta no nível da comunicação, por estar desafetada libidinalmente, enterrada em uma zona inconsciente perdida.

> Esse processo estaria ligado a algo que o casal denomina como "antimetáfora", no qual o processo de incorporação produz uma "desmetaforização", sendo uma tomada ao pé da letra do figurado, pois a boca não pode enunciar certas frases que se tornam a própria coisa. Essa teoria, também, está ligada à teoria do luto, pois, por trás da fantasia de incorporação que sustenta a cripta, há um luto inconfessável, precedido por um estado do eu carregado de vergonha.[35]

A defesa da cripta produziria o retorno repetitivo a esse ponto de impossibilidade, numa fantasia de hibernação. E os *criptônimos*, espécie de palavras impronunciáveis de múltiplos sentidos, esconderiam por alusão uma significação estrangeira e oculta. O sujeito não consegue, assim, manifestar-se em relação à perda, cuja impossibilidade de comunicação e de significação instala, no interior do processo de luto, uma "sepultura secreta".[36] Essa seria também a dimensão fantasmática da fantasia inconfessável de incorporação do objeto.

Além disso, apoiados na relação dual mãe-bebê, a dupla explica o ponto em que a palavra não alcança a coisa. Nesta relação, a "des-maternalização" implicaria uma transmissão do aparelho psíquico da mãe para o bebê em duas vertentes: da palavra ou da representação. As palavras, numa acepção freudiana, são tomadas como traço mnésico ou representação acústica (representações da coisa do sistema *Ics.*) que, associadas à representações da palavra, entram no sistema *Pcs.-Cs.* Podem, assim, ser tomadas como ato de fala ou como incorporação fantasmática. Daí as palavras intransponíveis ligadas ao segredo transgeracional forjarem um obstáculo à tradução, tornando-se um fantasma patológico, distinto de um fantasma estruturante. As lacunas do indizível retornariam na geração seguinte como vazios, assombrações, rupturas inassimiláveis ou fantasmas a serem tratados.

---

33 > Sigmund Freud, "Além do princípio de prazer", in: *Além do princípio de prazer*. Rio de Janeiro: Imago, 1996, p. 34 (Edição standard brasileira das obras psicológicas completas de Sigmund Freud, v. 18), p. 34.
34 > Nicolas Abraham e Maria Torok, *A casca e o núcleo*. São Paulo: Escuta, 1995, p. 240.
35 > Omar David Moreno-Cárdenas, *A colonização e seus restos: transmissão, linguagem e olhar*. Belo Horizonte: UFMG, 2023, p. 135.
36 > Nicolas Abraham e Maria Torok, *A casca e o núcleo*. São Paulo: Escuta, 1995, p. 249.

escrita inconsciente e gozo pulsional

A proposta teórica de Abraham e Torok[37] traz elementos clínicos de uma abordagem do processo inconsciente de luto muito rica, um verdadeiro achado. O modo de defesa que verificam no congelamento da cripta – que entendo acontecer no nível do signo – impede o movimento de significação e, por conseguinte, detém o circuito pulsional, sendo descrito de modo muito preciso na doença do luto.

A hipótese transgeracional como transmissão do que não está no simbólico, mas ainda assim existe e produz efeitos subjetivos desde o real, como podemos dizer lacanianamente, é orientadora. A relação entre afeto e representação e seus destinos não exatamente previsíveis, mas possibilitados desde Freud, inauguram uma condição teórica inspiradora acerca do indizível ou irrepresentável, face à qual retomamos Lacan. O impossível, para Lacan, guarda uma dupla dimensão: a da insuficiência do sistema de representação atingir a totalidade da coisa e o vazio lógico da própria estrutura da língua como condição do sistema de representação.

Há, porém, no fundamento teórico de Abraham e Torok, uma relação de homologia entre o objeto da realidade e o objeto inscrito como representação. Essa relação enseja um recobrimento que oculta exatamente a hiância por onde, pulsionalmente, a detenção se realiza. É justamente por haver a imagem e a palavra, interpretadas em sua relação no signo, que ele ganha o valor de representação. Assim, mesmo que possamos decantar o real fantasmagórico do impossível de representar na cripta e seu invólucro transgeracional como túmulo, um passo além, e de certa forma distinto, desta via precisa ser realizado quando retomamos nosso testemunho clínico com o passado colonial.

A experiência viva da clínica com o inconsciente atualizado na experiência quilombola vale ser retomada neste ponto, como passado presentificado da colonização transmitido pelos seus restos, conforme tese de Moreno-Cárdenas.[38] Retomemos a cena clínica. Uma mulher adulta cis, bissexual, negra e quilombola, usuária abusiva de álcool e outras drogas, mãe e com cerca de 35 anos, se encontra agitada, com dificuldades para dormir, azucrinando o quilombo urbano onde reside. A arquitetura quilombola é muito peculiar: por exemplo, as casas se avizinham sem espaço entre elas, numa lógica em que o cheiro da cozinha de um parente avisa se há comida em sua casa. O barulho da rotina doméstica mostra que não há depressão entre os moradores. Os códigos de pertença e comunicação são muito próprios de um modo de vida aquilombado.

---

37 > Nicolas Abraham e Maria Torok, *A casca e o núcleo*. São Paulo: Escuta, 1995.
38 > Omar David Moreno-Cárdenas, *A colonização e seus restos: transmissão, linguagem e olhar*. Belo Horizonte: UFMG, 2023.

A demanda de escuta analítica para Melissa é enunciada por outra moradora, filha da atual matriarca do quilombo. A relação de poder quilombola passa pela centralidade da figura feminina. A matriarca, porém, se encontra reclusa, adoentada dos rins. Nunca aparece publicamente, apesar de suas fotos mostradas e de sua história ser recontada constantemente. Ao perguntarmos pelo início do sofrimento de Melissa, uma demanda de escuta clínica muita mais ampla emerge. Dos cerca de trinta e cinco moradores, dois terços encontram-se em sofrimento mental e alguns medicados: ansiedade, depressão, bulimia, alcoolismo, síndrome do pânico. Os diagnósticos *by DSM* proliferam.

De onde nascem essas dores? A narrativa clínica, coletiva, data de dois anos antes, quando os moradores deste quilombo foram ameaçados juridicamente de despejo, tendo a propriedade de suas terras sido colocada em juízo por interesses imobiliários e financeiros de herdeiros ricos, com uma condição financeira e de classe superior à dos quilombolas. A violência na execução da ação judicial, realizada com cinco camburões sob o comando policial, perdurou por um ano de assédio moral com vigilância constante e persistente da polícia na rua sem saída onde o quilombo se encontra instalado. A cena violenta atualiza, repete e congela, até então sem uma tradução, um passado imemorial de expropriação das próprias terras, afeito aos moldes da colonização por exploração que caracterizou a ocupação das terras brasileiras.

É quando a família, moradora de quatro lotes com cerca de onze casas e famílias de composição variada, num bairro que se tornou charmoso na cidade pelo processo de gentrificação na região, descobre sua raiz escravagista. Ao buscar seus documentos de posse e propriedade da terra, recuperam sua história, herdeira dos processos de colonização. O casal negro e ex-escravizado, composto pela matriarca da quinta geração anterior, havia adquirido esse território, na época longe do grande centro da cidade, uma chácara, para residirem com seus familiares. Mantinham as mesmas tradições de festas quilombolas até os dias atuais, o que lhes garantiu o direito constitucional de serem reconhecidos como quilombo e de garantirem a propriedade do terreno. Um novo nome emerge onde antes não havia nem rastro dessa história: "somos quilombolas".

Porém, um resto de gozo sem tradução se mantinha ali nos sintomas que moradores viviam de modo singular e na imagem de favelização e pobreza, resto social que encarnavam. Melissa nos parecia encarnar o índice corrompido de uma descontinuidade impossível de ganhar significação. Propusemos, ao lado da escuta clínica individual clássica por demanda, a metodologia das conversações psicanalíticas. Através de um trabalho de associação livre coletivizada junto às moradoras da geração adulta, a terceira geração do quilombo passou a recontar sua trajetória e a de suas ancestrais. O mal-estar, que podemos cunhar de colonial, manifesto nos sintomas relatados, era datado da cena da execução judicial pela abordagem policial, que sempre retornava, sem deslizar. A queixa contra Melissa também permanecia e se avolumava, como se eliminá-la resolvesse o sofrimento de cada quilombola.

Foi após uma internação clínica de Melissa, em seu retorno, que ela pôde, como índice do mal-estar, produzir um efeito discursivo ao deslocar-se de posição. Ela recebe um diagnóstico de *esquizofrenia* nesta internação, alcunha diagnóstica que produz uma significação por identificação com duas tias falecidas, através da qual um segredo se revela. Ao retornar ao quilombo, traz a história das ancestrais numa conversação. A matriarca da primeira geração do quilombo, ao morrer, deixara seu legado simbólico de mulher ex-escravizada para sua filha mais velha. A nova matriarca, à época, é reconhecida por todas. Como autoridade, ela desenhava o destino do quilombo, distribuía suas terras e seus afetos de modo personalizado, gerando diferenças afetivas, sempre inequacionáveis no drama épico de uma família. Quando morreu, deixou duas irmãs diagnosticadas de *esquizofrenia*, que não conseguiram dar sequência à função de matriarca, ocupada contingencialmente por uma das netas, hoje da terceira geração.

Melissa conta que todas tinham medo de ela, agora, *matar* a avó de desgosto – a matriarca atual e adoentada que nunca aparecia –, assim como sua mãe fora tida como a responsável pela morte da antiga matriarca, herdeira legítima do poder quilombola, por seu comportamento adolescente *difícil*. Sua mãe fora uma adolescente muito *rebelde*, também usuária de drogas, e portava o índice do mal-estar quilombola, transferido para Melissa. Os moradores do quilombo se ressentiam de Dodora, mãe de Melissa, como se ela *fosse* o mal encarnado que teria matado a matriarca de desgosto. Eles se culpavam por não a ter salvado da morte, mesmo sabendo de seu adoecimento sem chance de cura. Esse foi o fio que Melissa pôde resgatar após o retorno de sua internação. Ela, *esquizofrênica* como as tias-avó e *difícil* como a mãe, também usuária de álcool e outras drogas, carregava o peso de um luto, uma perda não elaborada.

Há, porém, dois níveis de defesa inconsciente aí. Em um deles, o significante *esquizofrenia*, que faz condensação metafórica no trabalho de luto da matriarca, desfaz uma dimensão simbólica entravada no corpo de Melissa, num fio simbólico e geracional com Dodora, sua mãe, e as tias-avós. *Difícil* e *esquizofrênica* foram, neste plano, nomeações de passagem simbólica, operação significante mobilizadora do circuito pulsional por associação. Entretanto, essa cadeia significante não desloca a dimensão real do passado colonial, atualizado na ameaça da perda das terras originárias e cristalizada em imagens indeléveis encravadas no quilombo urbano, ainda que atinja seu coração.

Nesse segundo e simultâneo plano, o passado escravagista da anciã, proprietária originária das terras, retorna num novo contexto, o do impasse judicial, e com um novo nome, quilombo. Ele carreia em si um hiato, um intervalo em que a pulsão decanta um impossível de se escrever, encriptado, como índice do mal-estar colonial. Mulher, negra e quilombola,

Melissa mobiliza o signo que, nesta trama, arrasta todo o povo brasileiro. Como índice no interior de um signo corrompido, ele não produz uma associação simbólica, porque significante, com o passado colonial do país e deste povo. Ao contrário, retorna no real das imagens-índice congeladas sobre o preconceito contra o quilombo, encriptadas pelo objeto *olhar* assim suturado.

O que testemunhamos nas conversações psicanalíticas foi uma espécie de quebra de um pote que esparrama a intensidade pulsional nele contido como Cusicanqui assinalara quanto aos levantes.[39] Gritos, choro, briga, uma dimensão pulsional mortífera e desordenada ganha a cena em que as palavras não a contêm. O tratamento deste passado presente da colonização, como propõe a tese de Moreno-Cárdenas,[40] não implica exatamente em tecer uma borda, mas em escrever um novo texto, onde antes não havia o que ler, o que associar. Na clínica, uma reescrita do presente com um significante ali inédito, *quilombola*, tornou, então, possível uma nova versão da história, que, por sua vez, fundou outra condição subjetiva, e corolariamente política e social.

Um passado condenado, proscrito, inumano, impronunciável e inconfessável: o passado da escravização retorna como espectro. Seu índice: a cor negra da pele. Seu sintoma: o sofrimento em singulares manifestações. Seu silêncio: a dor ancestral impossível de ser traduzida. Seu meio de gozo: o racismo. Sua cripta: o fio perdido da história. Aqui temos o outro nível do irrepresentável que não se refere à dimensão inalcançável da palavra em representar a coisa, nem à dimensão lógica do impossível da própria estrutura da língua, mas à cripta como herança fantasmagórica do inconsciente colonizado.

Como explicar esse elemento? Como sua impossibilidade de tradução e a detenção pulsional que lhe é correlata se articulam? Não se trata de ausência de conexão significante ou de recalque da história de um país, de denegação ou desmentido. Essa operação psíquica incide sobre um impossível traumático, que ganha, nos países herdeiros de processos de colonização, como Cusicanqui[41] e Segato[42] constataram, um modo especial de agenciamento inconsciente.

---

39 > Silvia Rivera Cusicanqui, *'h'ixinakax utxiwa: uma reflexão sobre práticas e discursos descolonizadores*. São Paulo: n-1 Edições, 2021.
40 > Omar David Moreno-Cárdenas, *A colonização e seus restos: transmissão, linguagem e olhar*. Belo Horizonte: UFMG, 2023.
41 > Silvia Rivera Cusicanqui, *'h'ixinakax utxiwa: uma reflexão sobre práticas e discursos descolonizadores*. São Paulo: n-1 Edições, 2021.
42 > Rita Segato, *Crítica da colonialidade em oito ensaios: e uma antropologia por demanda*. Rio de Janeiro: Bazar do Tempo, 2021.

memória, consciência e escritas impossíveis

Retomando resumidamente o modo como Abraham e Torok[43] definem a cripta, eles a teorizam como uma contingência, um desvio, uma excepcionalidade singular. Trata-se, para eles, da patologia de um luto que encontra obstáculos em seu trabalho de elaboração. Uma excitação orgástica seria seu sinal. A vergonha, sua motivação. O segredo de um desejo criminoso, seu núcleo. O risco de sua revelação insuportável, a ameaça a ser defendida. E a cripta, enfim, sua defesa.

A dupla se dá conta também de um elemento ausente da cena, porque herança transgeracional, que resiste e insiste em retornar como fantasma ou demônio, como testemunha Wiltord.[44] Aquilo que nunca ganhou inscrição, um desejo inaudito, insiste, mesmo que não seja escrito, nomeado. Como? Não seria esse um elemento estrutural e inelimínavel em toda transmissão? O que se encripta não teria, simplesmente, a ver com o real lacaniano impossível de escrever, mas que, ainda assim, produz efeitos de gozo? Não seria, então e simplesmente, um universal comum? A modernidade colonial, como discurso, imprimiria sua especificidade nessa estrutura de defesa inconsciente? Estaria aí a matriz estruturante de nosso tempo e de nossa geopolítica?

Lacan conta que, no contexto do pós-segunda guerra, ele recebera para atendimento em Paris, capital então da metrópole, três médicos do Togo, pequeno país ainda colonizado nos anos 1940 e 1950, situado no oeste do continente africano. Na ocasião, fora surpreendido pelo encontro com um inconsciente colonizado. "Era o inconsciente que haviam *vendido* a eles ao mesmo tempo que as *leis da colonização*, forma exótica, regressiva, do discurso do mestre, frente ao capitalismo, que se chama imperialismo".[45]

Não havia nem "rastros" dos usos e crenças tribais de suas origens togolesas. Lacan se confrontou, então, com "coisas que eles *não* tinham esquecido"[46] e que conheciam do ponto de vista etnográfico ou jornalístico. "Seus inconscientes funcionavam segundo as boas regras do Édipo."[47] Por que Lacan destaca essa constatação com espanto? O que ele estaria a constatar ali, mesmo sem desdobrar? Poderíamos aproximar seu testemunho – um dos raros testemunhos de sua clínica – do que Cusicanqui e Segato também verificam?

Uma segunda passagem de Lacan sobre sua própria prática clínica envolvendo alguma etnia, religiosidade ou cultura distinta, é um comentário sobre o atendimento a um

---

43 > Nicolas Abraham e Maria Torok, *A casca e o núcleo*. São Paulo: Escuta, 1995.
44 > Jeanne Wiltord, "À propôs de la langue créole", in: *Mais qu'est ce que c'est donumun Noir? Essai psychanalytique sur les conséquences de la colonisation des Antilhes*. Paris: Éditions des Crépuscules, 2019, p. 131-158.
45 > Jacques Lacan, *O Seminário, Livro 17: o avesso da psicanálise*. Rio de Janeiro: Jorge Zahar, 1992 [1969-70], p. 85, grifo nosso.
46 > Ibid., p. 85, grifo nosso.
47 > Ibid., p. 95

muçulmano com sintomas que envolviam suas mãos. Numa direção distinta da interpretação usualmente atribuída, em seu tempo, à masturbação infantil, Lacan empreende uma discussão acerca do supereu e sua função na construção simbólica do sintoma na história do sujeito em relação à história de sua cultura. "Esse mundo simbólico não é limitado ao sujeito, porque se realiza numa língua que é a língua comum, o sistema simbólico *universal*, na medida em que estabelece o seu *império* sobre uma certa comunidade à qual pertence o sujeito.".[48] Guardemos, deste caso, o universal localizado pela língua como império.

Lacan discute a aversão do analisante ao Alcorão. Em sua dramática história familiar, este homem teria passado sua infância ouvindo a história de que seu pai teria perdido seu posto de trabalho e, equivalido a um ladrão, teria, pelas leis islâmicas, que ter sua mão cortada. Esse enunciado torna-se justamente "isolado"[49] do resto da lei de modo privilegiado. Devido ao conflito que instala e por encontrar-se subtraído simbolicamente, retorna de modo substitutivo e sintomático. A história individual de um sujeito do inconsciente escreve-se, assim, em relação à história cultural de seu povo a partir dos restos, buracos e pontos de fratura que o supereu encarna.

> Um enunciado discordante, ignorado na lei, promovido ao primeiro plano por um evento traumático, que reduz a lei a uma ponta cujo caráter é inadmissível, inintegrável – eis o que é essa instância repetitiva, cega, que definimos habitualmente pelo termo supereu.[50]

Há, porém, uma sutil diferença entre os dois relatos de Lacan. No primeiro, trata-se de um inconsciente colonizado pelo império, cuja língua, estrangeira, forja um discurso que se vende e se escreve a contrapelo como lei inconsciente para todos. No segundo, o sujeito está imerso em um sistema simbólico que já opera como *universal* para ele, na medida em que estabelece o seu *império sobre uma certa comunidade à qual pertence o sujeito*. Partilhando a mesma língua, encontra-se imerso em um universal particularizado, ainda que devoto de uma cultura religiosa específica em seu interior. A questão da migração linguística, especialmente quando forçada violentamente, é central nessa diferença. "Os processos [linguísticos] quase nunca eliminam algo sem deixar uma marca: uma sobrevivência".[51]

A metapsicologia freudiana explica essas sobrevivências de um sistema de inscrição anterior, presente em um atual, através de uma trama complexa de relação entre o circuito

---

48 > Jacques Lacan, *O seminário, Livro 1: os escritos técnicos de Freud*. Rio de Janeiro: Jorge Zahar, 1986 [1953-54], p. 227, grifo nosso.
49 > Ibid., p. 228.
50 > Ibid., p. 229.
51 > Caetano Galindo, *Latim em pó: Um passeio pela formação do nosso português*. São Paulo: Companhia das Letras, 2022, p. 127.

pulsional, que busca sempre satisfação,⁵² e o sistema de escrita e representação do aparelho psíquico. Ela exige a compreensão do funcionamento do inconsciente "como capítulo censurado"⁵³ para o corpo sexualizado de um sujeito que busca caminhos para a satisfação pulsional.

De saída, é importante lembrar que o sujeito do inconsciente é o efeito de um deslize da linguagem entre dois significantes. Em outros termos, o significante (S2) que emerge para significar um primeiro significante (S1) produz como efeito o sujeito dividido por esta articulação que nunca o alcança. Ele é apagado (afânise) pela linguagem e deixa um resto sem significação (objeto *a*). O corpo, sempre êxtimo a esse sistema, configura "o campo em que se inscreve o A, esse lugar que é o grande Outro"⁵⁴ e que permanece como alteridade radical.

Portanto, o modo como a pulsão, enquanto intensidade, é capturada pela linguagem e se torna vinculada ao pensamento e à ação, implica esse sistema peculiar de representação que anima o corpo sexual do ser falante.⁵⁵ Ao tratar de um fenômeno da linguagem como a cripta, portanto, estamos também, e ao mesmo tempo, verificando um acontecimento de corpo, porém, não em seu sentido empírico ou simbólico. Ele não acontece sem o mundo exterior (*Umwelt*) e seus determinantes históricos e geopolíticos, mas estes se encontram em uma topologia peculiar, "já que o sujeito está, se nos permitem dizê-lo, em uma exclusão interna a seu objeto".⁵⁶

Tomemos, então, a dimensão do impossível inerente à toda função da fala. Podemos pensar o radicalmente irrepresentável – em Freud, *das Ding* – como aquilo que nunca será apreendido pelo sistema de representação. Ele não implica o que foi recalcado, porque escrito e apagado do sistema pré-consciente–consciente (*Pcs.-Cs.*), mas aquilo que nunca ganhará representação. Quando algo se afirma no campo da representação, cria um vazio, expulso, que resta sempre como intensidade, fonte pulsional. Esse vazio originário, fonte sexual autoerótica, revela "o ponto nodal pelo qual a pulsação do inconsciente está ligada à realidade sexual".⁵⁷

No sistema inconsciente (*Ics*), existe a representação da coisa (*Sachvorstellung*) que, hipercatexizada pela representação da palavra (*Wortvorstellung*), passa a pertencer ao

---

52 > Sigmund Freud, "Os instintos e suas vicissitudes", in: *A história do movimento psicanalítico*. Rio de Janeiro: Imago, 1996, pp. 115-144. (Edição standard brasileira das obras psicológicas completas de Sigmund Freud, v. 14).

53 > Jacques Lacan, "Função e campo da fala e da linguagem em psicanálise", in: *Escritos*. Rio de Janeiro: Jorge Zahar, 1986, p. 260.

54 > Jacques Lacan, *O Seminário, Livro 16: de um outro ao outro*. Rio de Janeiro: Jorge Zahar, 2008 [1968-69], p. 301.

55 > Sigmund Freud, "Os instintos e suas vicissitudes", in: *A história do movimento psicanalítico*. Rio de Janeiro: Imago, 1996, pp. 115-144. (Edição standard brasileira das obras psicológicas completas de Sigmund Freud, v. 14); Jacques Lacan, *O Seminário, livro 7: A Ética da Psicanálise*. Rio de Janeiro: Jorge Zahar, 1991 [1960-61].

56 > Jacques Lacan, "A Ciência e a Verdade", in: *Escritos*. Rio de Janeiro: Jorge Zahar, 1998 [1965-66], p. 875.

57 > Jaques Lacan, *O seminário, livro 11: os quatro conceitos fundamentais da psicanálise*. Rio de Janeiro: Zahar, 2008 [1964], p. 146.

sistema *Pcs.-Cs.*, ao formar a representação do objeto. O que se expulsa, ou não se escreve nesse pareamento, resta exterior ao campo do sentido, resta real. *"Sache* e *Wort* estão, portanto, estreitamente ligados, formam um par. *Das Ding* situa-se em outro lugar."[58] Como essa escrita se forja? O que ela alija? E o que são suas sobrevivências? Com Freud,[59] aprendemos que a experiência de mundo ganha representação e existência no aparelho psíquico a partir de perdas (de satisfação) nos processos de sua inscrição. Elas são três: impressão (*Wz*), transcrição (*Ub*), retranscrição (*Vb-Bews*). No nível da escrita psíquica, a cada novo registro,

> a transcrição subsequente inibe a anterior e lhe retira o processo de excitação. Quando falta uma transcrição subsequente, a excitação é manejada segundo as leis psicológicas vigentes no período anterior e consoante as vias abertas nessa época. Assim, persiste um anacronismo: numa determinada região ainda vigoram os *"fueros"*; estamos em presença de "sobrevivências".[60]

Vejamos:

W	Wz	Ub	Vb	Bews
Wahrnehmungen	Wahrnehmungszeichen	Unbewusstsein	Vorbewusstsein	Bewusstsein
(percepções)	(registro da percepção)	(traços do inconsciente)	(pré-consciência)	(consciência)
	PRIMEIRO REGISTRO	SEGUNDO REGISTRO	TERCEIRO REGISTRO	

Figura 1 – Carta 52.[61]

Temos, então, (1) a pura intensidade perceptiva (*W*), (2) o traço inconsciente (*Wz*) sem vinculação (que podemos associar à letra de gozo em Lacan, funcionando por simultaneidade), (3) o traço inconsciente (*Ub*) como lembranças conceituais (que podemos já aproximar do significante, em seu valor fonemático em Lacan ou como imagem sonora em Freud), (4) a representação pré-consciente (ou a palavra) (*Vb*) e (5) a linguagem estruturada da consciência (que produz sentido e significação) (*Bews*). A ligação da representação da palavra que engendra a representação de objeto ocorre através da imagem sonora da palavra e as representações visuais do objeto. "A representação da palavra é indicada como um complexo fechado de representações, ao passo que a representação de objeto é indicada como um

---

58 > Jacques Lacan, *O Seminário, livro 7: A Ética da Psicanálise.* Rio de Janeiro: Jorge Zahar, 1991 [1960-61], p. 60.
59 > Sigmund Freud, "Carta 52" (1896), in: *Edição standard brasileira das obras psicológicas completas de Sigmund Freud,* v. 1. Rio de Janeiro, Imago, 1990.
60 > Ibid., p. 326.
61 > Ibid., p. 325.

complexo aberto".[62] Daí a capacidade simbólica do aparelho, em que memória e percepção-consciência se excluem.

Esse é o percurso de ordenação da pulsão pela linguagem, que originalmente é vivido na língua mãe, lalíngua, como gozo. Lalíngua serve para outra coisa que não a comunicação, ela implica o modo de ocupação da língua materna, enquanto a linguagem é o que se tenta saber concernente à lalíngua. Se a linguagem é feita dessa língua materna como elucubração de saber, o inconsciente, em sua dimensão real, é um saber-fazer com ela, lalíngua.[63] Por isso, a realidade é sempre abordada com os aparelhos do gozo, articulados pela linguagem. Todo saber estruturado descompleta o real e cria um enquadre de mundo.

Se a língua do gozo é sempre a língua materna como Outra, quais seriam os efeitos da imiscuição imposta de outra língua, quando estrangeira, com sons e ritmos próprios, sobre o corpo e a experiência nos processos coloniais? Seus efeitos cessariam com o tempo ou seriam transmitidos ou ainda repetidos atualizados? Lidamos com essas diferentes questões ao escutar um sujeito ou ler um fenômeno social em países herdeiros de processos de colonização. Se tomamos o inconsciente em sua vertente transferencial, epistêmica, estaremos mais próximos do que se articula como linguagem. Se tomamos o inconsciente em sua vertente real, estaremos mais distantes dessa estrutura de linguagem e mais próximos da língua do gozo.

Assim, fazer passar esse resto não inscrito à história, o que é função do desejo do analista,[64] implica, no nível da cultura, sua escrita historicizada. A insistência com que se repete algo, porque não rememorado, é acontecimento psíquico coextensivo ao funcionamento da pulsão,[65] tanto no que se refere ao que se registra, quanto ao que é rejeitado ou denegado, apagado, desmentido ou destruído. Como, enfim, a cripta se inscreve nessa lógica?

a cripta numa perspectiva lacaniana e decolonial

Retomemos o que há de diferença entre a defesa do recalque, como no caso do analisante muçulmano de Lacan ou do deslize pelo significante *esquizofrenia* no quilombo, e a cripta, como algo que não passa ao registro da escrita da memória e insiste, como no caso dos analisantes colonizados do Togo ou da dimensão da transmissão dos restos da escravização no caso do quilombo. No recalque, a operação de defesa acontece por substituição significante, pelo modo como as representações da palavra se rearranjarão com as representações da coisa

---

62 > Sigmund Freud, "O inconsciente", in: *A história do movimento psicanalítico, Artigos sobre a metapsicologia e outros trabalhos*. Rio de Janeiro: Imago, 2006, p. 244. (Edição Standard Brasileira das Obras Psicológicas Completas de Sigmund Freud, v. 14)
63 > Jacques Lacan, *O Seminário, Livro 20: mais, ainda*. Rio de Janeiro: Jorge Zahar, 1985 [1972-73], p. 188-190.
64 > Jacques Lacan, *O Seminário, Livro 10: A Angústia*. Rio de Janeiro: Jorge Zahar, 2005 [1962-63], p. 366.
65 > Jacques Lacan, *O Seminário, livro 7: A Ética da Psicanálise*. Rio de Janeiro: Jorge Zahar, 1991 [1960-61], p. 256.

ou traços inconscientes, na composição da representação do objeto no retorno do recalcado. O aspecto quantitativo, do excedente libidinal presente originalmente no conflito que dá causa ao recalque, é decisivo.[66] A essência do recalque, na neurose, consiste em afastar esse determinado conteúdo quantitativamente incômodo do sistema *Pcs.-Cs.* (pré-consciente-consciente), mantendo-o à distância.

O efeito cripta da colonização estrutura, diferentemente, um modo de defesa que gera uma inércia da excitação pulsional a partir de um obstáculo no interior do próprio signo, produzindo sua suspensão através de um elemento que fixa a representação da coisa, onde o vazio do objeto permitiria sua conexão interpretante. Há uma detenção no interior do próprio signo de sua possibilidade de efetivação. Essa dimensão estrutural, inconsciente e colonial da cripta, e não apenas contingente a um luto patológico, difere dos modos inconscientes de defesa freudianos (denegação, recalque, recusa e rejeição), sistematizados por Lacan ao longo de sua obra. Ela deriva de uma leitura psicanalítica em elipse decolonial dos fenômenos clínicos.[67]

Em Lacan, ela advém da adoção da teoria do signo de Peirce a partir dos anos 1960. Assim como faz em relação à teoria do signo linguístico de Saussure, Lacan também adota o modelo lógico do signo peirciano – e menos o realista – à sua maneira, moldando-o à sua teoria do inconsciente, formulada a partir da categoria do real e do objeto *a*, suas invenções. Para Peirce, um signo, ou *representamen*, é alguma coisa que ocupa o lugar para alguém de alguma coisa (objeto), sob alguma relação ou a algum título.[68,69] O signo criado é o *interpretamen* do primeiro signo e ocupa o lugar do objeto.

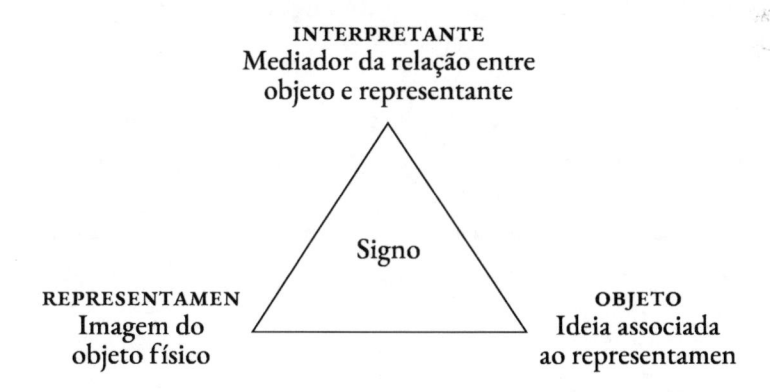

INTERPRETANTE
Mediador da relação entre
objeto e representante

Signo

REPRESENTAMEN
Imagem do
objeto físico

OBJETO
Ideia associada
ao representamen

---

66 > Sigmund Freud, "Repressão", in: *A história do movimento psicanalítico*. Rio de Janeiro: Imago, 1996 [1915], p. 175.

67 > Andréa M. C. Guerra, "A psicanálise em elipse decolonial", in: Andréa M. C. Guerra e Rodrigo Goes Lima (orgs.), *A psicanálise em elipse decolonial*. São Paulo: n-1 Edições, 2021, pp. 253-281.

68 > Charles Hartshorne, Paul Weiss e Arthur W. Burks (orgs.), Charles Sanders Peirce, *Collected Papers of Charles Sanders Peirce*. Cambridge: Harvard University Press, 1931-1958.

69 > Charles Sanders Peirce, *Semiótica*. São Paulo: Perspectiva, 2005

O objeto é pensado em uma dupla vertente. O objeto dinâmico é aquele que existe na realidade e o objeto imediato, aquele tal qual o *representamen* o representa. Esse índice se liga ao objeto numa relação causal, a partir do *fundamento* (*ground*) desta relação, estando a indeterminação (*vago*) do lado do interpretante (*interpretamen*), não da relação *representamen*-objeto. O realismo peirciano, assim, está vinculado a uma teoria empirista da representação, que entrevê a realidade como modelo da determinação da função do signo,[70] assim naturalizada e assentada na pressuposição de seu conhecimento sensível prévio.

Lacan definitivamente introduz o sigo peirciano em outro realismo. Ele o apresenta pela primeira vez na aula de 13/01/1960 de seu seminário sobre a ética. O signo é apresentado como aquilo que retorna, afetação pulsional externalizada e expulsa como primeiro fora, como resto lógico e constante, portanto, desnaturalizado, cuja positividade marca o limite da linguagem, sua indeterminação, para a concepção da função da realidade.[71] O signo em Lacan assinala a inconsistência do próprio registro do simbólico. "Não se trata de uma limitação da linguagem entendida como instrumento de mediação, mas da natureza ontologicamente contraditória da própria determinação do real."[72]

O signo designa a própria presença da indeterminação estrutural, rompendo com a causalidade peirciana entre *representamen* e objeto. Para Lacan, não há outro *representamen* que o objeto *a*, limite interno ao simbólico, inconsistência interna ao universo da linguagem.[73] O objeto dinâmico, em Pierce, é tomado como *das Ding*, em Lacan, ideia reguladora e pressuposta como condição de possibilidade do próprio simbólico – efeito do objeto *a* como *representamen* e não sua causa.[74] O real como *referência* e o objeto *a* como *representamen* introduzem, assim, o conceito de signo no realismo lacaniano.

"O signo é o Um simbólico que marca a presença do irrepresentável no seio da representação, não como forma qualitativamente sensível ela-mesma, mas como exigência de simbolização ou de captação de gozo."[75] Aqui a cripta, finalmente, pode ser compreendida como obstáculo à simbolização pela interposição violenta de uma outra língua-mãe de gozo estrangeira. Ela desarticula a possibilidade de alguma impressão do vivido se escrever no aparelho de tradução, reduzindo a vivência ao retorno reiterado ao real (objeto dinâmico em Peirce ou referência em Lacan). Isto porque o *representamen*, como objeto *a*, condição lógica da significação, é suturado por essa outra língua, como *interpretamen* que desativa a

---

70 > Mauricio José d'Escragnolle Cardoso, "Peirce, Lacan e a questão do signo indicial", *Ágora*, v. 15, n. 1, jun. 2012.
71 > Jacques Lacan, *O Seminário, Livro 8: a transferência*. Rio de Janeiro: Jorge Zahar, 1992 [1960-61], p. 25 e p. 88.
72 > Mauricio José d'Escragnolle Cardoso, "Peirce, Lacan e a questão do signo indicial", *Ágora*, v. 15, n. 1, jun. 2012, p. 175.
73 > Jacques Lacan. *O saber do psicanalista*. Recife: Centro de Estudos Freudianos do Recife, s.d. [1971-1972] (Publicação para circulação interna).
74 > Mauricio José d'Escragnolle Cardoso, "Peirce, Lacan e a questão do signo indicial", *Ágora*, v. 15, n. 1, jun. 2012, p. 176.
75 > Ibid., 177.

capacidade sígnica de representação que a ligaria ao objeto, produzindo o deslize da significação e da pulsão. Seu efeito pulsional retorna iterativamente sobre o corpo como dissociação e fixidez, e seus restos não são recolhidos pela fantasia, mas pairam como assombrações não integralizáveis pelo sistema.

Assim, a migração linguística forçada e violentamente imposta pelos processos coloniais de escravização produz uma corrupção sígnica. Ela detém e forja uma estrutura críptica que contém a língua-mãe de gozo originária, porém, detendo sua intensidade viva e móbil pulsional de movimentar-se para a interpretação, no interior da própria cripta sígnica, envolta pela casca da linguagem imperial, produzindo seus efeitos sobre o corpo. Não haveria a primeira impressão de captura e fixação por simultaneidade da pulsão, por conta dessa migração externa forçada. Por isso, quando a cripta é tocada, seu retorno pulsional mortífero é sempre tão exacerbado e deslocalizado. O invólucro da língua imperial distorce o vivido e estanca, enterrando viva, a própria experiência de gozo, aprisionada como índice sob seu domínio. Daí seus efeitos de retorno ganharem dramas singulares como acontecimento de corpo e sua fantasmagoria correlata, de um lado, e se congelarem em índices de gozo sobre as imagens que evocam sua marca, de outro.

Trata-se daquilo que para Lacan é verificado em seus pacientes do Togo, para Cusicanqui,[76] no que resta soterrado na vida pós-colonial, e para Segato,[77] na cripta edípica do duo materno brasileiro. O que Fanon já constatara também como inadequação teórica dos esquemas conceituais clássicos da psicanálise para o colonizado. Com o negro antilhano colonizado, há um mito a ser enfrentado, que é despertado pelo olhar racializado do branco sobre o peso de sua melanina. "O antilhano [se vai para a Europa] deve então escolher entre sua família e a sociedade europeia."[78] Esse drama, vivido à luz do dia, repetido, não tem tempo de ser "inconscientizado".[79] Ou ainda, como formulara Lacan: "O inconsciente deles não era o de suas lembranças de infância – isto era palpável –, mas sua infância era retroativamente vivida em nossas categorias familiares".[80]

Não se trata exatamente de falta de tempo para inconscientizar a vivência traumática da devastação colonial, mas da impossibilidade sígnica de estrutura, no nível do corpo e da linguagem, de escrever a pulsão mortífera, oriunda da imposição do gozo imperialista em

---

76 > Silvia Rivera Cusicanqui, *'h'ixinakax utxiwa: uma reflexão sobre práticas e discursos descolonizadores*. São Paulo: n-1 Edições, 2021.

77 > Rita Segato, *Crítica da colonialidade em oito ensaios: e uma antropologia por demanda*. Rio de Janeiro: Bazar do Tempo, 2021.

78 > Frantz Fanon, *Pele negra, máscaras brancas*. Salvador: EDUFBA, 2008, p. 133.

79 > Ibid., p. 134.

80 > Jacques Lacan, *O Seminário, Livro 17: o avesso da psicanálise*. Rio de Janeiro: Jorge Zahar, 1992 [1969-70], p. 85.

sua captura linguístico-político-pulsional. Seu retorno como resto seria, ao mesmo tempo, efeito e abertura ao trabalho clínico do psicanalista.[81]

finalmente, não recuar diante da política

O vivo do gozo, bloqueado pela cripta colonial, é efeito dos imperialismos, enquanto discurso colonial que vende e funda a represa sígnica, assentada sobre uma história suposta universal e unívoca – S1 do discurso do mestre colonial[82] –, que enseja adestrar e normatizar o corpo de gozo no tecido neocolonial. Mas resta sempre o sujeito, como Melissa, a consentir ou não assentir, a violar o código e fissurar, quebrar, estilhaçar, rachar a cripta. Escrever outros nomes a partir de seus restos, inventar novos arranjos para o laço social.

Na perspectiva da escuta psicanalítica, levar em consideração a dimensão sempre colonizada do inconsciente evita sua reificação, bem como a entificação do Outro. Também coloca em marcha seu duplo efeito, subjetivo e político, em linha de continuidade. O valor clínico da cripta, notadamente a incidência da dimensão pulsional no fenômeno político, como o que não cede, reintroduz o corpo e o sujeito excluídos pela racionalidade moderna. O psicanalista, assim engajado, não está fora da estrutura, mas precisa se posicionar para operar a partir dela sem suturar suas condições de abertura.

Seu efeito pulsional intenso pode, então, ganhar movimento no corpo e na linguagem. "O psicanalista corrige a *hybris* com uma segurança, esta: a de que nenhum de seus pares mergulhe nessa abertura e, portanto, a de que ele próprio saberá manter-se na borda."[83] Posição analítica delicada e decidida de sustentar as fissuras onde a truculência e a brutalidade se tornaram modo colonizador de suturar o corpo de gozo. Romper a barreira sígnica e fazer circular a pulsão sob novos nomes indicam uma orientação clínica. Para uma psicanalista advertida dos efeitos do colonialismo, não é mais possível coadunar com os processos violentos da neocolonização, nem recobrir na clínica, com o mesmo véu da obscenidade imperialista colonizadora, o circuito de gozo a ela correlato. Não recuar diante da política talvez seja, hoje, uma placa indicando o caminho para a psicanalista.

---

81 > Omar David Moreno-Cárdenas, *A colonização e seus restos: transmissão, linguagem e olhar*. Belo Horizonte: UFMG, 2023.
82 > Andréa M. C. Guerra, *Sujeito suposto suspeito: a transferência no Sul Global*. São Paulo: n-1 Edições, 2022.
83 > Jacques Lacan, "A psicanálise: razão de um fracasso", in: *Escritos*. Rio de Janeiro: Jorge Zahar, 2003, p. 348.

\> thakur, gautam <.> "rezem para que eu escolha a última": rebelião, violência e gozo¹ <.> tradução • ferreira, pedro <

introdução

Na acalorada cena do filme *The Great Debaters* [conhecido como *O Grande Desafio* no Brasil] (2007), James L. Framer Jr. (interpretado por Denzel Whitaker), discursando sobre a moção *Resolução: a desobediência civil é uma arma na luta por justiça*, refuta o time adversário da universidade de Harvard e conquista a vitória para sua equipe, da faculdade Wiley, com as seguintes palavras

> Santo Agostinho disse que uma lei injusta não é de fato uma lei, o que significa que eu tenho o direito, inclusive o dever, de resistir. Com violência ou desobediência civil.[2] Rezem para que eu escolha a última.[3]

As palavras de Framer Jr. são ovacionadas pela audiência predominantemente branca, de classe alta, urbana e instruída da tela, o que sinaliza duas coisas para os telespectadores. A primeira, e sem surpresas, remete à histórica vitória de Wiley College contra Harvard, anunciada momentos depois no filme. A segunda reafirma o que hoje se tornou um clichê cultural, a saber, a desobediência civil ou os protestos não violentos contra a injustiça social são morais, até desejados, comparados a demonstrações violentas que não beneficiam ninguém. Desse modo, *O Grande Desafio* se torna mais do que o relato de um evento histórico

---

1 > Artigo originalmente publicado como: Gautam Basu Thakur, G., "You Should Pray I Choose the Latter'": Rioting, Violence & Jouissance", *PsyArt, 26*, pp. 129-155.
2 > No original, lê-se: *With violence or civil disobedience*, uma oposição entre protesto violento e protesto pacífico, como será abordado logo em diante [N.T].
3 > *The Great Debaters*. Dirigido por Denzel Washington. Beverly Hills, Nova York: Metro-Goldwyn-Mayer, The Weinstein Company, 2007, 1:52:20-1:55:45.

parcialmente ficcionalizado – Wiley foi, historicamente, a primeira faculdade negra do regime sulista do *Jim Crow*[4] a ganhar a competição regional de debate (eles derrotaram a Universidade do Sul da Califórnia, representada como Harvard no filme) –, ele funciona, certamente, como uma ferramenta ideológica que ensina seus espectadores não apenas quais mudanças sociais desejar, mas também como agir no sentido de realizar esse desejo por mudança social. Resumidamente, movimentos de massa que demandam mudanças sociais são necessários, até requeridos, mas eles devem sempre permanecer não violentos. A escolha dada na fala de Framer Jr. – "Rezem para que eu escolha a última" – portanto, não é bem uma escolha, mas sim uma afirmação de desobediência civil não violenta como a *única*[5] forma moral de protesto contra leis sociais injustas.

A ironia é facilmente encontrada: a defesa da não violência por Framer Jr. é enunciada como uma ameaça velada – "rezem para que nós não respondamos suas leis injustas com violência" – e triunfa desvelando [*dredging up*] angústias raciais profundamente assentadas, que inconscientemente estruturam relações raciais nos Estados Unidos, uma angústia que sempre persegue aqueles que ocupam o escalão superior do poder e do privilégio. Testemunhamos isso recentemente, quando um casal de Saint Louis, Mark e Patricia McCloskey, foi manchete por sacarem suas armas automáticas para militantes do *Black Lives Matter*[6] [Vidas Negras Importam] (BLM), que passavam em frente a sua mansão numa estrada privada. Alegando serem ameaçados pelos manifestantes, o desafiante Mark McCloskey afirma: "Faria isso novamente [...]. A qualquer momento em que a multidão se aproximar de mim, farei o que puder para colocá-los em ameaça eminente de lesão física, pois isso é o que os impede de destruir minha casa e minha família".[7]

A proposição não ganha, portanto, apelando à moral nem estabelecendo uma ética da identificação empática com as outras fontes, como alguns podem dizer, uma culpa coletiva branca-progressista [*liberal-white guilt*]. Em vez disso, a proposição ganha por violentamente empurrar a afluente audiência progressista para o reconhecimento da sua histórica angústia coletiva sobre o oprimido, recorrendo à violência a fim de resguardar suas demandas. Essa é uma angústia sobre o *retorno do oprimido*[8] – o oprimido erguendo-se contra os opressores. Dito de outro modo, essa é a angústia sobre o oprimido de forma geracional, cujas identidades e vidas têm sido forjadas na violência, atuando contra suas sujeições. Esse é

---

4 > Conjunto de leis aplicadas entre 1877 e 1964 que legitimavam a segregação racial nos Estados Unidos [N.T].

5 > Destaque do autor [N.T].

6 > Grupo de ativistas estadunidenses que se opõe a violência racial [N.T].

7 > Jorge Fitz-Gibbon, "St. Louis couple who pulled guns on BLM protesters pleads guilty", *New York Post*, 17 jun. 2021. Disponível em: https://nypost.com/2021/06/17/couple-who-pulled-guns-onblm-protesters-pleads-guilty. Acesso em: 23 set. 2021.

8 > Destaque do autor [N.T].

o pavor dos corpos negados, colocando em ruínas todo o estado da maquinaria do opressor – leis, instituições, ordem social e seus ostentados modos de vida.

A morte insurgente reaparece do espaço do não-vivo para destruir tudo o que os segrega do espaço social e para um espaço fora do vivo. Isso é, então, a força do não-ser pressionando contra aquela força do ser: emergindo da negação e buscando negação de tudo aquilo que tem sido declarado positivo através ou (apenas) devido a sua ausência. O oprimido ameaça o sociosimbólico como uma "negatividade não negada" [*non-negated negativity*] ou como negatividade mais positivamente figurada.⁹ Para aqueles organizados pelo palácio de vidro da positividade, de imaginárias e aleatórias afirmações sobre sua soberania exclusiva, a ameaça da emergência do outro insuportável não é uma questão de *se* esse momento chegará, mas sim *quando*. Essa ameaça não pode ser apreendida ou calculada no tempo: será sempre contingente da ação do outro.

A angústia sobre esse momento cataclísmico impacta a psique do opressor em duas direções. Primeiro, causa receio do desaparecimento da lei e da ordem, isso é, a matriz simbólica e imaginária que sustentam um estado social desigual (e a totalidade de sua fundante lógica da diferença) que permanece desvendado pelas ações do outro. Segundo, força o opressor a encontrar numa proximidade extrema o oprimido. Pois, quando esses, inequivocadamente, retribuem a violência irracional do opressor, aquele (en)contra (n)o oprimido uma figura que não mais busca reconhecimento do opressor como mestre; em vez disso, tendo emergido como a Coisa de gozo intolerável, o oprimido não admite ninguém como seu mestre e devasta tudo ao redor.

Encarando o profundo abismo da pura negatividade do outro, o mestre percebe que a violência brutal do oprimido não pode ser legitimamente simbolizada e que suas demandas não podem ser hermeticamente descobertas. De fato, o mestre é deixado paralisado, inábil para decifrar a ação do outro. E mesmo que essa paralisia dure por um breve momento, de forma que o enigma do outro seja, eventualmente, encerrado em uma ou outra grande narrativa de escolha do mestre, esses momentos transitórios – de ser reduzido a nada pelos olhos do outro, de ser deletado do desejo do outro – não são nada além de traumáticos. Uma vez que o mestre recebe de forma invertida, pela violência do oprimido, a mesma violência ilógica com a qual ele propaga sua soberania, ele é forçado a confrontar a completa imaterialidade de sua identidade nas vidas dos outros, bem como da ordem social que pretende controlar. É essa angústia que Framer Jr. evoca quando, insinuando que o outro sabe golpear forte, então aqueles em posição em posição de domínio devem ser gratos pelo fato de que o outro decidiu por não golpear.

---

9 > David Marriott, *Whither Fanon: Studies in the Blackness of Being*. Durham: Duke University Press, 2018, p. 223.

seção 1: a crítica progressista dos protestos do BML

Vemos angústias similares na recente crítica progressista das rebeliões que aconteceram na esteira dos assassinatos de George Floyd e Breonna Taylor, e nos difundidos protestos do BLM contra o racismo sistêmico nos Estados Unidos. Geralmente simpáticos e solidários ao movimento do BLM, progressistas recuaram quando os protestos do BLM tornaram-se violentos e resultaram em rebelião, saques e vandalismo. Eles defendem sua posição em duas frentes. Na primeira, em termos de razão moral, eles dizem que a violência é inaceitável numa sociedade democrática e que os movimentos de justiça social não deveriam se desviar do caminho da não violência. Na segunda, eles identificam os rebeldes como equivocados, inclinados somente à delinquência, faltando-lhes consciência política.

Enquanto o primeiro argumento é típico da era atual do multiculturalismo "alto-astral", é o segundo que acho mais interessante, uma vez que representa uma amálgama singular entre a crítica marxista da falsa consciência e a crença no poder todo-redentor do Mercado. O argumento de que falta aos manifestantes conhecimento sobre qual é seu melhor interesse como grupo social e como movimento mais amplo que "reivindicam" representar, portanto, aposta que ao prejudicar o comércio local – as fontes de emprego para a classe trabalhadora, muitas pessoas incluídas nas comunidades minoritárias pretas e pardas – os manifestantes apenas agravariam o sofrimento dos seus pares e da classe trabalhadora. Com o comércio destruído, a minoria da classe trabalhadora teria menos opções de emprego, logo menos chances de melhorar seu padrão econômico na sociedade. Em outras palavras, os manifestantes colocariam um entrave às vantagens do efeito de gotejamento [*trickle-down*][10] do livre mercado econômico, perturbando o Mercado, que sozinho teria o poder de aliviar todos os cidadãos da desigualdade social através da criação extensa de prosperidade econômica. No entanto, o que realmente está em jogo para os progressistas privilegiados não é apenas o ininterrupto funcionamento do Mercado, mas também a continuação da ordem social desigual criada por esse mesmo Mercado. Essa sociedade desigual, logo, contribui diretamente para a prosperidade econômica sem precedentes e para o *status* social do privilegiado.

Consequentemente, movidos por sua determinação de proteger o Mercado contra o colapso, os progressistas (de maioria branca, mas não necessariamente) ignoram a questão mais importante no contexto da rebelião: afinal, destruir as instituições conectadas ao Mercado e ao Estado expressaria a frustração da minoria racial sobre a falha do Mercado e do Estado em removê-los de sua abjeta marginalização social? Na verdade, longe de serem

---

10 > Na linguagem econômica, o efeito *trickle-down* se refere ao fenômeno no qual os pobres gradualmente se beneficiam, como resultado, do aumento da fortuna dos ricos [N.T].

atos irracionais e de anomia equivocada, rebelar-se pode ser historicamente evidenciado como ações da minoria contra *l'entente* [a aliança] Mercado-Estado. Vistos assim, os argumentos progressistas contra as rebeliões relacionadas ao BLM e sua crítica da consciência dos rebeldes permanecem frágeis: eles são véus ideológicos que escondem a resoluta devoção progressista (leia-se, egoísta) à preservação do Mercado e de seus privilégios de classe.

Devemos notar, no entanto, que preocupações similares sobre o Mercado não aparecem nas condenações de progressistas sobre a violência de supremacistas brancos. Tampouco ouvimos muitos progressistas repreenderem supremacistas brancos como irracionais e/ou contra o interesse próprio (branco). Em vez disso, tais progressistas estão mais inclinados a denunciar supremacistas brancos por suas ideologias manifestas, reconhecendo-os, assim, como oponentes políticos, mas nunca como sujeitos carentes de uma pega ideológica.[11] Não é surpreendente, então, que, embora as posições de conservadores e de progressistas sobre movimentos de justiça social sejam opostas – os primeiros (que não alegariam serem simpáticos a esses movimentos) e os progressistas (que alegariam) –, eles explicitamente condenam os protestos do BLM pelo mesmo princípio, a saber, a soberania do Mercado e sua sempre redimível mão invisível não devem ser desafiadas. Assim sendo, conservadores e progressistas, similarmente, equivalem manifestantes do BLM a agentes sociais malignos que preferem nada mais do que a destruição e do caos.

Não se pode negar o racismo inerente nas críticas progressistas às rebeliões do BLM – essa crítica aos protestantes como equivocados lhes nega a possibilidade de reinvindicação subjetiva de seu comprometimento ideológico. Suas ações são determinadas apenas em termos de ataques irresponsáveis ao Mercado. Mas, apesar de esse gesto de negar ser problemático, ele sozinho não faz com que os progressistas sejam racistas. O que é realmente racista é enterrado dentro do discurso progressista na forma de uma fantasia (racista) incômoda sobre o outro racializado como paradoxalmente infantil ou inocente, inclinado à violência e à delinquência. Esse outro, portanto, é tanto faltante quanto excessivo, o que o torna uma figura fora da lei. Não é por acaso, então, que o único caminho para colocar as rédeas nesse outro excessivo parece ser através de atos violentos de preservação da lei. E aqui jaz outra conexão entre os discursos progressistas e conservadores sobre as rebeliões do BLM – ambos são frutos da premissa de que o rebelde, como um outro racializado excessivo, cujo gozo injustificável (conquistado através do saque e da destruição) representa uma ameaça ao

---

11 > Embora raro, alguns, como Robert Reich, por exemplo, tem destacado que supremacistas brancos também agem contra o interesse próprio em certas ocasiões, não apenas quando há eleição. Entretanto, a maioria dos discursos progressistas tende a subestimar a falta de princípios ideológicos ou racionais na violência supremacista branca. Um caso notável seriam os discursos sobre o ataque de 6 de janeiro ao capitólio que é, alternadamente, descrito como 'rebelião' e uma 'Insurreição' (David Bauder, 'Riot? Insurrection? Words matter in describing Capitol siege", *AP News*, 14 jan. 2021, s. p. Kelly McBride, 'From 'Protest' To 'Riot' To 'Insurrection' — How N'R's Language Evolved", *npr.org*, 14 jan. 2021). De fato, o uso da palavra 'Insurreição' *versus* 'rebelião' é importante aqui porque nunca encontramos a primeira sendo usada para descrever os protestos do BLM [N.A].

mundo imaginado pelo significante soberano da "branquitude" e organizado ao seu redor como ordem universal. Aqueles que se identificam com essa ordem criam preocupações sobre o que isso significa para o desaparecimento dela – uma vida "branca" e uma sociedade "branca" desaparecendo sob o ataque negro, irracional e violento.

A seguir, observo ambos os aspectos da crítica progressista, começando pelo rebelde carente de consciência política. Ao construir esse argumento, estarei rearranjando a concepção lacaniana de *objeto a* ou o outro em termos de seu gozo – ilícito e/ou excessivo – radical, isso é, gozo que bordeja o *roubo de gozo do sujeito*, para ilustrar como o imaginário da alteridade fundamental do outro estrutura as fantasias (racistas) sobre a (im)possibilidade de pertencimento social, derivando uma gratificação abundante através do social. Elaboro essa hipótese na seção IV deste ensaio ("A fantasia racista"), sendo as seções intermediárias ("Pode o rebelde organizar-se?" e "Ordem vs Justiça: o que quer o progressista?") devotadas à análise da crítica progressista "contemporânea" de protestos raciais, estruturada sob a revisão e reorganização da teoria lacaniana à luz da realidade social contemporânea.

seção II: pode o rebelde se organizar?

E se o argumento de que os manifestantes "não sabem o que estão fazendo", isso é, rebeldes agem sem nenhuma base ideológica e apenas com o intuito de causar problemas, estiver errado? E se a violência for o único caminho que restou para mudar o seu destino social? O oprimido não ataca o Mercado por ser ignorante em relação às promessas do Mercado, mas sim devido às frustrações de longa data sobre uma promessa não cumprida: o oprimido não pode conceber uma política igualitária e uma vida social que lhe seja interessante no interior de uma sociedade articulada pelo Mercado. Eles sabem que o Mercado não pode assegurar sua salvação e que ele é responsável por reduzi-los ao *status* de trabalhadores descartáveis, perpetuamente presos em uma *gig-economy*.[12] Seria possível, assim, que os rebeldes possam reagir contra seu tratamento enquanto meros trabalhadores fungíveis, e que suas ações sejam demandas por inclusão nos modos de produção?[13]

---

12 > Regime de trabalho "alternativo" baseado em arranjos temporários, no estilo *freelancer*, contrapondo-se ao trabalhador efetivamente contratado, fixo [N.T].

13 > O corpo negro, por si próprio, não importa, exceto como potencial para o trabalho que é integrado ao funcionamento do Mercado. Mas, o corpo deve ser negado para realizar esse trabalho. Fora dele, o corpo negro existe apenas como provocador de angústia excessiva – um intruso, um aproveitador ou um criminoso que deve ser constantemente monitorado, contido e eliminado. De ser recusado a entrar no próprio condomínio [*apartment complexes*] a ser questionado sobre entrar em uma loja de roupas chiques, corpos negros estão sempre sob vigilância, resultando em encarceramento ou assassinato. Portanto, a qualquer momento que demandas sejam feitas para a reintegração de direitos e dignidades do corpo negro, essas demandas são consideradas trocas disruptivas ou perigosas ao Mercado. Rebelar-se, nesse contexto, constituía a forma extrema ou excessiva dessa demanda – ela mira diretamente componentes tangíveis que constituem o Mercado e sociedade discriminatória criada por ele.

Em *Not Just an American Problem*[14] [Não é apenas um problema americano], Malcolm X (1965) enfatiza esse aspecto da rebelião ao comentar as rebeliões do Harlem de 1964. Reagindo às acusações feitas aos manifestantes de que eles teriam destruído propriedade privada, além de serem retratados na mídia como "gângsteres, criminosos [e] ladrões", ele escreve:

> é verdade que propriedade tenha sido destruída. Mas olhe por outro ângulo. Nessas comunidades negras, a economia da comunidade não está nas mãos do homem negro. O homem negro não é seu próprio senhorio. Os edifícios em que ele mora são de propriedade de outra pessoa. As lojas da comunidade são administradas por outras pessoas. Tudo na comunidade está fora de seu controle. Não tem nada que ele possa fazer, a não ser morar lá e pagar o aluguel altíssimo pelo alojamento do pior tipo, pagar os mais elevados preços pela comida, pelo pior tipo de comida. Ele é uma vítima disso, uma vítima da exploração econômica, da exploração política e de todos os outros tipos.
>
> Agora ele está tão frustrado, [...] que ele gostaria de chegar até aquele que o está explorando. Mas quem o está explorando não mora na vizinhança. Ele só é dono da casa. Ele só é dono da loja. Ele só é *dono do bairro*.[15] De modo que, quando o negro explode, aquele que ele quer atingir não está lá. Então ele destrói a propriedade. Ele não é um ladrão. Ele não está tentando roubar sua mobília ou sua comida barata. Ele quer chegar até você[:] proprietários organizados que não passam de ladrões, comerciantes que não passam de ladrões, políticos que se sentam na câmara dos vereadores e não são nada além de ladrões em conluio com os proprietários de imóveis e os comerciantes.[16]

Testemunhamos a repetição do mesmo padrão na história: "rebeldes" na Índia colonial do século XIX incendiaram igrejas, estações de polícia e escolas de inglês visando golpear as instituições condescendentes e responsáveis pela manutenção do regime britânico. Durante as rebeliões francesas de 2005, "imigrantes" norte-africanos e árabes dos subúrbios de baixa renda de Paris queimaram dez mil carros e incendiaram 250 prédios públicos durante 20 dias de protesto contra as ações da polícia para com a juventude imigrante desempregada. Rebelar-se é a expressão extrema da ferida do oprimido – o grito infinito do abusado cortando a ordem social exigindo amor, dignidade e restauração de direitos. É injusto, assim, caracterizar rebeliões como "explosões não canalizadas de niilismo, anomia autodestrutiva"

---

14 > Malcolm X, "Não é apenas um problema americano, mas um problema mundial", in: *Há uma revolução mundial em andamento. Discursos de Malcolm X*, trad. bras. de Luisa Gabriela da Silva Santana, Maria Luisa Lima Teixeira e Vinicius Souza Fernandes da Silva. São Paulo: LavraPalavra. 2020 [1965].

15 > Destaque do autor [N.T].

16 > Malcolm X, "Not Just an American Problem" (1965), in: Bruce Perry (org.), *Malcolm X: The Last Speeches*. Nova York: Pathfinder, 1989, p. 161. Tradução da edição brasileira. Malcolm X, "Não é apenas um problema americano, mas um problema mundial", in: *Há uma revolução mundial em andamento. Discursos de Malcolm X*, trad. bras. de Luisa Gabriela da Silva Santana, Maria Luisa Lima Teixeira e Vinicius Souza Fernandes da Silva. São Paulo: LavraPalavra. 2020 [1965], p. 160

ou questionar se seriam "expressões de mobilização política".[17] Os protestos recentes do BLM não são exceção.

Uma notícia do *New York Times* (NYT) de julho de 2020 sobre as rebeliões do BLM em Nova York demonstra bem isso, apesar da sua representação tendenciosa dos manifestantes. Cobrindo o roubo da principal loja da *Macy* na *Herald Square*, por exemplo, a reportagem emprega o usual estereótipo para descrever os "manifestantes":

> os saqueadores arrancaram a madeira compensada que cobria a loja principal da *Macy* na *Herald Square*, formando um enxame [*swarming*] aos montes para roubar qualquer coisa que encontrassem, atingindo mais uma cidade abalada pelo pior surto de coronavírus do país.[18]

Os manifestantes não são apenas ladrões ou antissociais, mas também "como" animais ("enxame"), carentes ou desprovidos de humanidade, compreensão racional e compaixão. Caso contrário, como poderiam trazer tanta destruição para sua própria amada cidade, especialmente em tempos de pandemia? O relato, no entanto, não sustenta este julgamento para manifestantes pacíficos, mas apenas para aqueles que instigam a rebelião; esses últimos eles identificam como irracionais e acusam de descarrilhar todo o movimento de justiça social.

Curiosamente, em meio a todo esse ultraje, a reportagem contém uma observação bem curiosa. Ao descrever as cenas de saque, observa:

> ao pularem de loja em loja, os manifestantes pegaram roupas, mas muitos itens caros foram deixados intocados. Na Quinta Avenida, uma multidão esmagou a janela da loja de sapatos *Camper*, mas não tocaram no tênis de US$ 800,00 proeminentemente anunciado na entrada.

---

17 > Fabien Jobard, "Rioting as a Political Tool: the 2005 Riots in France", *The Howard Journal*, v. 48, n. 3, 2009, p. 236. Isso também é verdade para quando as rebeliões afetam outras comunidades minoritárias. Um caso em questão são os protestos de Los Angeles em 1994, quando manifestantes de uma comunidade minoritária destruíram propriedades pertencentes a outro grupo minoritário. Como Sumi K. Cho nota, os confrontos que ocorreram após o veredicto de inocência no caso Rodney King, entre dois "grupos subordinados" –coreanos-americanos e afro-americanos –, resultou das interações econômicas e psicológicas entre esses grupos raciais. Os coreanos-americanos que operam negócios em comunidades afro-americanas, somados com seu *status* de "minoria modelo" dentro da sociedade norte-americana, e a internalização deste estereótipo pelos afro-americanos, resultou no fato de que asiáticos-americanos fossem "vistos como 'forasteiros' exercendo controle e poder injustos na comunidade" (Sumi K. Cho, "Korean Americans vs. African Americans: Conflict and Construction", in: Robert Gooding-Williams (org.), *Reading Rodney King: Reading Urban Uprising*. Abingdon: Routledge, 1993, p. 198). Para os rebeldes que visavam empresas coreanas-americanas, foi uma ação motivada por suas frustrações de longa data sobre o sistema e uma crença errônea de que "os imigrantes coreanos competem injustamente com empreendedores aspirantes da comunidade negra porque os coreanos americanos receberiam tratamento preferencial sobre os afro-americanos para empréstimos bancários e governamentais" (Ibid., p. 200). Como o ensaio de Cho demonstra apropriadamente, ambos os grupos minoritários foram vítimas de um sistema que funciona mantendo as classes carentes divididas em termos de raça, gênero e outros eixos [N.A].

18 > Christina Goldbaum, Liam Stack e Alex Traub, "After Peaceful Protests, Looters Strike at Macy's and Across Midtown", *New York Times*, 2 jun. 2020. Disponível em: https://nyti.ms/2XSi971. Acesso em: 16 set. 2020.

Um outro grupo estilhaçou as janelas de uma loja de chás, deixando um cone de trânsito com a ponta para a fora em uma das janelas. Apesar disso, eles não tocaram em nenhum produto, criando uma cena surreal de vidros quebrados junto de conjuntos de chá delicadamente preservados – suas xícaras vermelhas equilibradamente dispostas em um arranjo *avant-garde*.[19]

É de fato peculiar que em vez de roubar produtos caros os manifestantes criem "uma cena surreal [...] em um arranjo *avant-garde*" de uma boutique de alta classe arrombada.[20] Como reconciliaremos essas ações com a destruição causada?

Para os escritores do NYT, contudo, isso não é nada além de vandalismo irracional. Os manifestantes, argumenta o jornal, estavam menos interessados em roubar do que desfrutar "da excitação de destruir". Isso é inclusive caracterizado como uma excitação que os preenche com um "poderoso sentimento de impunidade" – uma visão corroborada pela crença amplamente difundida sobre os rebeldes como anarquistas irracionais que regozijam em suas surpreendentes [*boggled*] buscas por maldade e aniquilação.[21] Mas e se a criação desse arranjo *avant-garde* for uma declaração política contra o sistema econômico que mantém corpos pretos e pardos privados, empobrecidos e silenciados? As próprias *boutiques* nas quais esses corpos pretos e pardos servem como mão de obra descartável permanecem além de suas possibilidades. E se isso lhes aparece como uma piada cruel, e se eles decidirem transformar a(s) cena(s) de sua exploração em arte, isso não exibiria um otimismo cruel, a saber, uma declaração política perversa? Os manifestantes sabem que suas ações não lhes retirarão da expropriação social ou os aproximarão de ganhar poder político-econômico, ainda que a recriação da boutique em um espetáculo inculto de "arte" grotesca lhes ofereça um encontro breve com a agência subjetiva. Essa arte é a assinatura de seus corpos invisíveis e explorados; são eles deixando sua inscrição no espaço privilegiado da *boutique*.

Infelizmente, a voz do marginalizado nunca é ouvida pelo centro. Faltando-lhes acesso ao discurso hegemônico e/ou sendo totalmente cortados dele, esse outro é destinado a permanecer mudo, pois seu breve flerte com a agência subjetiva é caracterizado como violência sem sentido. O outro, então, encara uma situação paradoxal inescapável [*a catch-22 situation*[22]]: é somente através do ruído alto da violência que se pode esperar despertar ou ganhar atenção do sistema, que do contrário é "surdo"; no entanto, esse próprio ato de enunciação subjetiva é simbolizado como irracional e descartado no cesto de lixo da História.

---

19 > Ibid.
20 > Ibid.
21 > Ibid.
22 > Conhecido em português como ardil 22, se refere a expressão cunhada por Joseph Heller em 1961 que descreve uma situação em que ao se resolver um problema, depara-se com outro, retornando ao problema de origem [N.T].

Previsivelmente, a notícia do NYT também acusa os manifestantes não apenas de falta de consciência política, mas também de mau uso das liberdades de que eles gozam no país. Em uma passagem emocionalmente carregada, a reportagem diz:

> quando o grupo se deparou com uma loja de presentes com temática nova-iorquina cuja frente já havia sido destruída, eles saquearam a loja mais uma vez. Ao revirar a mercadoria, uma pessoa arremessou uma Estátua da Liberdade em miniatura do lado de fora. Ela caiu, quebrada, na rua.[23]

Almejando provocar a revolta de seus leitores sobre a demonstração de desdém dos manifestantes frente ao reconhecido símbolo da identidade nacional estadunidense, a notícia falha em entender como esse ato constitui, porém, uma outra declaração política – destruir a Senhora Liberdade é um ataque simbólico aos ideais organizadores do imaginário nacional dos Estados Unidos como provedor e protetor dos inalienáveis direitos de todos os humanos – por igualdade, liberdade e independência. Ao demolir a estátua, os manifestantes atacam a hipocrisia daqueles que nos Estados Unidos acreditam no princípio de igualdade social como sagrado ("Todos os homens são criados iguais"), mas agem alheios à existência de racismo sistêmico e flagrante nos Estados Unidos.

As ações dos manifestantes evidenciam seu sofrimento abjeto numa sociedade em que ser negro é ser negado de todo acesso à equidade social. Suas ações implodem aquilo que Jürgen Habermas definiu como "o modelo liberal da esfera pública", isso é, um "domínio ideal" distinto "do econômico, do privado e do político".[24] Esse domínio ideal reivindica reservar a *todos cidadãos*[25] uma imagem e espaço para contemplar enquanto "um emblema transparente de sua própria inclusividade e solidariedade, e deliberar sobre o bem geral, livre de coerção, violência ou interesses privados".[26] Entretanto, a implosão dessa esfera expõe de fato a ficção desse espaço como sendo possível exclusivamente pela "rigorosa exclusão de certos grupos".[27] A "Imagem" da Senhora Liberdade recebendo os *pobres*[28] do mundo, *condenados, dizendo não ao desejo para respirar livre,*[29] logo precisa ser pontuado... Os manifestantes apenas continuam o que o andarilho de Chaplin começou em *O Imigrante* (1917):

---

23 > Ibid.
24 > Jürgen Habermas apud W. J. T. Mitchell, "The Violence of Public Art: *Do the Right Thing*", *Critical Inquiry*, v. 16, n. 4, 1990, p. 886.
25 > Destaque do autor [N.T].
26 > W. J. T. Mitchell, *op. cit.*
27 > Ibid.
28 > Destaque do autor [N.T].
29 > Destaque do autor [N.T].

eles expõem a hipocrisia da imagem e do sistema que a consagra. Então, esses rebeldes esfarrapados não apenas ocupam um contínuo com Chaplin, mas também com a história do ocidente que é melhor "reescrita como a história da iconoclastia".[30] A raiva do manifestante face à promessa e à garantia da "Senhora Liberdade" é, portanto, um ato de dissidência singular – é a não-parte social que exige seu legítimo posto na sociedade.

seção III: ordem *vs.* justiça: o que quer o progressista?

Em sua carta aberta escrita da penitenciária de Birmingham, Martin Luther King Jr. brutalmente repreende brancos moderados por impedir o movimento nacional por justiça social. O moderado branco, ou o progressista no nosso caso, ele diz, é mais preocupado com a preservação da ordem social do que com o comprometimento com a criação de uma sociedade justa. Aqui está a passagem completa:

> Devo fazer duas confissões honestas para vocês, meus irmãos cristão e judeus. Primeiro, devo confessar que nos últimos anos tenho estado seriamente desapontado com o branco moderado. Quase cheguei a lastimável conclusão de que o maior obstáculo do negro em direção à liberdade não é o Conselho dos Cidadãos Brancos[31] ou os membros da Ku Klux Klan, mas o branco moderado que é *mais devotado à ordem do que à justiça*;[32] que prefere a paz negativa que é a ausência de tensão à paz positiva que é a presença da justiça; que constantemente diz: "concordo com o objetivo que você visa, mas não com seus métodos de ação direta"; que, paternalmente, sente que pode estabelecer um calendário para a liberdade de outro homem; que vive pelo mito do tempo; e que constantemente aconselha o negro a esperar "um momento mais conveniente". Uma compreensão rasa da pessoa de boa-fé é mais frustrante que o absoluto mal-entendido da pessoa de má-fé. Aceitação morna é mais desconcertante que rejeição completa.[33]

Embora King não afirme isso explicitamente, é seguro assumir que a objeção branca moderada ou progressista sobre os métodos adotados pelo movimento foi apenas uma narrativa superficial, mascarando o desejo inconsciente deles pela ordem. E esse investimento inconsciente levanta a questão: o que o branco progressista ganha ao preservar a ordem social? Isso é, se eles sabem que uma sociedade justa é melhor que a atual ordem social existente, e se alguns deles também, ativamente, identificam-se com os objetivos do movimento, então,

---

30 > W. J. T. Mitchell, *op. cit.*, p. 884.
31 > Conselhos criados a partir de 1954, em resposta à decisão *Brown* vs. *Board Education*, que definiu o fim da segregação racial escolar. Formado pela classe média e alta, usavam intimidação e violência para oprimir negros económica e socialmente [N.T].
32 > Destaque do autor [N.T].
33 > Martin Luther King Jr., "Letter from Birmingham Jail", *The Atlantic*, ago. 1963. Disponível em: https://www.theatlantic.com/magazine/archive/2018/02/letter-from-a-birminghamjail/552461. Acesso em: 5 out. 2020.

por que eles agiriam no sentido de bloquear a possiblidade de criação de uma sociedade justa? A resposta é simples: criar uma sociedade justa envolveria desmantelar a ordem social existente, e progressistas não gostam disso. Escondida sob a objeção progressista, apesar de desconhecida pelo próprio progressista, está sua aposta na preservação da ordem social existente. Então, se temos que responder à questão "o que quer o progressista", precisaremos dar atenção ao seu investimento inconsciente no *status quo*; ou, o conhecimento não reconhecido que guia as ações do liberal branco contra o que ele reivindica conscientemente querer, a saber, uma sociedade equiparada em que a justiça se aplique igualmente a todos, sem levar em consideração a cor da pele.

Para colocar essa questão contemporânea em termos lacanianos, podemos dizer que o que está em jogo para o liberal é o sentimento de pertença e de prazer que a sociedade atual lhe oferece. O desejo deles de manter essa ordem, portanto, não é apenas uma preocupação sobre agitação social – um problema de lei e ordem, como o ex-presidente Donald Trump tuitou no início dos protestos por justiça social contra o assassinato de George Floyd –, em vez disso, é sobre a sustentação dos laços do sujeito progressista com uma coletividade unidade através de sua crença compartilhada na promessa do Outro de gozo abundante, totalidade subjetiva e plenitude fálica. O desejo, que é o desejo do Outro, como Lacan nos lembra repetidamente, é um desejo por um objeto fantasmático impossível a partir do qual, na medida em que o sujeito nunca o pode alcançar nem encontrar o que pode ser plenamente satisfeito, implica que o sujeito esteja sempre suspenso no desejo. Permanecendo inalcançável, e assim mantendo em si mesmo a promessa de uma satisfação fantasmática completa, o objeto sustenta o desejo e o sujeito em busca contínua desse objeto de desejo. Nesse contexto, a fantasia ($<>a$) reorganiza esse jogo de soma zero oferecendo uma solução: a fantasia introduz o *objeto a* como objeto causa de desejo e/ou como responsável por criar uma barreira entre o sujeito e seu objeto desejado. Ao estruturar o sujeito dividido ($) em relação ao objeto causa de desejo (a), a fantasia medeia a impossibilidade traumática de desejo representando o (a satisfação do) desejo como futuro. A satisfação ou possessão do objeto desejado é possível uma vez que todos os impedimentos externos ao objeto desejado são superados. Sendo assim, o *objeto a* mantém o sujeito desejante investido no desejo sem ter que confrontar a impossibilidade do desejo. Em outras palavras, o *objeto a* resgata o sujeito do encontro com o abismo do desejo, cobrindo esse Real e oferecendo ao sujeito, alternativamente, um "semblante do ser".[34] O *objeto a* é um "Instrumento ou joguete com o qual o sujeito faz o que quer, manipulando-o como lhe agrada" para dar

---

34 > Jacques-Alain Miller, "Extimité", in: Mark Bracher, Marshall W. Alcorn Jr., Ronald J. Corthell e Françoise Massrdier-Kenney (orgs.) *Lacanian Theory of Discourse: Subject, Structure, and Society*, trad. de Françoise Massardier-Kenney. Nova York: New York University Press, 1994, p. 85.

sentido ao ser e ao desejo.³⁵ Mas como os manifestantes do BLM e o inconsciente liberal se encaixam em tudo isso?

O deslocamento da proibição paterna ("Não" do Pai) para a injunção paterna "goze",³⁶ advertira Lacan no começo dos anos 1970, faria o laço social ou identidades coletivas impossíveis, exceto por meio da segregação do outro para seu gozo único. O problema que Lacan percebeu na substituição da proibição social do gozo pela injunção de gozar livremente, e que o leva a profetizar a ascensão do racismo, Éric Laurent explica, tem a ver com o fato de que nós "não temos conhecimento do gozo do qual nos orientamos".³⁷ Mas, uma vez que nós "sabemos apenas como rejeitar o gozo do outro", rejeitar o outro por seu gozo se tornou o pivô central para construir laço social ou identidades coletivas.³⁸

A criação de uma identidade coletiva num mundo desprovido da proibição Paterna, Lacan escreve, acontece em três estágios ou etapas: (1) "Um homem sabe o que não é um homem"; (2) "Os homens se reconhecem entre si como sendo homens"; (3) "Eu afirmo ser homem, por medo de ser convencido pelos homens de não ser homem."³⁹ Podemos simplificar isso como se segue: por um lado, o sujeito enuncia sua identidade singular através da negação do outro como "não homem", isso é, o outro "quem eu rejeito por ter um gozo distinto do meu", e, por outro, o sujeito associa-se ou reivindica identificação com um coletivo que faz laço através de sua rejeição mútua do outro.⁴⁰

Esse outro imaginário como um "não-homem", isso é, o outro possuído de gozo excessivo ou ilegítimo, estrutura a fantasia do sujeito em que isso ocupa a posição de *objeto a*. Além disso, essa fantasia gruda no coletivo.⁴¹ E, embora qualquer um possa ocupar a posição desse outro, até aqueles sem significantes visíveis ou audíveis da diferença racial (cor da pele ou sotaque), em sociedades como as do Estados Unidos, as quais têm um longo histórico

---

35 > Bruce Fink, *The Lacanian Subject: Between Language and Jouissance*. Princeton: Princeton University Press, 1995, p. 60.

36 > Jacques-Alain Miller, "The Unconscious and the Speaking Body", *9th Congress of the World Association of Psychoanalysis* (WAP), 17 abr. 2014. Disponível em: https://wapol.org/en/articulos/Template.asp. Acesso em: 10 set. 2021.

37 > Eric Laurent, "Racism 2.0," *AMP Blog*. Disponível em: ampblog2006.blogspot.com/2014/01/lq-in-englishracism-20-by-eric-laurent.html. Acesso em: 16 ago. 2019. Publicado originalmente em *Lacan Quotidien*, n. 371, 26 jan. 2014, pp. 1-6.

38 > Ibid.

39 > Jacques Lacan, "O tempo lógico e a asserção da certeza antecipada", in: *Escritos*, trad. bras. de Vera Ribeiro. Rio de Janeiro: Zahar, 1998 [1945], p. 213.

40 > Eric Laurent, "Racism 2.0," *AMP Blog*. Disponível em: ampblog2006.blogspot.com/2014/01/lq-in-englishracism-20-by--eric-laurent.html. Acesso em: 16 ago. 2019. Publicado originalmente em *Lacan Quotidien*, n. 371, 26 jan. 2014, pp. 1-6.

41 > Como Miller nos lembra, não há distinção aqui entre as fantasias individuais e coletivas, que "formações coletivas [ou] grupos" são "compostos de uma multiplicidade de indivíduos tomando o mesmo objeto como ideal do Eu". Ou, "do ponto de vista freudiano, o ser do coletivo é apenas uma relação individual multiplicada" (Jacques-Alain Miller, "The Turin Theory of the subject of the School", *1st Scientific Conference of the Scuola Lacaniana di Psicoanalisi*, 21 maio 2000) [N.A].

de racismo estrutural e evidente, essa fantasia é melhor nomeada de fantasia racista.[42] McGowan, que cunha o termo "fantasia racista", explica:

> embora existam fantasias puramente individuais, existem também fantasias coletivas que permitem associações ao seu redor. A fantasia racista é o exemplo primário de uma fantasia coletiva. Ela estabelece um laço entre membros de uma sociedade, separando aqueles que fazem parte dela daqueles que não fazem parte, através do seu modo de gozar. A ironia é que o gozo daqueles que fazem parte do laço depende de sua identificação com o gozo daqueles que não fazem. Essa identificação acontece através da fantasia racista.[43]

Sem essa fantasia racista ofuscando a falha do capitalismo em prover [deliver] satisfação ilimitada, as pessoas perderiam sua fé no Mercado. A fantasia racista mantém o potencial da "satisfação ilimitada vivo erigindo o outro racial como uma barreira para ele";[44] isso é, o outro racializado se torna a razão pela qual a sociedade falha em cumprir sua promessa de plenitude absoluta. Então, o outro racial funciona tanto como um impedimento, restringindo o sujeito de gozar e, paradoxalmente, quanto como o objeto pelo qual o sujeito goza vicariamente.[45]

Se racismo manifesto é ódio direcionado para "o que fundamenta a alteridade do Outro, em outras palavras, o gozo",[46] expressões as quais estão em evidência nas declarações de skinheads, visando encontrar uma "solução total"[47] para livrar a sociedade do outro racial e, então, fazer sua sociedade grandiosa novamente [making his society great again], essa fixação sobre o outro como "modo de gozo"[48] também estrutura a fantasia racista, porém, o sujeito dessa fantasia é inconsciente sobre seu racismo. O sujeito da fantasia racista pode exprimir indignação moral sobre os excessos dos protestos de justiça social, até mesmo fazer argumentos sobre a impraticabilidade política de tais movimentos, mas ele nunca se admitirá conscientemente como racista. No entanto, como já notei acima, tais objeções são

---

42 > Todd McGowan, "The Bedlam of the Lynch Mob: Racism and Enjoying through the other", in: Sheldon George e Derek Hook (orgs.), *Lacan and Race: Racism, Identity, and Psychoanalytic Theory*. Abingdon: Routledge, 2021, p. 20.
43 > Ibid.
44 > Ibid.
45 > Ibid.
46 > Jacques-Alain Miller, "Extimité", in: Mark Bracher, Marshall W. Alcorn Jr., Ronald J. Corthell e Françoise Massrdier-Kenney (orgs.) *Lacanian Theory of Discourse: Subject, Structure, and Society*, trad. de Françoise Massardier-Kenney. Nova York: New York University Press, 1994, p. 85.
47 > Eric Laurent, "Racism 2.0," *AMP Blog*. Disponível em: ampblog2006.blogspot.com/2014/01/lq-in-englishracism-20-by--eric-laurent.html. Acesso em: 16 ago. 2019. Publicado originalmente em *Lacan Quotidien*, n. 371, 26 jan. 2014, pp. 1-6.
48 > Ibid.

quase sempre galvanizadas pela preocupação de que os protestos sejam excessivos e sobre os gozos ilegítimos dos manifestantes.

É um erro, portanto, pensar que os sentimentos dos progressistas sobre as rebeliões do BLM revelam uma falha de comunicação ao longo da divisão de classe. Ao contrário, a crítica progressista é subscrita pela fantasia racista. Essa fantasia estrutura a relação do progressista com a sociedade, o laço social, seus primos conservadores e sua angústia concernente à ordem (social).

A angústia em torno do desaparecimento da ordem social, que King corretamente identifica em sua Carta da prisão de Birmingham como o ponto de pressão máximo para seus apoiadores liberais mais ávidos, também subscreve as últimas palavras de James L. Farmer Jr. Sua proposição final para a audiência branca progressista não é tanto um convite para uma escolha moral, mas sim uma oferta de escolha entre mudança radical na ordem social vs. o lento trabalho da reforma social. Na verdade, a posição de Farmer Jr. é o exato oposto da de King – o primeiro está propondo que a maioria da audiência branca liberal deveria estar contente com o fato de que ele e seus pares, quem têm visto a violência branca estadunidense [white Amerikka], não estejam dispostos a renunciar ao caminho paternalisticamente traçado pelos progressistas por sua liberdade. Isso está em gritante contraste com o que King escreve em sua carta sobre os progressistas brancos sabotarem o movimento, por constantemente aconselharem "o negro [a] esperar até um 'período mais conveniente'"[,] evitando criar tensão na sociedade.[49] Mas, é ao ofuscar essas questões através da invocação do espectro da violência social que o filme, infelizmente, submete-se ao desejo branco progressista pela ordem. Não é surpresa, então, que Farmer Jr. seja aplaudido de pé pela audiência do filme.

Precisamos reconhecer que as constantes referências progressistas à imoralidade da violência são um truque ideológico. Elas funcionam como um paliativo, evitando que façamos perguntas importantes, como: o que é essa "ordem" que é tão desesperadamente amada pelos progressistas e o que contribui para a ansiedade progressista sobre o desaparecimento dessa ordem? É apenas ao colocar essa armadilha ideológica de lado que podemos perguntar: qual é a verdadeira razão para o investimento progressista existencial nessa ordem?

O primeiro ponto a ser colocado é que a "ordem" em questão não é uma questão de lei e ordem. Em outras palavras, não se trata de conduta indisciplinada – bom comportamento social vs. mau comportamento social – ou atos sociais performados por indivíduos ou grupos que violam leis escritas ou não-escritas, regulando nossa participação nelas e no funcionamento da sociedade. Ou seja, não é uma questão de moralidade, embora os progressistas até busquem representá-la como tal. O que está em jogo para os progressistas é a garantia

---

49 > Martin Luther King Jr., "Letter from Birmingham Jail", *The Atlantic*, ago. 1963. Disponível em: https://www.theatlantic.com/magazine/archive/2018/02/letter-from-a-birminghamjail/552461. Acesso em: 5 out. 2020.

do grande Outro, de fato, a própria existência do grande Outro, cuja Lei, sozinha, permite ao sujeito se identificar como "Eu" (ou como homem) em contraste com um "outro" racial negativo autoconsolidado (um não-homem). Na medida em que o sujeito é representado por um significante que o representa para outro significante – "o sujeito [...] só é sujeito por um significante, e para um outro significante",[50] e, porque o significante, como parte da linguagem, ganha seu significado por oposição a outro significante – branco é "puro [pure]" ou "limpo [pristine]" apenas porque o preto é "negativo" –, ou "branco" deriva seu significado na ausência/exclusão do preto,[51] as relações no interior da ordem simbólica, isso é, os laços sociais, só podem existir através de uma "relação de oposição mútua".[52] O sujeito como (representado pelo) significante "é uma presença baseada em ausências, tendo sentido apenas porque ele distingue, contrasta, exclui"[53] um outro; e é o grande Outro quem garante significado baseado em presenças e ausências, garantindo a ordem como tal. Perder essa ordem significaria admitir uma falha, ou seja, a ausência do grande Outro.

Nisso reside a dificuldade da verdade (e meu segundo ponto) sobre ordem ou estrutura da sociedade: ela é feita de (não)relações cujas interações não são determinadas por diferenças imaginárias, mas, em vez disso, exclusivamente por um antagonismo fundamental – a alteridade radical do outro enquanto gozo. No entanto, esse real traumático de não--relacionalidade social não pode ser admitido em sociedade. Ele é, então, continuamente remodelado em termos de diferenças imaginárias com a política fingindo prover soluções para a eventual erradicação dessas diferenças. Historicamente, no entanto, tais esforços em "abolir a não-relação (e substituí-la pela relação)" tem resultado apenas em repressão social.[54] Admitir a realidade da não-relacionalidade significaria reconhecer a ficção do imaginário – a falta de significado entre significantes, logo, o caráter arbitrário e aleatório de toda a ordem simbólica. A angústia a respeito do colapso da ordem social é, portanto, é uma angústia sobre a constrição da falta que mantém o real segregado do simbólico. A angústia emerge através da realização de que o imaginário é fundado no nada.[55] Ou, como Lacan ensina no Seminário X: é o momento em que um objeto imaginário "situável, reconhecível e

---

50 > Jacques Lacan, *O seminário, livro XX: mais, ainda*, trad. bras. de M. D. Magno. Rio de Janeiro: Zahar, 1985 [1973], p. 49.

51 > "[...] o significante é um sinal que remete a um outro sinal, que é como tal estruturado para significar a ausência de um outro sinal, em outros termos, para se opor a ele num par" Jacques Lacan, *O seminário, livro 3: as psicoses*, trad. bras. de Aluísio Menezes. Rio de Janeiro: Zahar, 1998 [1953], p. 192.

52 > Owen Hewitson, 'What does Lacan Say About ... the Signifier', *Lacanonline.com*. Disponível em: https://www.lacanonline.com/2010/06/what-does-lacan-say-about-the-signifier. Acesso em: 6 set. 2021.

53 > Jaanus Kurrik, *Literature and Negation*. Nova York: Columbia University Press, 1979, p. 1.

54 > Alenka Zupančič, *What Is Sex?* Nova York: MIT Press, 2017, p. 25.

55 > Lorenzo Chiesa, *Literature and Negation*. Cambridge (MA): MIT Press, 2007, p. 106.

intercambiável"[56] é substituído por um objeto "privado e incomunicável"[57] e opaco. A angústia é a resposta à constrição da falta entre desejo e gozo.

A política, especialmente em democracias multiculturais progressistas, permanece investida em obscurecer a impossibilidade de atualização das relações sociais e nossa (in) capacidade de, eticamente, reagir à impossibilidade das relações, por exemplo, entre filhos e pais (Freud); homem e mulher (Lacan); burguesia e proletariado (Marx); o centro e o subalterno (Spivak) etc. ao traduzi-las em questões de distribuições desiguais de poder e representação, resultando em políticas identitárias e discursos sobre resgate e reabilitação do outro, advogando pela entrada do outro na hegemonia sobre a base dos direitos. O que é apagado no processo é a impossibilidade de acomodação do outro, cuja alteridade radical está fundada em nossa imaginação da relação do outro com um gozo único. Essa relação imaginada entre o outro e seu gozo exclusivo constitui a fantasia do pertencimento social e a angústia sobre o desaparecimento da ordem social. O real (de não-relacionalidade) é, portanto, tanto constitutivo das relações sociais quanto da ameaça que impulsiona nossos esforços contínuos para assegurar esta ordem.

seção IV: a fantasia racista

O desejo progressista por uma sociedade multicultural baseada na confiança mútua e na tolerância (da diferença do outro) é vinculado à sua insatisfação inconsciente de viver numa sociedade em que o outro goza mais ou em excesso do que deveria. Numa situação como essa, Lacan afirma, é impossível pensar que a igualdade social pode existir sem apagar o outro. Ele observa em *Televisão* que

> no desatino de nosso gozo, só há o Outro para situá-lo, mas na medida em que estamos separados dele. Daí as fantasias, inéditas quando não nos metíamos nisso. Deixar esse Outro entregue a seu modo de gozo, eis o que só seria possível não lhe impondo o nosso, não o tomando por subdesenvolvido. Somando-se a isso a precariedade de nosso modo, que agora só se situa a partir do mais-de-gozar e já nem sequer se enuncia de outra maneira, como esperar que se leve adiante a humanitarice de encomenda de que se revestiam nossas exações? Deus, recuperando a força, acabaria por ex-sistir, o que não pressagia nada melhor do que um retomo de seu passado funesto.[58]

---

56 > Jacques Lacan, *O seminário, livro 10: a angústia*. Tradução de Vera Ribeiro. Rio de Janeiro: Zahar, 2005 [1963], p. 88.
57 > Ibid.
58 > Jacques Lacan, "Televisão", in: *Outros escritos*, trad. bras. de Vera Ribeiro. Rio de Janeiro: Zahar, 2003 [1973], pp. 32-33.

Resumidamente, num mundo marcado pelo empobrecimento do Nome-do-Pai, onde o "não" do Pai não conta, além de sua proibição não mais ser simbolizada ou reconhecida como Lei sob seu nome, o gozo radical do outro permanece perturbadoramente opaco ou impossível de ser assimilado pelo simbólico. Mas, essa situação é retificada quando o gozo do outro, em vez de ser considerado um problema, é cooptado no regime do desejo, como objeto causa de desejo. Nesse papel, ele funciona tanto para consolidar uma identidade individual quanto para unificar um grupo.

Essa reposição do outro (*objeto a*), em termos de seu (novo) complexo papel envolvendo e desenvolvendo o sujeito (barrado) em relação à sua radical conjunção e disjunção do outro, reintegra o desejo pela ordem – o desejo de reconhecer o grande Outro apesar dos rumores sobre sua morte e, então, ser reconhecido por ele como um dos fiéis remanescentes. Como constatado notoriamente por Nietzsche, o problema não é que Deus está morto, mas sim que o homem se recusa a acreditar nisso e continua a cantar louvores para Ele. O que devemos acrescentar aqui, pela via de Lacan, é que não somos ignorantes sobre o falecimento de Deus, mas, em vez disso, continuamos a acreditar n'Ele por esperança de que Deus está vivo e nos reconhecerá por mantermos nossa fé, num momento em que todos os outros agem como se Deus estivesse morto. Pois, como Lacan sabia, o problema com a hipótese da morte de Deus não é que ela torna o homem livre, mas sim totalmente aprisionado. Um mundo sem Deus é um mundo desiludido, como observou Max Weber, e enquanto significados privados são possíveis num mundo sem Deus, não resta possibilidade para um significado universal. Portanto, manter a fé na presença contínua de Deus é crucial para o homem reivindicar o apoio de um significado universal, que sustente um senso de agência subjetiva para o homem (contra outros Homens), mesmo que essa agência seja dependente do pecado original do homem contra Deus.

Curiosamente, Lacan antecipa a ascensão do fundamentalismo religioso ao lado da escalada do racismo no mundo "global" pós-guerra – ambas, ele diz, resultam do enfraquecimento do nome-do-Pai, criando novas formas de elevada segregação social baseada na opacidade do gozo inadmissível do outro. Notando que "nosso futuro [...] encontrará seu equilíbrio numa ampliação cada vez mais dura dos processos de segregação",[59] ele aconselha os analistas a se prepararem para responder a esta segregação acentuada.[60]

Atos descarados de racismo, bem como a fantasia racista, não são, portanto, incongruentes com os atuais princípios dominantes do multiculturalismo democrático. O ódio consciente e inconsciente do outro estrutura nosso senso de pertencimento social

---

59 > Jacques Lacan, "Proposição de 9 de outubro de 1967 sobre o psicanalista da Escola", in: *Outros escritos*, trad. bras. de Vera Riberio. Rio de Janeiro: Zahar, 2003 [1967], p. 12.

60 > Jacques Lacan, "Alocução sobre as psicoses da criança", in: *Outros escritos*, trad. bras. de Vera Riberio. Rio de Janeiro: Zahar, 2003 [1967].

concernente à nossa imaginação dos modos particulares de prazeres excessivos do outro racial. Como Miller coloca,

> o racismo é fundado [...] num ódio do modo particular do Outro de experimentar o gozo, sobre a maneira que o outro obtém seu *mais-de-gozar*: ou ele não trabalha ou não trabalha o suficiente; ou ele é inútil ou pouco útil; mas, qualquer que seja o caso, ele sempre é dotado de uma parte de *gozo* que não merece.[61]

Ou,

> a essência da questão é que o Outro é injustamente subtraído de você como parte de seu gozo. [...]. A questão da tolerância ou intolerância [...] é que a tolerância ou intolerância do gozo do Outro – considerando que o Outro é visto como fundamentalmente alguém quem está me roubando de meu gozo.[62]

Se o racismo diretamente marca o outro como responsável pelo distúrbio social, a fantasia racista faz o mesmo, ainda que inconscientemente. E ambos, ao marcarem o gozo do outro como responsável pela sua própria falha em gozar, sustentam igualmente suas respectivas posições enquanto sujeitos desejantes sob a Lei do grande Outro. Preocupações sobre o desaparecimento da ordem social em virtude do outro racial são preocupações sobre o desaparecimento do grande Outro e do desejo, isso é, de evitar confrontar "à impossibilidade traumática do desejo".[63]

Isso explica a dificuldade de remover o racismo da sociedade. O sujeito racista não encontraria gratificação ou total satisfação se o outro racial for, de alguma forma, impedido de gozar. Embora a queixa seja de que o outro não está obedecendo à lei, a solução nunca é tão simples quanto uma intervenção da lei, terminando com o gozo do outro e, consequentemente, apaziguando a angústia do sujeito racista. Pois, mesmo quando corpos racializados são encarcerados, a maioria desproporcionalmente nos Estados Unidos, preocupações racistas sobre a habilidade do outro racial em continuar a gozar não cessam de existir.

Tampouco as reclamações também cessariam se ao sujeito racista, de repente, fosse permitido livre acesso aos mesmos gozos (proibidos). De fato, o sujeito racista não se satisfaria

---

61 > Jacques-Alain Miller, "Extimité", in: Mark Bracher, Marshall W. Alcorn Jr., Ronald J. Corthell e Françoise Massrdier-Kenney (orgs.) *Lacanian Theory of Discourse: Subject, Structure, and Society*, trad. de Françoise Massardier-Kenney. Nova York: New York University Press, 1994, p. 80.
62 > Jacques-Alain Miller, "Extimate Enemies", trad. de F-C Baitinger, A. Khan e R. Litten, *The Lacanian Review: Hurly-Burly*, n. 3, 2017, p. 39.
63 > Todd McGowan, "The Bedlam of the Lynch Mob: Racism and Enjoying through the other", in: Sheldon George e Derek Hook (orgs.), *Lacan and Race: Racism, Identity, and Psychoanalytic Theory*. Abingdon: Routledge, 2021, p. 22.

por essa solução, pois seu verdadeiro gozo reside em gozar vicariamente através da fantasia ilícita de gozo do outro. Lacan nos ensina que gozar é impossível sem o enquadramento da fantasia ($ <> a); ou, apenas desejamos um objeto ou encontramos um objeto gozável quando há um impedimento de gozar plenamente com ele. Sem a fantasia do outro racial roubando nosso gozo e, então, impedindo nosso acesso à plenitude, não pode haver sujeito desejante e/ou objetos a desejar em primeiro lugar. É, portanto, para continuar desfrutando de nossa insatisfação que a figura fantasmática do outro racial deve permanecer livre para gozar.

É por isso que as condenações progressistas dos protestos do BLM não devem ser tomadas pelo valor nominal, mas expostas pelo que são: racistas ou subscritas por uma fantasia racista. Pois, as condenações hipócritas sobre os manifestantes "negros" buscam mais do que refrear o gozo excessivo do outro racial colocando-os sob o controle da lei. São também uma defesa contra confrontar o investimento do inconsciente do sujeito racista no outro como rota única para o gozo progressista.

conclusão: ordem/violência/justiça

A fixação progressista com a ordem social nos permite reconsiderar a função da violência subalterna[64] dirigida ao Estado e ao Mercado. Uso a palavra "subalterna" com medida igual de deliberação e cautela. Primeiro, a uso como uma espécie de controle contra a crítica moral demasiada geral e simples a toda forma de violência originada ou resultante de protestos liderados por minorias contra a ordem social. Segundo, a uso para balancear a perspectiva acima, distinguindo o subalterno de todos os outros grupos minoritários e a violência subalterna de outros tipos de violência minoritária.

Gayatri Spivak, de quem eu tomo emprestado o termo subalterno, continuadamente nos relembra que o subalterno "não é uma palavra elegante para o oprimido [...], para alguém que não está recebendo uma fatia do bolo".[65] Um grupo minoritário discriminado em um *campus* dos Estados Unidos, por exemplo, diz Spivak, não pode reivindicar o rótulo de subalterno, pois já está dentro de um discurso de hegemonia e eles são perfeitamente capazes de dar voz às suas demandas estando dentro do sistema. Por contraste, o subalterno é totalmente excluído do discurso hegemônico, ele habita um espaço diferenciado, e por isso sua voz continua inaudita no discurso hegemônico. Pegando a deixa de Spivak sobre a

---

64 > Destaque do autor [N.T].
65 > Gayatri Spivak, "Interview with Gayatri Chakravorty Spivak: New Nations Writers Conference in South Africa", entrevista por Leon de Kock, *ARIEL: A Review of International English Literature*, v. 23, n. 33, 1992, p. 45.

definição de subalterno, reivindico que ele não tem alternativa para corrigir sua condição social, exceto por meio de total violência contra a ordem que o mantém assujeitado.

Protestos violentos como os que discuto aqui, portanto, precisam ser lidos diferentemente. Desejo concluir esse ensaio com duas notas sobre isso. Gostaria mesmo de colocar a questão sobre como ler os protestos perguntando: afinal, o que o rebelde quer? Essas notas serão breves, mais como interjeições teóricas convidando futuros analistas críticos a pensar, uma vez que desenvolver isso aqui seria alongar esse ensaio um pouco mais. Além disso, as notas não devem ser consideradas totalizantes – ambas podem ajudar a responder à questão "o que o rebelde quer" tanto quanto podem não ser adequadas para a resposta. Afinal de contas, dada a comunicação fragmentada entre o subalterno e nós, nunca seria possível saber o que o outro quer? Devemos estar abertos, pelo menos teoricamente, ao argumento de que o rebelde pode agir sem a intenção consciente que estou buscando lhe atribuir, considerando seus objetivos políticos. Estou apenas sugerindo que não dispensemos o potencial de liberação inerente às suas ações, mesmo que os manifestantes estejam inadvertidos da verdade e da medida direta de suas ações.

Primeiro, as ações dos rebeldes podem ser identificadas como uma enunciação de demandas ou uma política de demandas para serem vistos (*regardé* ou *seen/looked at* [olhado como]) iguais e humanos em sociedade. No que tenho argumentado até aqui sobre manifestantes mandando mensagens políticas por meio da recriação da cena de saque ou destruição da Estátua da Liberdade, isso parece como uma possibilidade. Quero, entretanto, nuançar ainda mais este ponto, observando que a demanda não é imediatamente inclusão dentro da ordem social, mas, em vez disso, suas ações têm como objetivo tornar possível a criação de possiblidade de condições de se tornarem parte do Estado em termos de igualdade como todos os outros.[66] Em outras palavras, não é uma simples demanda por maior representação na sociedade, uma vez que ao não acabar com tal apartheid social, tal representação, mesmo quando imbuída de boas intenções, pode apenas resultar em tokenismo.[67] Em vez disso, se trata de gerar condições sociais que irão, eventualmente, permitir que o outro racial reivindique o social.

Segundo, pode-se argumentar que rebelar-se representa a tentativa desesperada do outro de esvicerar totalmente a ordem simbólica que os mantem oprimidos. Tratados como abjeto e "supérfluos" pela a sociedade, aqueles que são diariamente "humilhados, cuja dignidade não é reconhecida, cujos direitos podem ser violados sem impunidade, incluindo

---

66 > Gayatri Spival. *The Trajectory of the Subaltern in My Work*. Santa Barbara: University of California Television, 13 set. 2004. Disponível em: https://www.uctv.tv/shows/Gayatri-Spivak-The-Trajectory-of-the-Subalternin-My-Work-8840.

67 > Concessões pontuais a grupos minoritários [N.T].

[o] direito de respirar",[68] esses sujeitos não têm perspectiva de fazerem suas vozes serem ouvidas no espaço hegemônico. Na ausência de qualquer possibilidade de mudança social por meio de demandas pacíficas, só lhes resta uma única opção – a destruição completa da ordem social, criando uma nova realidade social radical. O que Saroj Giri observa no contexto dos movimentos sul-asiáticos de violência maoísta também se aplica ao nosso contexto: o alvo não "é meramente [...] interferir na realidade", mas "redefinir o que conta como realidade" ao violentamente desmontar "as coordenadas da atual matriz socioeconômica e política" da culpa da geração do apartheid de classe.[69]

Estou disposto a admitir que as rebeliões (como o BLM, as ocorridas na França em 2005 e na Índia colonial) são a mais extrema ou radical expressão da demanda de viver do outro (negro, colonizado, refugiado) – de estar vivo, de respirar – e de justiça racial. Mas, condenações morais empilhadas sobre os protestantes são resultado de um imaginário sociossimbólico progressista, em que toda forma de violência como enunciação da verdade é vista como ilícita e/ou ilegal. Devemos lutar, em vez disso, para entender essa violência como a articulação política mais pura do direito do outro de demandar um processo para a criação de uma sociedade mais igualitária, em que eles não sejam mais reprimidos, demitidos e dizimados.

Há uma demanda democrática do começo ao fim. Como Slavoj Žižek observa em *A Leftist Plea for 'Eurocentrism'*,[70] o verdadeiro caráter de qualquer democracia deveria ser medido pelo papel daqueles que dela não fazem parte, na medida em que eles responsabilizam a maioria. Ou seja, demandas e aspirações do grupo majoritário em uma democracia não constitue o verdadeiro *ethos* da democracia. Em vez disso, as demandas das minorias e dissidentes constituem a democracia e, como tal, suas exigências devem ser reconhecidas como expressões democráticas propriamente ditas.

Também é equivocado caracterizar os manifestantes que buscam justiça racial e social como agentes em busca do reconhecimento de um particular contra o "Todo" universal. Longe de buscarem um lugar fora do "Todo" universal, os defensores dos movimentos de justiça racial e social têm como objetivo fazer com que o "não-todo" seja a verdadeira medida da sociedade. Isso não é simplesmente uma política de reconhecimento do "não-todo/minoria" como parte do todo, mas, em vez disso, fazer a totalidade da política sobre o "não-todo". Isto significa afastar a política da rivalidade baseada na identidade e ir em direção a uma política articulada em torno da condição compartilhada da humanidade como ontologicamente faltante. As rebeliões, neste contexto, sustentam uma radical, embora

---

68 > Achille Mbembe, "Achille Mbembe: 'Ignorance too, is a form of power' (Chilperic)", *Uma(in)certa Anthropologia*, 21 nov. 2020.
69 > Saroj Giri, "Against 'Reality': The Maoists in South Asia", *SACS*, v. 1, n. 1, 2012, p. 40.
70 > Slavoj Žižek, "A Leftist Plea for 'Eurocentrism'", *Critical Inquiry*, v. 24, n. 4, verão 1998, pp. 988-1009.

incômoda, verdade. Ou seja, tal mudança não pode ser realizada através do lento processo de reforma, mas requer o rearranjo violento da ideia do Todo em termos da nossa negatividade universal compartilhada.

> mendelsohn, sophie <.> da "verdade histórica" freudiana ao tratamento político da colonialidade <.> tradução • guerra, andréa e lopes, isabela <

No dia 10 de dezembro de 2021, Roselyne Bachelot, atual ministra da cultura, a quem incumbe a pasta dos Arquivos, anunciou a abertura, "15 anos antes do prazo, dos arquivos sobre as investigações policiais ligadas à guerra da Argélia. Eu quero que, a respeito desse assunto – confuso e irritante, objeto de falsificação histórica –, eu quero poder encará-lo de frente. Não se elabora um romance nacional na base de uma mentira", alegou a Ministra com uma notável denegação. "É a falsificação que leva a todas as errâncias, todos os transtornos e todos os ódios. A partir do momento em que os fatos estão na mesa, quando eles são reconhecidos, quando eles são analisados, é a partir desse momento, que se pode construir uma outra história, uma reconciliação", ela continuou também. "Temos coisas a reconstruir com a Argélia, elas somente poderão ser reconstruídas na base da verdade". Mas o estabelecimento dos fatos, que ainda é parcialmente esperado e que corresponde ao que foi qualificado de verdade aqui, basta para produzir a escrita da história, se com isso entendemos que se trata de um espaço para inscrição daquilo que não é nem simplesmente um fato, nem uma construção fictícia?

Freud aceitou essa outra verdade no seu texto-testamento, *O Homem Moisés e a religião monoteísta*, sob a categoria de "verdade histórica". A "verdade histórica" da psicanálise não é a verdade material dos fatos, a exatidão deles, tal que ela possa ser notavelmente atestada pelos arquivos, mas, ao avesso, ela se propõe, de alguma maneira, uma verdade "mais verdadeira do que a natureza" sem ser uma construção propriamente falada. É o que força o curso da história em segundo plano, sem poder ser, no entanto, enunciada de forma direta e sendo somente mensurável posteriormente por seus efeitos, tanto subjetivos quanto culturais. Nós veremos que há uma reconsideração do que funciona como verdade, do que nela encontra uma função subjetiva e, enfim, da maneira como podemos pensar, por esse prisma, os laços entre estrutura e história.

o romance da "verdade histórica"

Para introduzir o *Moisés* de Freud e seus possíveis usos, tomo emprestado de Edward Saïd uma observação que ele faz num trecho de uma palestra chamada *Freud e o mundo extra-europeu* proferida no *Freud Museum de Londres:* "As meditações de Freud e sua insistência em evocar os não Europeus do ponto de visto judaico fornecem, ao meu ver, uma visão admirável sobre o que essa condição implica – nem que seja somente a recusa em assimilar a identidade a algumas dessas hordas nacionalistas ou religiosas com as quais tantas pessoas gostariam desesperadamente de se fundir. Mais audaciosa é a penetrante demonstração de Freud segundo a qual, até para a mais facilmente identificável e definível identidade coletiva e para a mais obstinada – é dessa maneira que a identidade judaica se apresentava a seus olhos –, existem limites inerentes que a impedem de ser plenamente incorporada em uma, e uma só, identidade".[1]

O importante aqui é, não somente a ideia de que haja uma exterioridade interna à identidade, que a impede de se fechar sobre si mesma ou de se realizar, mas que se trata também da questão da incorporação para a qual Saïd está chamando a atenção. Que a identidade seja algo que se incorpora, não é novidade do ponto de vista freudiano. Não é o *Moisés* que produz essa ideia da identidade incorporada, mas o mito de *Totem e Tabu*, que fez do canibalismo o suporte da primeira identificação ao pai e o meio através do qual "torna-se alguém", um filho neste caso – mas já um filho entre outros filhos –, uma identidade individual correlacionada desde o início a uma identidade coletiva. O romance sobre *Moisés* vai criar uma outra forma de incorporação distinta da incorporação canibalística e também uma outra articulação do individual ao coletivo.

Assim, se tomamos as coisas desde *O Homem Moisés e a religião monoteísta*, e não a partir de *Totem e Tabu* (embora os dois textos sejam fortemente ligados entre si), vemos surgir uma teoria da "verdade histórica" cuja função é, pelo menos é dessa maneira que eu estou orientando a leitura, fazer valer o intratável. De maneira imediata e muito esquematicamente, o *Moisés* de Freud contém uma dupla hipótese: por um lado, o próprio Moisés não é judeu, mas egípcio (é o que chamou muito a atenção de Saïd), então o próprio fundador da religião judaica não é judeu; por outro lado, ele teve que ser morto pelo povo que ele criou para que a religião monoteísta pudesse ser implantada e esse assassinato pudesse ser negado, desmentido.

A noção de "verdade histórica" não é completamente nova no último texto de Freud – sua definição é mais precisa em relação a sua primeira ocorrência dez anos antes em 1927 em

---

1 > Edward W. Saïd, *Freud et le monde extra-européen*. Paris: Le Serpent à plumes, 2002, pp. 83-84.

O Futuro de uma ilusão. Contrariamente ao que Freud deixara entender no seu autorretrato, que ele redige ao mesmo tempo que o *Moisés*, ele não reduzia a religião a uma mera ilusão. Seu teor de verdade, qualificado de histórico, foi situado como tendo que ferir nosso senso de realidade porque, ao frustrar nossa pretensão de construção de uma imagem racional do mundo, essa verdade era exatamente ligada àquela do assassinato do pai da horda. No *Moisés*, Freud deu um passo a mais, diante do qual ele próprio foi tentado a recuar, exagerando a continuidade do que ele estava elaborando com sua teoria de *Totem e tabu*. A saber, o que é apresentado agora como "verdade histórica" é o que se impõe a nós sem concessão, sem negociação possível. Trata-se de um real demasiado grande, insuportável em excesso para que o tornemos realidade, a fixação de um conteúdo inamovível que, ao contrário do mito prévio, não se declina, nem abre a possibilidade de produzir reconstruções racionais.

Do que se sustenta o real na nova configuração que propõe o *Moisés*? Vejamos como um filósofo, Jocelyn Benoist, fornece uma resposta no seu artigo "Retorno sobre a 'verdade histórica' segundo Freud":

> o que encontramos de novo na história primordial do monoteísmo, em relação ao cenário totêmico da origem, senão a própria repetição, que é um fato absolutamente novo e singular que, em definitivo, muda tudo? A história de Moisés, como narrada por Freud, ao contrário do que o próprio Freud parece sugerir, não pode ser tomada como uma simples aplicação (uma extensão) do esquema descrito em *Totem e tabu*, ainda que ela mantenha de fato uma relação muito estreita com esse esquema. Ela apresenta o caso de figura única da repetição efetiva do esquema, que o faz mudar completamente de natureza e de significação.[2]

O que se repete no *Moisés* – que estava impensável no contexto de *Totem e tabu* –, é o assassinato em si, sendo que o primeiro resulta no recalcamento originário e o segundo na *Verleugnung* como falsificação originária ou origem por falsificação. Jocelyn Benoist articula, conjuntamente, a continuidade e a descontinuidade do *Moisés* com *Totem e tabu*:

> Retomando juntos *Totem e tabu* e *O homem Moisés e o monoteísmo*, como exorta Freud, obtemos o cenário seguinte: após o assassinato do pai da horda primitiva, os irmãos tiveram que assumir esse gesto e viver com a culpabilidade a ele relacionada. Eles a codificaram simbolicamente para dar conta dessa lembrança e, simultaneamente, sobretudo para que nunca mais ela se repita realmente, eles buscaram substitutos e deslocamentos necessários. A hipótese dessa simbolização fornece um princípio de explicação global da

---

2 > Jocelyn Benoist, "Retour sur 'la vérité historique' selon Freud", *Recherches en psychanalyse*, v. 23, n. 1, 2017, p. 51, tradução nossa.

neurose religiosa. Entretanto, circunstâncias históricas bem específicas – a dificuldade de um povo em aceitar a tirania de um pai ostensivamente simbólico levou a essa configuração incrível, essa mesma que o dispositivo religioso tinha a vocação de impedir: alguns recomeçaram. Eles mataram o pai novamente: eles o mataram realmente dessa vez, e não simbolicamente como a religião nos convida a fazer. Como carregar o peso desse erro: a recidiva, por definição sem desculpa, ofensa frontal à religião no seu sentido originário? [...] [O monoteísmo] se torna para sempre o impossível manejo de uma repetição que nunca deveria ter acontecido.³

O compromisso proposto pelo mito possibilitava uma cicatrização da ferida aberta pela passagem ao ato de matar (você matou o pai, mas você pode honrá-lo com seus irmãos comemorando esse ato e mudando assim seu estatuto simbólico, a comemoração tornando-se a metáfora do ato). Estaríamos agora no contexto do que Freud denomina "verdade histórica", uma verdade que constrange o curso da história sem se deixar enunciar. Pois o segundo assassinato, a passagem ao ato cujo monoteísmo é a consequência histórica, carrega em si o peso de um real originário constituído pelo fato de que ela saltou os diques de uma primeira simbolização (a simbolização instanciada pelo mito) e que tem a fixidez de uma letra, que somente pode ser preservada, transmitida e repetida na sombra do intratável.

A referência à estrutura psicopatológica se modifica com isso: da neurose cujo mito delineou a pré-história, passamos aqui para o campo da psicose onde a palavra é fixada, fixa-se na letra, que indexa o ato, mas não o significa, porque ele é a própria morada do real. E Freud enfatiza a convivência do monoteísmo com o delírio, com o próprio "delírio psiquiátrico", não no sentido no qual seria delirante acreditar num Deus único, porém antes no sentido de que não existe religião de um Deus único que não implique a transmissão sem comunicação, fora da narrativa, do que não deveria ter acontecido e não pode, portanto, ser falado – de um impossível no sentido do simbólico. Entendemos que Freud poderia ter ficado particularmente preocupado com a recepção deste seu trabalho, além dos limites do concebível e, então, do admissível – o que aproxima esse texto, que está de fato a ele vinculado, daquele sobre a pulsão da morte, também não admissível pela comunidade psicanalítica, como se sabe.

A "verdade histórica", tal como é trazida por Freud nesse último texto, é assim uma verdade do delírio, no sentido preciso de que não é do ponto de vista dos fatos que ela tem valor. Temos, então, que distingui-la do que seria uma "verdade material". Na "verdade histórica", é o próprio real que se faz ouvir, o real do que nos aconteceu, verdade tomada da história na medida em que existe realmente um efeito. Ao fazê-lo, Freud reconhece uma

---

3 > Ibid., pp. 51-52, tradução nossa.

dimensão visionária da psicose, da qual a neurose é totalmente desprovida, na medida em que dá acesso precisamente ao que é intratável com os recursos do simbólico. Esse ponto, Freud já havia sustentado em "Construções em análise": a loucura, ele disse ali, "contém um pedaço da verdade histórica".

A repetição, tal como colocada em jogo nesse delírio que é a religião monoteísta (no sentido de que a religião se baseia em uma verdade histórica), porta nela uma outra versão da repetição distinta daquela produzida pelo retorno do recalcado. Ela contém mesmo algo que, até então, não podia ser dito, mas sob uma modalidade bem particular que é aquela do delírio, ou seja, sob o constrangimento do real, o que *faz dizer* sem que um sujeito possa reconhecer-se, ele próprio, como o autor desse dizer.

No monoteísmo, fala-se de um real congelado ou fixo (a repetição insignificável do assassinato), que não tem outra expressão possível senão ser precisamente o que não muda, o que resta uma letra, e não um significante metaforizável, substituível. Esse real constitui, enquanto tal, uma potência de interpelação à qual é extremamente difícil não se submeter, mas com a qual não é possível *saber* o que fazer: é nisso que ele é subjetivamente constrangedor. Nesse contexto, a "verdade histórica" pode aparecer como uma verdade desconhecida e que, no entanto, fala através de uma boca que, então, não é essa da verdade, mas aquela do real: é o que Freud evidencia como especificamente traumático através essa "verdade histórica" – há a verdade, que não tem realmente a ver com o verdadeiro, mas sim com o real. E é, de repente, o próprio estatuto da verdade que será afetado: "[a verdade histórica] exprime simplesmente a persistência em certas estruturas do pensamento e do discurso, do peso de uma certa realidade – da qual esses pensamentos e discursos não nos dão conhecimento –, mas que está bem presente através deles e exerce um poder de coerção sobre eles."[4] Se nós não podemos nos lembrar daquilo que não vivemos, no entanto, falamos disso em termos do que Freud denomina uma "tradição sem comunicação", possibilitando essa coisa estranha que é o traço em nós daquilo que os outros vivenciaram.

Ora, esses traços precisam de um corpo para existir. E não pode ser qualquer corpo – há dois corpos em jogo aqui, o corpo do recalque e o corpo do desmentido, não sendo os dois opostos nem exclusivos um em relação ao outro, mas articulados entre si a partir de duas versões do pai: o pai *da* lei, o pai que engendra o simbólico, aquele de *Totem e tabu*; e o pai que *é* a lei, o pai real, que está em jogo em *Moisés* e que pode ser apreendido a partir da *Verleugnung* (o desmentido). Se conectamos o primeiro Freud, o de *Esboço de uma psicanálise*, ao último Freud, aquele de *Moisés*, podemos conceber a *Verleugnung* como um mecanismo de defesa que age imediatamente sobre os signos da percepção que vão

---

4 > Ibid., p. 43.

ser registrados pelo inconsciente e que não operam sobre o conteúdo das representações a censurar, mas sobre a própria letra.

A *Verleugnung* opera sobre o real dos traços do acontecimento para falsificá-los pelo processo da *Enstellung*, que deforma e desloca. O acontecimento não é forcluído, ele não se tornou nulo e sem efeitos, pois ele é reconhecido na própria recusa de seus traços, mas seu estatuto é modificado – no entanto, essa modificação também poderá ser objeto de recalcamento. O que me parece muito interessante aqui é o fato de que o recalcamento e o desmentido podem colaborar – o que não é o caso da forclusão que não autoriza o acontecimento a se constituir em lembrança, mesmo falsificada. Se voltarmos a partir desse ponto na mudança de paradigma evocada acima, da neurose à psicose, podemos separar a psicose, ou melhor, o delírio, da sua ancoragem forclusiva para fazer com que os efeitos existam de forma mais ampla na cultura. O que tornaria possível pensar as configurações históricas nas quais foi possível matar, e em grande escala, sendo que os mortos não morrem, pois eles permanecem como uma assombração no presente.

colonialidade e *"vergonhologia"*

No seu livro sobre o trauma colonial e suas consequências a longo prazo na história argelina, Karima Lazali identifica efeitos subjetivos usando o termo árabe *hogra*, que designa, ao mesmo tempo, a ofensa, a humilhação e a vergonha, operando justamente pelo apagamento de uma escrita anterior. "A verdadeira *hogra* reside nessa desfiliação que abateu, durante a colonização, os nomes, os idiomas e as genealogias: é nisso que sua eficácia teve seu auge".[5] Em vários trechos de seu livro, a autora remete à palavra *hogra*. Ela nunca usa o termo de maneira direta, mas é em torno dele que se desenvolve a possível qualificação "colonial" do trauma. Isso significa que o que está em jogo não é somente a redução do sujeito a seu estatuto de objeto pelo fato da perda de suas marcas de identificação e de seus suportes narcísicos, perda produzida pelo encontro no real de um ponto de contestação do lugar ocupado no sistema simbólico de referência. O que acontece no trauma que podemos denominar "colonial", é que ele não pode simplesmente ser vinculado a um acontecimento, nem mesmo a uma sucessão de eventos, também violentos, mas ao que poderia ser considerado mais como a tentativa de produzir uma mutação antropológica, quer dizer uma modificação da estrutura dos laços sociais e, consequentemente, dos lugares, papéis e funções dos indivíduos no contexto desses laços sociais pelo apagamento do sistema vigente antes da anexação colonial.

---

5 > Karima Lazali, *Le trauma colonial: une enquête sur les effets psychiques et politiques contemporains de l'oppression coloniale en Algérie*. Paris; La Découverte, 2018, pp. 116-117.

Uma tal mutação tem por vocação se inscrever no tempo, produzindo uma temporalidade ilimitada (até mesmo abolindo o tempo, o que talvez possa ser um dos efeitos traumáticos mais poderosos). Em relação a essa projeção em um tempo longo, muito longo, que implicou a colonização da Argélia, poderíamos quase dizer que a perda desse território em 1962 constitui um contratraumatismo, o avesso do trauma colonial por assim dizer, pelo fato de que essa mutação produzida pela/na colonialidade colocou em evidência que ela era insustentável. Encontraremos um índice desse contratraumatismo no erro de apreciação do governo francês durante as negociações prévias aos acordos de paz de Evian que anunciavam a independência, que ainda estava em curso. Nesse momento, se pensava que um grande número de europeus ficaria na Argélia após a independência porque eles tinham construído uma vida ali. E, de repente, não estávamos preparados para reintegrar na sociedade francesa quase todos os "franceses da Argélia", esses "pieds noirs".[6]

Para eles poderem ficar e projetar uma vida habitável para si na Argélia independente, a independência não poderia se tornar a significação da evidência de um fracasso da mutação produzida pela colonialidade. No contexto deste fracasso patente, ao qual, de outro modo, os "franceses da Argélia" não poderiam esperar senão várias formas de vingança – que talvez não teriam acontecido forçadamente em grande escala. Mas esse imaginário se impunha necessariamente a eles nas condições resultantes de uma guerra de independência que teve que ser feita para se liberar da mentira colonial que pesava sobre todo o mundo, mas certamente não da mesma maneira...

Podemos abordar as operações na base dessa mutação antropológica atacando o nome próprio, na qual se marca uma modificação simbólica cujos efeitos são reais, portanto intratáveis como tais, exceto, talvez, com a reinscrição desses traços num sistema simbólico justamente reconstruído em torno disso – podemos considerar que a eficácia do Front de Libération Nationale (FLN – Fronte de Liberação Nacional) em produzir a independência se deu pelo fato de ter articulado uma nova sociabilidade em torno do discurso anticolonial e por ter podido assim sustentar a forte proposta feita aos colonizados no sentido de tornarem-se argelinos. A violação dos nomes próprios não é, portanto, somente uma questão entre outras, nem somente uma questão porque Freud diz que o nome próprio faz parte da alma de um indivíduo, mas porque é um nó no qual se entrecruzam os fios que constituem a colonialidade na Argélia.

O desafio dessa destruição atinge diretamente a implementação da governamentalidade colonial – isso significa o controle das populações: o sistema de nominação tribal patrilinear que prevalecia até os anos 1880 associava um nome de pai a um lugar ou a uma terra. Além

---

6 > *"Pieds noirs"* significa literalmente pés negros e foi o apelido dado aos franceses argelinos desse período da colonização francesa na Argélia [N. T.].

disso, esse sistema de nomeação tribal tornava difícil a identificação individual pela administração colonial. Ele era também associado a uma propriedade coletiva da terra, que tornava mais complicada a apropriação das terras pelos franceses através da desapropriação de seus proprietários tradicionais. Essa administração produziu assim o que Karima Lazali chama de "anominação colonial dos corpos e das terras" procedendo à renomeação forçada dos nativos segundo regras em completa ruptura com as regras tradicionais.

Ela dá o exemplo do novo esquadrinhamento territorial inventado pela administração: todos moradores da vila 1 terão um nome iniciando com a letra A, os da vila 2 terão um nome iniciando com B, etc. Trata-se sempre de vincular um nome a um lugar, mas seguindo uma regra que os(as) interessados(as) não podem reconhecer, nem se apropriar a posteriori. Além do mais, a regra não foi generalizada, nem harmonizada em todo território ocupado: para alguns nativos, foi a função que eles ocupavam que se transformou em nome – podiam chamar-se Caïd, Kadi, Bencaid, etc. Mas podia-se receber um nome que, realmente, era um insulto, carregando o sentido mais terrível da "hogra": Khra (merda), Boutrima (bunda pequena), Khamedj (podre), Raselkelb (cabeça de cão), Bahloul (imbecil).

É assim que podemos ver como opera o que eu chamei de tentativa de produzir uma mutação antropológica: o sistema de aliança e de filiação fica abalado com essa renomeação, impedindo que as pessoas se reconheçam, constituindo assim mais uma anominação e criando uma "massa 'nativa' constituída ao longo das décadas, a partir do desmantelamento da estrutura simbólica compartilhada por todos, pela evacuação da história passada e pela desvalorização das línguas existentes impostas pelo colonizador".[7] Mas a constituição dessa massa de nativos é acompanhada de uma outra consequência, conjunta e contraditória simultaneamente, que é a individualização dos nativos decorrente da destruição das alianças tribais. Cada um(a) se torna, assim, repentinamente, suscetível de ser interpelado(a) como indivíduo através desse nome atribuído artificialmente pelo Outro colonial, e então isolado no contexto da massa – eu penso aqui, novamente, no estranho conceito freudiano de "massa para um" (*Masse zu eins*), sobre o qual Balibar se debruçou no seu texto a respeito do Superego, e que constitui o reverso do isolamento e da solidão que acompanham a edificação do ideal do Eu comum e da consequente constituição da massa que se deduz em Psychologie des foules et analyse du moi (Psicologia das massas e análise do Eu).

Ora, se a "massa para um" pode ser concebida como a redução do sujeito sendo somente o objeto do gozo do Outro, revelando assim aquilo que de sua inclusão na massa parecia poder protegê-lo, o que se designa então por isso é a possibilidade de se experimentar como absolutamente identificado ao um objeto resto e despossuído então da sua dignidade

---

7 > Ibid., p. 65.

de sujeito desejando. O afeto ligado a essa degradação é a vergonha. A ideia freudiana da "massa para um", indicando a solidão e o isolamento criado pelo destacamento, mesmo momentâneo, de um indivíduo em relação ao seu grupo de referência, pode explicar-se pela proposição lacaniana de 1970[8] em considerar a ontologia como uma "vergonhologia".[9]

Esse trocadilho indica que não existe ser suposto sem vergonha, essa vergonha da "relação ao gozo que atinge o mais íntimo do sujeito", essa vergonha que marca a apreensão de si mesmo como objeto do gozo do Outro, a partir da qual se adquire paradoxalmente o estatuto de sujeito (do inconsciente). As estratégias que implementaremos para nos descolar do gozo do Outro nos qualificam não somente como sujeito, mas, de maneira mais precisa, como sujeito do inconsciente, ou mais precisamente, como sujeito ao inconsciente, como sujeito cujo desejo advém sob condição deste gozo e da separação que se poderá produzir com ele. No entanto, a maneira como se é levado a se apreender como objeto do gozo do Outro, na vergonha, não é indiferente: acontece quando o significante, que atribuía ao ser sua honra nomeando-o, cai, perde sua função simbólica e se desvanece no real. É nesse momento que aparece a vergonha da existência.

A respeito disso, será que não poderíamos pensar que a colonialidade, como aconteceu na Argélia, nessa tentativa de produzir uma assimilação pela renomeação que funciona como uma "anominação", criou um "superaquecimento vergonhológico", um excedente de vergonha intratável que seria a especificidade desse "trauma colonial"? A escolha arbitrária desses novos nomes insultantes somente pode funcionar como julgamento do Outro, com valor de veredito, no sentido de uma matança, porque não havia possibilidade de nela validar o conteúdo significante. Tanto é que não pode constituir uma cadeia significante suscetível de ser reinterrogada, mas resta somente como um significante vazio, isolado e isolante, funcionando de fato como signo do que se é realmente enquanto colonizado: nada. Se, aos olhos de Lacan, a ontologia [ontologie] existe somente como uma "vergonhologia" [hontologie], e se cada um(a) se encontra também necessariamente, enquanto sujeito do inconsciente, como objeto do gozo do Outro, resta levarmos em conta os efeitos subjetivos e políticos criados à longo prazo pela produção *vergonhológica* de todo um povo no contexto colonial. A conjuntura atual, onde uma mudança nas linhas de estruturação das relações franco-argelinas está acontecendo, na base de muitas comemorações e discursos oficiais, nos convida a seguir essa orientação.

---

8 > Jacques Lacan, *Le Séminaire, Livre XVII, L'envers de la psychanalyse* (1969-1970). Paris: Seuil, 1991, p. 209.

9 > Lacan se vale da homofonia entre ontologia (*ontologie*) e o neologismo *vergonhologia* que inventa, acrescentando o h ao termo francês *ontologie*, criando a palavra **hontologie**. Assim, em francês, porque *honte* = vergonha, podemos cunhar a tradução como vergonhologia (N. T.).

dimensões políticas da "verdade histórica"

Numa coletânea de textos sobre a guerra da Argélia,[10] Jean-François Lyotard, mais conhecido por seus trabalhos sobre a pós-modernidade, atribui o nome de Argélia ao que ele vivenciou nesse lugar quando ensinava filosofia no colégio em Constantine entre 1950 e 1952, "esse intratável", que o deixou surpreso naquele momento e que ainda existe, na opinião dele: a imensidão de um erro. "Um povo inteiro, altamente civilizado, ofendido, humilhado, *interditado a si mesmo*"[11] e privado de um léxico no qual poderiam se enunciar os termos do erro. Na longa introdução que Mohamed Ramdani dedicou a essa obra, o erro é assim definido como a própria anexação da Argélia, e "esse erro é dito absoluto pois ele teve por fim destruir a identidade e a cultura de um povo, substituir a língua do colonizado pela do colonizador e expulsar, segundo a fórmula de Albert Memmi, o colonizado 'fora da história e fora da cidade'. [...] O que foi visado foi a perda total do nativo, seu desenraizamento integral".[12]

Essa privação jamais foi tão flagrante, precisamente, quanto nas comemorações que deveriam remediá-la.

> A guerra da Argélia acabou logo se tornando o nome de um esquecimento persistente que proliferou na sombra de santas litanias que acreditávamos dever ser proferidas por ocasião das comemorações, cujos lugares comuns brigam com a inconsistência. Mas havia pior: a deformação, a falsificação e a desnaturação tomaram conta dos acontecimentos, dos homens e das épocas e acabaram tornando a tarefa da anamnese ainda mais problemática.[13]

É preciso, portanto, percorrer outros caminhos para ir ao seu encontro, caminhos abertos pela "verdade histórica" freudiana, e para a qual Lyotard oferece uma fecunda reinterpretação, esboçando aí seu valor político. Para compreendê-lo, é necessário situar, da maneira o mais precisa possível, o que é o intratável. Lyotard debruçou-se sobre o termo em sua nota de introdução na reedição dos seus artigos argelinos.

> Um sistema pode estar tão saturado quanto se quiser com informações, memória, mecanismos de antecipação e de defesa, e até mesmo permissividade em relação aos acontecimentos. A ideia que guiava '*Socialisme ou barbarie*' (Socialismo ou barbárie) era, no fundo, embora se dissesse em outros termos, que existe algo nele a que ele não pode

---

10 > François Lyotard, *La guerre des Algériens, Ecrits 1956-1963*. Paris: Galilée, 1989.
11 > Ibid., p. 38.
12 > Ibid., p. 10.
13 > Ibid., p. 9.

tratar, a princípio. Algo que é essencial, em sua natureza de sistema, ignorar. E que se a história, moderna notadamente, não é somente a fábula de um desenvolvimento, o resultado de um processo automático de seleção por tentativas e erros, é porque 'o intratável' é extraído e fica escondido no lugar mais secreto de tudo o que se organiza em sistema, e que não deixa de constituir aí um acontecimento.[14]

O que o filósofo diz aqui não pode deixar de mencionar, para nós, a saída da primazia do simbólico, apresentada por Lacan no início dos anos 1960 com a elaboração do objeto *a*, de início associado a sua teoria da angústia – objeto causa do desejo enquanto suporte real da fantasia que descompleta o simbólico. Na verdade, um sistema significante sem totalização possível, mas o próprio Lyotard refere-se mais explicitamente à psicanálise e mesmo à prática psicanalítica.

Evocando o grupo *"Socialisme ou Barbarie"* (Socialismo ou Barbárie), que procurava, no rescaldo da segunda guerra mundial, situar o intratável como o próprio lugar do político, Lyotard indica que não se pode cuidar do intratável sem a psicanálise.

> Como existe uma ética da psicanálise, o grupo respeitava a ética da anamnese política. [...]. Foi a agitação de um tratamento interminável, onde se jogava o passado da tradição revolucionária, porém no tormento cotidiano da vida moderna [...], mas esse trabalho não seria nada se não estivesse guiado pela livre escuta, a escuta flutuante, das vivas lutas contemporâneas, nas quais o intratável continua a fazer signo. O 'trabalho' não faltava, como ele não falta ao paciente em análise.[15]

A questão que se coloca, então, Lyotard, a partir do lugar de analisante que ele reivindica, é aquela de saber como se manter fiel ao intratável em um contexto, o contexto que é o nosso e que herda o intratável colonial, no qual o político cessa de ser um lugar privilegiado de onde o intratável faz signo. Isso significa: em um contexto que ele mesmo nomeia de despolitização (e que cruza com o que ele qualificou em outro lugar de "pós-modernidade"), do qual os discursos e comemorações oficiais fornecem uma versão atualizada. Elas não podem, em hipótese alguma, ser consideradas como acontecimentos políticos, pois elas jogam justamente a memória contra a política no sentido em que elas não têm outras funções que as de fazer esquecer o erro, de descartar toda consideração possível do intratável como tal, para almejar uma hipotética "reconciliação das memórias", bem pouco provável de acontecer porque as memórias foram, justamente, desativadas.

Ora, o que Lyotard nos convida a levar em conta é que "certamente há algo de intratável que persiste no sistema atual, mas não saberíamos localizar e sustentar as expressões e os

---

14 > Ibid., p. 35.
15 > Ibid., p. 35.

signos nas mesmas regiões da comunidade e com os mesmos recursos que existiam há meio século atrás".[16] A tarefa que persiste, e que nos incumbe, é, então, a de elaborar uma concepção e uma prática do intratável, bem diferente dessa que inspirava a modernidade chamada de "clássica", ou seja, aquela que foi estruturada pelo pensamento político oriundo do iluminismo. Como simultaneamente pensar e suportar carregar o irredutível desentendimento, como levar em conta o intratável pelo que ele é, intratável, portanto, mas não ignorável se ele é, de fato, a expressão do político para cada um(a) de nós?

O interesse estratégico em não situar o conceito de "verdade histórica" nas prateleiras das curiosidades freudianas um pouco antiquadas decorre, portanto, do fato de que ele tenta identificar o que Lacan foi levado a pensar depois, por outros caminhos, como sendo a categoria do Real – esse impossível, esse intratável, que escapa da teia significante, mas sempre sem deixar de trabalhar desde o exterior. A afinidade das duas abordagens, que as reflexões prévias procuraram trazer à tona, não implica reduzir sempre o último entendimento freudiano sob o poder da conceitualidade estrutural lacaniana, pois perderíamos o vínculo com a história, a possibilidade de fazer da história o lugar de expressão dessa verdade como intratável e que é paradoxalmente a condição de uma repolitização possível. A colonialidade e suas extensões pós-coloniais poderiam assim encontrar possibilidades de análises críticas cuja exploração somente acabou de começar...

---

16 > Ibid., p. 38.

> rahmat, fuad <.> por que psicanalistas precisam de magia: interpretando "a ciência e a verdade", de jacques lacan, por uma constituição global do sujeito científico <.> tradução • lima, rodrigo <

Este artigo faz uma leitura do texto "A ciência e a verdade", de Lacan, de forma a considerar a possibilidade de constituição global do sujeito científico. É significativo notar a curiosa posição do "outro" não-ocidental – ao qual o texto se refere como o selvagem, o primitivo, ou como o mago, a depender do trecho – na retificação de Lacan do estruturalismo de Lévi-Strauss. Demonstro como Lacan aposta na noção de verdade como causa enquanto resposta ao fato de que o formalismo de Lévi-Strauss não daria conta de explicar a produtividade revolucionária da ciência moderna, o que torna a diferença entre ciência e não-ciência crucial para qualquer que seja a medida a partir da qual se busque entender o sujeito da ciência e sua regeneração. Assim, a retificação de Lacan a respeito da dependência da antropologia lévi-straussiana do outro não-moderno é imbuída de uma implicação social: ao compreender a ciência moderna como uma força mundial até então sem precedentes, Lacan aponta que a diferença entre ciência e não-ciência e a questão de como a psicanálise deve se posicionar no interior dessa diferença devem também ser pensadas em termos geográficos e culturais.

Interpretado sob essa luz, "A ciência e a verdade" também sugere que a missão do psicanalista no mundo moderno é internacional. Na medida em que a psicanálise trabalha para revelar o núcleo material do formalismo científico, o psicanalista não pode proceder sem estar atento ao sujeito da ciência – o sujeito que a clínica endereça – e à forma como ele é sustentado pela via da dinâmica de descoberta da ciência moderna, que por sua vez tem como premissa a ruptura com o não-científico. Fica claro que o que interessa Lacan não é a ciência por si própria, mas a trajetória evolutiva que a separa das ciências que a precederam, assim com sua rápida expansão global, um dos seus traços distintivos. A verdade como causa da magia e da religião deve ser capaz de explicar essa diferença entre a ciência e a crítica psicanalítica da ciência.

O aspecto global aqui discutido deve ser entendido não por razões multiculturais, mas sim com o intuito de refinar nosso entendimento acerca da composição e da relevância do sujeito científico. Ele nos permite responder a uma pergunta básica: como pode o sujeito cartesiano – que rejeita o conhecimento imediato pela clareza da certeza – ser importante para nós, se ele já não nos é, de alguma forma, familiar à nossa experiência? Como pode nos ser possível conceber essa familiaridade fora de um contexto mais amplo no qual a dúvida – a recusa do conhecimento imediato – já esteja em movimento, não apenas normalizando, mas constituindo todo nosso horizonte epistêmico? Como seria possível então explicarmos esse movimento sem um apelo à história, no sentido de que nossa experiência do tempo é também determinada pela atitude científica e suas infraestruturas? E como podemos então dar conta da natureza eventual dessa experiência histórica sem, entretanto, cairmos em uma posição não-científica e não-cartesiana? A essa altura não podemos entender a historicidade do sujeito da ciência, a maneira como se dá a ruptura da ciência com a não-ciência nem, consequentemente, a saliência no interior do movimento cartesiano da verdade contra o conhecimento sem recorrermos a um contexto internacional.

Esse interesse primariamente histórico-internacional, entretanto, não significa que não existam implicações culturais. Ele pretende justamente substituir o interesse ocidental. A apreensão da constituição global do sujeito cartesiano deveria afastar a crítica de longa data de que a psicanálise "acontece primeiro" no Ocidente para depois ser exportada para o "resto do mundo", crítica essa que é presumida por psicanalistas informados pelas teorias anticoloniais[1] e marxistas[2] quando consideram a relação da psicanálise com a globalização. Psicanalistas deveriam se interessar apenas pelo sujeito da ciência, e não por toda a humanidade. Se esse sujeito emerge lá onde haveria um clarão de saber disponível que possa colocar a dúvida em movimento, devemos então estar atentos aos antagonismos relativos ao fato de o saber ocupar um tempo e um lugar determinados, o que não pode ser pensado sem a diferença. É a materialidade na regeneração do formalismo científico que deveria nos preocupar, e ela pode guiar nosso entendimento do globalismo psicanalítico sem a necessidade de determinar o início da psicanálise no interior de uma sequência que "começa" no

---

1 > Ranjana Khanna, Dark Continents: Psychoanalysis and Colonialism. Durham: Duke University Press, 2003.

2 > Ilan Kapoor, *Psychoanalysis and the Global*. Lincoln: University of Nebraska Press, 2018; Ian Parker e David Pavón-Cuéllar, Psychoanalysis & Revolution: Critical Psychology for Liberation Movements. Reino Unido: 1968 Press, 2021.

ocidente, ou mesmo que comece em qualquer outro lugar, tendo em vista as ideologias que tal ideia de "começo" exige de seus apoiadores.

Meu argumento implica demonstrar como a noção histórica do sujeito científico em Lacan é desenvolvida através de um engajamento com a natureza global da estrutura de Lévi-Strauss. Explicitar a importância histórico-global desse engajamento, no entanto, requer que seja demonstrado como a noção lacaniana de verdade como causa pretende explicar a constituição da foraclusão e qual seria a resposta psicanalítica a isso. A verdade como causa não deve ser tomada estaticamente como definição de magia, religião e ciência, mas sim como um processo que elucide como o sujeito da ciência emerge apenas onde há uma ruptura epistêmica que permita sua operação. Essa ideia nos permite revisitar a teoria lacaniana da história em "A ciência e a verdade", na qual a noção de uma história colocada em marcha através do emprego linguístico diferencial da causalidade é preferida em detrimento de uma noção atrelada às origens e suas decorrentes complicações metafísicas. A historização da cientificidade da psicanálise a partir da antropologia lévi-straussiana nos permite traçar uma distinção. A cultura psicanalítica – a clínica, sua influência na cultura popular e nos círculos acadêmicos, o *status* de celebridade de Lacan – assim como as ideologias que os autorizam são ocidentais. Entretanto, a teoria psicanalítica enquanto um corpo de conhecimento não o é. Esse é especialmente o caso quando consideramos como o *status* científico da psicanálise sempre se apoiou sobre sua diferença em relação a outras civilizações. Minha conclusão deve incidir sobre a questão de como esse ponto supera os impasses políticos causados pela cumplicidade freudiana com a história colonial.

absolutismo científico

Um ponto-chave que subjaz "A ciência e a verdade" é a "Ilusão arcaica", termo lévi-straussiano que se refere à perspectiva quintessencialmente moderna a partir da qual o conhecimento é organizado em torno da projeção de um passado primitivo que permita afirmar uma maturidade fantasiada do presente.[3] A antropologia da época de Lacan reproduz essa hierarquia em termos culturais, enquanto a psicologia a internaliza a partir do esquema desenvolvimentista. Apesar de não mencionado no texto, Lacan tem como pano de fundo *Totem e tabu* e o argumento que deu início a todo o problema em psicanálise. Nele, Freud associa a magia, a religião e a ciência nos moldes de uma hierarquia, não apenas para categorizar uma evolução da psique ao longo da evolução da civilização, mas também para justificar como o homem moderno, em seu suposto estado desenvolvido, permite que se

---

3 > Jacques Lacan, "A ciência e a verdade", in: *Escritos*. Rio de Janeiro: Jorge Zahar, 1998 [1965-66], pp. 869-892.

vislumbre a mente do homem primitivo. Lacan identifica essa mesma atitude na "psicologização" que o empreendimento psicanalítico pressupõe em sua visão de homem, na qual um estado fantasiado de maturidade adulta é projetado contra as tentações ostensivamente incontroláveis dos impulsos infantis.[4]

Lacan enxerga a ilusão arcaica como efeito de um problema maior que ele chama de "absolutismo" da ciência moderna. Ele não define o termo, mas seu texto explora ao menos duas de suas mais importantes características. A ciência moderna é absolutista, em primeiro lugar, na medida em que ela se tornou o modo mais dominante de produção de conhecimento. Isso é caracterizado não apenas por uma "radical mudança de estilo no tempo de seu progresso",[5] mas também no seu controle impregnante de nosso ser e de nosso pensar: "pela forma galopante de sua imissão em nosso mundo, pelas reações em cadeia que caracterizam o que podemos chamar de expansões de sua energética".[6] O segundo sentido do absolutismo reside em sua trajetória abstratizante. Central para a experiência moderna da ciência é a matematização das coisas, ao passo que as qualidades sensoriais dos objetos são reduzidas a teoremas essenciais e números. Nesse sentido, essa operação redutiva, tão crucial à ciência moderna, também opera como uma espécie de "esvaziamento" para que se bifurque o mundo dos objetos entre o concreto e o abstrato. Mais do que isso, tal fator indica também o ideal de conhecimento puro e exato que marca o caráter distinto da ciência moderna. Não é difícil ver como isso se processa na linha evolutiva do progresso humano, considerando a noção idealizada de ciência que ele deve assumir.

Esse ideal de um conhecimento puro e exato é sustentado através do sujeito da ciência, cujo correlato é o *cogito* cartesiano. Esse é o sujeito cuja busca contínua da certeza situa a fala na divisão entre o saber e a verdade. A recusa dessa divisão explica o ideal do conhecimento puro, que subjaz o formalismo da ciência, uma vez que o *cogito* se encerra na fenda entre o que é imediatamente disponível aos sentidos, de um lado, e a necessidade última de certeza, de outro. É aí onde o pensamento se torna o ser, uma vez que a indeterminação do "penso" encontra resolução no "sou", onde a consciência de si se torna a base do conhecimento. Assim, quando Lacan afirma a respeito da ciência que "da verdade como causa, ela não quer-saber-nada",[7] ele se refere ao modo como a produtividade revolucionária da ciência moderna ocorre através de uma subjetividade definida quintessencialmente a partir da recusa da falta que se coloca em marcha a partir de sua operação.[8]

---

4 > Ibid., p. 874.
5 > Ibid., p. 869.
6 > Ibid., pp. 869-870.
7 > Ibid., p. 889.
8 > Ibid.

Lacan responde à natureza histórica da expansão da ciência – sua dominância futura e o arcaísmo fantasiado do saber passado – com uma perspectiva alternativa da história: "na psicanálise, a história é uma dimensão diferente da do desenvolvimento".[9] Ele especifica ao dizer que "a história só se desenrola como um contratempo do desenvolvimento".[10] Notemos que Lacan não está apenas afirmando um compromisso com o pensamento histórico. Ele também clama por um pensamento histórico com um propósito. Há um "ponto do qual a história como ciência talvez deva tirar proveito, se quiser escapar à dominação sempre presente de uma concepção providencial de seu curso".[11] A história deve ser pensada, mas sem que se reproduza a hegemonia do absolutismo científico que o psicanalista encontra na perspectiva linear do "homem" que é prevalente em sua profissão.

foraclusão como esquecimento

Mas por qual razão a história se apresentaria como solução para o problema da perspectiva desenvolvimentista do homem? Por que não seria a solução recusar a história de uma vez por todas? Para Lacan, a resposta a essas perguntas tem a ver com o esquecimento que coloca a ciência em marcha. A ciência moderna pode se expandir pelo fato de negligenciar a passagem de sua própria constituição: "a ciência, se a examinarmos de perto, não tem memória".[12] Tal fato é marcado pela estrutura distinta de produção que é sustentada através da rejeição cartesiana da verdade, estrutura que Lacan chamará de foraclusão. O esquecimento na foraclusão ocorre pela contínua regeneração de nova informação, suplantando e contrariando o conhecimento estabelecido. A radicalidade da ciência moderna é de tal natureza que o "novo" saber que suplanta o antigo não resulta em um sistema ou em uma visão de mundo alternativos, mas sim em um esvaziamento exigido para que o processo científico se regenere. A ciência moderna não pode se expandir – não pode manifestar sua trajetória revolucionária – sem recusar o que se sabia antes. Esse esquecimento é precisamente a razão pela qual Lacan identifica a diferença enquanto a característica essencial das rupturas que configuram o progresso científico:

> ciência, a ser tomada no sentido absoluto no instante indicado, sentido este que decerto não apaga o que se instituíra antes sob esse mesmo nome, porém que, em vez

---

9 > Ibid., p. 890.
10 > Ibid.
11 > Ibid.
12 > Ibid., p. 884.

de encontrar nisso seu arcaísmo, extrai dali seu próprio fio, de uma maneira que melhor mostra sua diferença de qualquer outro.[13]

A descrição de Lacan a respeito da ciência enquanto uma "peripécia"[14] é relevante, uma vez que ela nos mostra como a recusa da falta é contida, como em um circuito fechado, para que se estabilize o sujeito no curso da ciência. Tal circuito fechado é o que habilita a dinâmica de presença e ausência, de investigação e descoberta, que regenera o ideal das rupturas científicas no conhecimento e com ela o prazer na busca de novo conhecimento, conquanto efêmero, ilusório e/ou promissório esse prazer pode ser. Deste modo, somos levados a um giro completo, uma vez que a produtividade garantida pelo circuito fechado da foraclusão explica como o sujeito científico pode permanecer suturado. Ele é vedado de sua própria divisão e colocado, assim, em busca do impossível. Dessa forma, para Lacan, o sujeito da ciência apresenta a disposição característica de uma "paranoia bem-sucedida"[15] que "apareceria igualmente como o encerramento da ciência".[16] Mais urgentemente, esse sujeito está também em proliferação. Lacan diz da "constante manifestação"[17] do sujeito dividido, e também de uma certa prevalência do sofrimento subjetivo ao qual a psicanálise deve prontamente responder. Efetivamente, mesmo que de maneira intensificadora e cada vez mais dominante, Lacan está também descrevendo um processo: está em curso uma "modificação em nossa posição de sujeito" e "a ciência a reforça cada vez mais".[18]

Lacan menciona a foraclusão apenas uma vez ao longo de "A ciência e a verdade", mas o fato que ela estrutura o absolutismo científico – sustentando a reprodução da paranoia operativa do sujeito cartesiano – indica um ponto crucial. Se a ciência há de ter uma história psicanalítica, ela não terá como antecedente o pensamento primitivo, mas sim a rememoração da constituição da foraclusão. Isto é, o ponto em que a falta é recusada em nome da manutenção do vazio que alojaria a reprodução do conteúdo científico. Consequentemente, se há uma diferença sobre a qual pode-se dizer algo, ela não está entre o velho e o novo, nem entre o mesmo e o diferente. Ambos inevitavelmente colocam algo diferente para ser contrastado com o velho, que apenas reforçaria a dinâmica do circuito fechado da presença e da ausência, do nada e do algo. Assim, se há um passado sobre o qual algo possa ser dito, ele

---

13 > Ibid., p. 871.
14 > Ibid., p. 884. Parece importante ressaltar o fato de que a palavra "peripécia", do original em francês *péripéties*, foi traduzida na versão de língua inglesa de *A Ciência e a Verdade* por *circuitous path*, que poderia ser traduzido em português por algo como um "caminho tortuoso". A escolha de tradução da versão em inglês ajuda a entender as menções do autor a um "circuito fechado" no parágrafo em questão. [N.T.]
15 > Ibid., p. 889.
16 > Ibid.
17 > Ibid., p. 869.
18 > Ibid., p. 870.

não é construído em termos de mais ou de menos conhecimento, mas a partir de uma experiência diferente do significante de forma geral. Isso nos leva à forma como Lacan descreve a tarefa psicanalítica como fundamentalmente histórica, a saber, uma tarefa que exerce em alto grau "uma dimensão da verdade"[19] da qual a ciência se esquece.

a perspectiva histórica da psicanálise

A psicanálise se encontra em posição particularmente privilegiada para essa tarefa, uma vez que está tanto "dentro" quanto "fora" da história. O inconsciente freudiano foi descoberto no percurso de rupturas iniciadas pela revolução científica moderna. Ter o inconsciente como seu objeto, entretanto, a situa também do outro lado da história, na medida em que ela endereça aquilo que é indizível na ciência. Lacan enxerga essa posição singular da psicanálise como aquilo que qualifica "sua originalidade na ciência",[20] isso é, o que a faz, em certo sentido, mais científica do que a própria ciência, uma vez que ela é capaz de identificar a foraclusão como a condição da trajetória científica. A psicanálise, assim, sendo em sua essência historicamente informada, está situada no interior do fluxo de expansão da ciência. Na medida em que trabalha com a falta oclusa do ideal de clareza e exatidão, a psicanálise é essencialmente um materialismo histórico, uma abordagem histórica da compreensão das condições da expansão da ciência. A evocação de Lacan do materialismo histórico em seu texto, comparando o fazer psicanalítico com o marxismo, mesmo que de forma breve, é claramente intencional sob essa luz.

Consequentemente, o desafio relativo à manutenção da capacidade crítica da psicanálise é de permanecer científica – estando ciente de sua situação histórica – sem reproduzir seu absolutismo. Para tanto, Lacan descreve a operação específica da psicanálise em relação à ciência por meio de um contraste entre suas respectivas verdades como causa, isso é, as diferentes maneiras a partir das quais a verdade é posicionada para compensar a falta da verdade. Fazendo referência à noção de Aristóteles das quatro causas, Lacan argumenta que a ciência moderna procede com relação à verdade "sob o aspecto da causa formal",[21] pela via da produção de leis abstratas do ser. Ao proceder de tal maneira, o formalismo sutura o sujeito dividido para produzir o 'homem' da ciência e o saber que sustenta seu imaginário. Nesse contexto, a psicanálise opera com a verdade sob o aspecto "de causa material".[22] Contra a abstração, a psicanálise reinstaura a falta do significante. Nesse sentido, a psicanálise trabalha

---

19 > Ibid., p. 884.
20 > Ibid., p. 890.
21 > Ibid.
22 > Ibid.

contra a negação inerente à reprodução do saber científico. Ela não introduz uma verdade transcendente contrária à ciência, mas trabalha com a falta inerente ao significante empregado por ela. Em outras palavras, a qualidade material da psicanálise é necessariamente realizada através da, e não contra, a falta na operação científica.

Mas como essa história deve ser inserida? Lacan sublinha que é igualmente importante que o materialismo da psicanálise esteja situado na renovação do ideal científico. Indico aqui o que acredito ser o trecho mais importante em "A ciência e a verdade" para seus fins metodológicos:

> Não poderíamos, entretanto, contentar-nos em constatar que um formalismo tem maior ou menor sucesso, quando se trata, em última instância, de explicar os motivos de sua preparação, que não surgiu por milagre, mas que renova de acordo com crises muito eficazes, desde que uma certa linha reta pareceu ser tomada nela.[23]

Central para essa convocação é a natureza imanente da intervenção psicanalítica. Uma crítica puramente conceitual não seria capaz de desencadear ou de conter as armadilhas. Ela apenas sustentaria o sujeito científico em seu idealismo e em seu estado de sutura. Mais importante é endereçar o sujeito no lugar onde ele manifesta o absolutismo, a saber, onde sua expansão acontece.

estruturalismo

Essa é a preocupação que motiva Lacan a evocar Lévi-Strauss. O efeito despsicologizante do estruturalismo é fundamental. O uso de Lévi-Strauss da linguística saussuriana em busca de uma ciência universal marca um emprego crucial da redução científica ao postular uma estrutura que não corresponde ao estado mental de nenhum indivíduo. Essa versão do saber que exime a necessidade de um conhecedor – isso é, um saber que não é hospedado em nenhum ego ou sujeito, é especialmente valioso para permitir a possibilidade de uma ciência sem um "homem", sem um "penso" e sem os problemas que daí decorreriam. Por outro lado, a descoberta do estruturalismo é também sintomática de um absolutismo científico na medida em ele que desconhece seu próprio formalismo a-histórico. Lévi-Strauss formulou sua noção de estrutura para dar conta de como a ciência moderna e o mito funcionam a partir dos mesmos padrões de classificação ou da "análise combinatória" de categorias.[24] O processo de aquisição da certeza não consistia em "descobrir" a diferença, mas em rastrear

---
23 > Ibid., p. 877.
24 > Ibid., p. 876.

suas manifestações desde uma diferença formal anterior que constitui a linguagem. No lugar de uma hierarquia histórica que atravessa diferentes elementos, a estrutura serve enquanto equalizador formal que revela a diferenciação como condição para aquilo que pode ser experienciado enquanto saber.

A despsicologização do estruturalismo, ao mesmo tempo que crucial para a desumanização psicanalítica da ciência, não dá conta da especificidade histórica do sujeito da ciência. Nesse âmbito, ela apenas reproduz a atitude formalista. Lacan é claro ao afirmar que o estruturalismo, por mais prático que possa ser para os objetivos da psicanálise, é uma manifestação do absolutismo histórico da ciência.

O estruturalismo "conquista" os outros ramos das ciências humanas ao conduzir à morte do homem pela via do encontro certo e seguro com o sujeito formal da ciência.[25] Tão amplo é o alcance da influência do estruturalismo que Lacan acredita que "a oposição das ciências exatas às ciências conjeturais" – a segunda sendo o termo que Lacan utiliza para as ciências humanas – "não pode mais sustentar-se".[26] De fato, enquanto Lacan mencionaria várias outras ciências como exemplos de metalinguagens suturantes, como por exemplo a teoria dos jogos e a lógica formal, o estruturalismo se diferenciaria especificamente por finalmente desfazer qualquer credibilidade do humanismo. Que Lacan o tenha enxergado como precursor ou como sintoma do absolutismo científico, não sabemos. O que é evidente, em todo caso, é que ele percebeu o estruturalismo como marcando a mudança de paradigma através da qual a coerência do formalismo científico, e com ela o apagamento do "homem", é encontrado, se não admitido no contexto intelectual de sua época.

Consequentemente, a universalidade da ciência também é colocada em jogo. Lacan reconhece que a desconstrução do homem na ciência tem um efeito equalizador. A estrutura efetivamente desfaz a ilusão arcaica ao deixar entrever "a ponte de correspondências pela qual a operação eficaz [de classificação] é concebível".[27] Consequentemente, ao invés do progresso que atravessa diferentes civilizações, temos uma "sincronia que se simplifica" pela "reversibilidade"[28] de diferentes categorias. De fato, Lacan acredita ser importante que a antropologia estrutural enxergue o informante nativo como "perfeitamente capaz de traçar sozinho o grafo lévi-straussiano",[29] e ao fazê-lo, manifesta a lógica da classificação que a ciência ocidental também emprega.[30] Entretanto, ao não reconhecer a falta no interior de

---

25 > Ibid.
26 > Ibid., p. 877.
27 > Ibid., p. 885.
28 > Ibid., p. 876.
29 > Ibid.
30 > Lacan parece notar como a estrutura de Levi Strauss tem, em última instância, o efeito problemático de elevar conhecimentos não ocidentais. "Não obstante, é claro que esse autor valoriza muito mais a importância da classificação natural que o selvagem

sua própria operação, o estruturalismo não pode explicar a subjetividade, ou seja, as condições através das quais há, de saída, a diferença, e assim, o real que separa o sujeito da ciência e o outro. Na medida em que a estrutura pretende dar conta de uma universalidade que atravessa a diferença – considerando que sua premissa é a de que não pode haver estrutura sem diferença – o formalismo de Lévi-Strauss falha.

magia e religião

O desafio torna-se, então, o de preservar um formalismo que possa dar conta da diferença histórica. Isso faz com que Lacan revisite o arranjo histórico postulado em *Totem e Tabu*, a partir do qual ele inclui duas versões adicionais da verdade como causa para que sejam acrescentadas à ciência e à psicanálise. São elas a religião e a magia. "A magia é a verdade como causa sob seu aspecto de causa eficiente".[31] Os significantes 'funcionam' sob a suposição de uma correspondência com a natureza. A coisa 'retruca', e as palavras são assim 'eficientes', dotadas de um efeito imediato sobre o sujeito. Na religião, "a verdade [...] aparece apenas como causa final".[32] Esse atraso faz com que o sujeito deposite seu desejo nas mãos de Deus e ao fazê-lo, "entrega a Deus a incumbência da causa, mas nisso corta seu próprio acesso à verdade".[33] Assim, Lacan destaca o obscurantismo característico a qualquer reivindicação de saber concernente à vida póstuma ou à trindade, que são ainda agravadas por "um certo desencorajamento do pensamento"[34] por parte do poder eclesiástico.

A realização imediata do objetivo estruturalista é evidente na medida em que cada verdade como causa remove a necessidade de se postular diferentes "mentalidades" ou "povos" para corresponderem a diferentes formas de saber. É consenso entre os comentadores que o foco de "A ciência e a verdade" é a maneira pela qual o significante é mobilizado em diferentes situações.[35]

---

introduz no mundo, especialmente por um conhecimento da fauna e da flora que ele mostra que nos ultrapassa [...]" (Jacques Lacan, "A ciência e a verdade", in: *Escritos*. Rio de Janeiro: Jorge Zahar, 1998 [1965-1966], p. 875-6). De fato, permanece em aberta a questão sobre se o projeto de Levi Strauss diria respeito à universalização abstrata do saber ou à celebração da criatividade primitiva. Ver Boris Wiseman (org.), *The Cambridge Companion to Lévi-Strauss*. Cambridge: Cambridge University Press, 2009.

31 > Ibid., p. 886.
32 > Ibid., p. 887.
33 > Ibid.
34 > Ibid., p. 888.
35 > A maioria dos comentadores, no entanto, descartam as implicações coloniais-globais da referência de Lacan à magia. Dany Nobus, "A Matter of Cause: Reflections on Lacan's 'Science and Truth'", in: *Lacan and Science*. Abingdon: Routledge, 2018, destaca a magia e a religião apenas na medida em que elas são evitadas pela psicanálise. Tom Eyers, *Post-Rationalism: Psychoanalysis, Epistemology, and Marxism in Post-War France*. Londres: Bloomsbury, 2013, e Jean-Claude Milner, *A obra clara: Lacan, a ciência, a filosofia*. Rio de Janeiro: Jorge Zahar, 2020, não mencionam nem a magia nem a religião. Ed Pluth, "Science and Truth", in: Stijn Vanheule, Derek Hook e Calum Neill (orgs.), *Reading Lacan's Écrits: From "Signification of the Phallus" to "Metaphor of the Subject"*. Abingdon: Routledge, 2018, cujo comentário permanece o mais detalhado até então, aloca grande parte de sua discussão a Lévi-Strauss, mas não endereça as questões coloniais mais amplas que motivam o diálogo de Lacan com o antropólogo.

Não é suficiente, no entanto, simplesmente descrever as diferenças. Lacan deve também assegurar que a religião e a magia não sejam tomadas como anteriores à ciência. As quatro causas podem ser facilmente lidas como um histórico de como o significante perdeu sua eficácia. O contraste entre o significante sempre eficiente da magia – que por um lado corresponde aos objetos na natureza – e o significante sempre ineficiente da ciência, de outro lado – cujo impacto é sentido "como agindo, antes de mais nada, como separado de sua significação"[36] só pode ser lido como uma relação antitética.[37] Esse é especialmente o caso, considerando a forma como Lacan entende a afinidade da psicanálise com o sujeito científico e sua localização na história científica-revolucionária, conferindo-lhe uma lente histórica distinta: "esse é o ponto de ruptura por onde dependemos do advento da ciência. Nada mais temos, para conjuga-los, senão esse sujeito da ciência".[38] Em outras palavras, é apenas através da materialidade do significante revelado no horizonte científico moderno que a psicanálise descobre "que uma verdade que fala tem pouca coisa em comum com um número".[39] Há uma lacuna entre a fala e os objetos que se pretende apreender e representar.

As questões se complexificam pela forma como a referência de Lacan a *Totem e Tabu* inevitavelmente evoca as raízes coloniais da psicanálise. Ranjana Khanna[40] classifica o livro como um testamento de como a psicanálise se tornou possível a partir do imaginário nacionalista colonial europeu do qual ela internalizou as diferenças entre racionalidade e irracionalidade, entre civilizado e não-civilizado, assim como entre natureza e cultura, que eventualmente subsidiarão suas noções de consciência e inconsciência. Esse binarismo também influenciaria a futura geração de pensadores e historiadores. Gerard Lucas conclui que "a história de *Totem e Tabu* e de seus leitores obviamente não diz respeito apenas ao grupo de antropólogos profissionais, mas também a todos aqueles que se são levados a refletir sobre o lugar e o estatuto das 'ciências humanas'".[41] Isso incluiria também Lévi-Strauss,[42] cujas críticas de *Totem e Tabu*[43] e da visão ali apresentada acerca da diferença civilizacional – das quais as implicações ele estaria completamente ciente – contribuíram para a escrita de *As estruturas elementares do parentesco*. O impacto do pensamento francês ao longo da história

---

36 > Ibid., p. 890.
37 > Ibid.
38 > Ibid., p. 883.
39 > Ibid.
40 > Ranjana Khanna, *Dark Continents: Psychoanalysis and Colonialism*. Durham: Duke University Press, 2003.
41 > Gerard Lucas, *The Vicissitudes of Totemism: One Hundred Years After Totem and Taboo*. Abingdon: Routledge, 2015, p. xii.
42 > Claude Lévi-Strauss, *The Elementary Structures of Kinship*. Boston: Beacon Press, 2016.
43 > Sigmund Freud, *Totem and Taboo*. Abingdon: Routledge, 2012 [Ed. bras. *Totem e tabu, Contribuição à história do movimento psicanalítico e outros textos (1912-1914)*. Trad. Paulo César de Souza. São Paulo: Companhia das Letras, 2012.

é bem conhecido, considerando as respostas ao estruturalismo que modelaram os primeiros projetos de Foucault e Derrida.

O próprio engajamento de Lacan com Lévi-Strauss ocorre a partir de pontos muito específicos. A intenção é superar a universalidade do complexo de Édipo sem perder o rigor científico da psicanálise, sua relevância universal. Assim, a colonialidade do projeto freudiano seria um itinerário inevitável, considerando que as referências ao império são consistentes ao longo da obra lacaniana, ainda que estejam nela espalhadas. Isso se traduziria, eventualmente, na consciência de Lacan acerca da relevância internacional da psicanálise. A essa altura as ciências humanas, entre elas a antropologia, são subsumidas pela revolução científica moderna e seu ideal de conhecimento. Assim, apesar de fazer referência a estudos antropológicos em seus primeiros trabalhos, Lacan os rejeitaria adiante: "a etnografia guarda em si mesma não sei que confusão, admitindo como natural o que é recolhido".[44] Em contraposição, Lacan destaca como "o discurso está ligado aos interesses do sujeito"[45] enquanto situa a etnografia no escopo da expansão dos mercados capitalistas. É uma afirmação breve, que não chega a ser desenvolvida, apesar de, a essa altura, a diferença entre o mundo edípico e o não-edípico já ser tomada como garantida.

paralelo, não cronológico

Estamos então em condições de entender a verdade como causa por meio de um enfoque semelhante, em que a especificidade científica da psicanálise é postulada sob a luz do não--científico, e a partir do qual a situação da psicanálise em relação à ciência não precisa ser construída ideologicamente, mas sim levando em conta uma localidade histórica. Ao invés de situar a psicanálise na passagem da revolução científica e de sua expansão, Lacan consegue situá-la no verso dessa trajetória. Uma das razões para isso é que seu movimento pode ser identificado sem nenhum compromisso epistêmico em relação ao seu conteúdo.

Assim, é importante notar que Lacan reitera a conexão sequencial que atravessa a magia, a religião e a ciência, para então revelar a ruptura que produziu o sujeito da ciência, e não um apagamento completo do pré-moderno. Magia, ciência e religião devem então ser tomadas como discursos paralelos, e não como cronologicamente sequenciados. A religião é reformulada enquanto um "conflito de verdade".[46] Aqui o sujeito "corta seu próprio acesso

---

44 > Jacques Lacan, *O seminário, livro 17: o avesso da psicanálise*. Rio de Janeiro: Jorge Zahar, 1992 [1969-1970], p. 163.
45 > Ibid., p. 96.
46 > Jacques Lacan, "A ciência e a verdade", in: *Escritos*. Rio de Janeiro: Jorge Zahar, 1998 [1965-66], p. 885.

à verdade"⁴⁷ ao "atribuir a Deus a causa de seu desejo".⁴⁸ Essa é a alternativa oferecida por Lacan às duas abordagens dominantes. A primeira é a freudiana, repetida em *Totem e Tabu*, que considera a religião como uma forma de neurose obsessiva. A segunda enxerga a religião e sua interpretação "englobadora"⁴⁹ do mundo como um tipo diferente de ciência. Ambas são psicologizantes na medida em que reduzem a religião a formas de pensamento, ao invés de considerarem a relação do sujeito com a falta da verdade. Lacan mesmo postula essa abordagem – a posição da religião em relação à verdade como causa – enquanto um método histórico. Sem o "conflito de verdade",⁵⁰ "há pouca probabilidade de conferir à chamada história das religiões quaisquer limites, isto é, qualquer rigor".⁵¹

Mas enquanto a religião é vítima de uma incompreensão científica, a magia sofre com o equívoco de ser considerada "como ciência falsa ou menor",⁵² isso é, como aquilo que deve existir para que a ciência moderna assuma sua superioridade. Assim, Lacan descreve a magia como sendo manchada por um "estigma".⁵³ Ali onde a religião é incompreendida, a magia é desconhecida. Ela é objeto de uma projeção científica: "a magia só é para nós tentação se vocês fizerem a projeção de suas características no sujeito com quem lidam".⁵⁴ Dessa forma, enquanto Lacan esclarece o que a religião de fato simboliza, ele se interessa menos em chegar ao "âmago" da magia. Lacan aceita o termo, entretanto, na medida em que a unicidade da ciência e de seu sujeito acaba por demandar a postulação de algo não-científico. Ele, contudo, maneja essa questão pela via da desvalorização completa do termo. Lacan, de fato, acusa a psicanálise de replicar a mesma crença no significante que os "magos" sustentam. O pensamento mágico "é tão válido em seu semelhante quanto em vocês mesmos, nos limites mais comuns: pois está no princípio do menor efeito de ordem".⁵⁵

Com a verdade como causa, magia e religião não são apenas separadas uma da outra, mas também tomadas como dimensões separadas da significação. As diferentes maneiras pelas quais a verdade como causa é descrita é reveladora desse aspecto. A verdade é disfarçada na magia; escondida na religião, abstraída nas fórmulas da ciência. Lacan as diferencia como modos de exclusão: enquanto a magia e a religião, descritas respectivamente como formas de recalque e denegação, ainda seriam capazes de absorver o significante excluído

---

47 > Ibid., p. 887.
48 > Ibid.
49 > Ibid., p. 886.
50 > Ibid., p. 885.
51 > Ibid., p. 887.
52 > Ibid., p. 885.
53 > Ibid., p. 891.
54 > Ibid.
55 > Ibid., p. 891.

e estabilizar um certo retorno do recalcado, a foraclusão vê aquilo que é recusado ser dissipado no Real. Os efeitos, consequentemente, testemunham formas diferentes de subjetividade. A magia, empregando a verdade como uma causa eficiente, promete satisfação imediata. A religião, que situa a verdade como causa última, sustenta o sujeito em uma promessa adiada. A ciência, expandindo-se através da rejeição do conhecimento já existente, livra-se completamente do tempo, garantindo o ciclo de esquecimento e descoberta que marca seu absolutismo. Cada uma delas impõe seu próprio ritmo sem a necessidade de se fundirem em um grande panorama temporal.

Assim, enquanto a expansão da ciência é crucial para uma perspectiva lacaniana "global", ela também possibilita uma visão da forma como o significante é empregado de diferentes maneiras para endereçar a falta. Isso leva à implicação crucial, a saber, que o sujeito da ciência somente pode ser concebido pela via da diferença. Consideremos duas maneiras pelas quais Lacan descreve a relação entre o saber e a comunicação no texto. A primeira é sobre como o saber da ciência pode ser descrito como uma "modalidade da comunicação suturando o sujeito que ele implica".[56] Aqui Lacan está dizendo sobre a forma como o sujeito da ciência pelo qual a psicanálise responde é um sujeito cuja recusa da falta é forjada no interior da e sustentada pela ruptura histórica enraizada na revolução científica moderna e na proliferação de saber que ela gerou. Entretanto, Lacan também enfatiza que isso não pode ser considerado de forma isolada: "na ciência, ao contrário da magia e da religião, o saber se comunica".[57] Isso se refere à comunicação que é única à foraclusão científica e sua recusa da ordem simbólica. A ausência do Outro é substituída por uma complexa rede de instituições e aparatos que asseguram a reprodução do saber científico e a sutura do sujeito. Como expresso por Russell Grigg,

> na verdade, poderíamos dizer que o saber científico moderno é incorporado e distribuído em todo o mundo material que habitamos, nas máquinas e instrumentos que os(as) cientistas necessitam para seu trabalho, nos computadores, nas ferramentas elétricas e em todas as outras maquinarias ao nosso redor que utilizam energia.[58]

Assim, enquanto a verdade como causa tem na falta seu interesse, ela pode, de toda forma, ser usada para explicar as diferentes sociedades que são produzidas como resultado.

---

56 > Ibid., p. 891.
57 > Ibid.
58 > Russell Grigg, *Lacan, Language, and Philosophy*. Nova York: State University of New York Press, 2009, p. 135.

conclusão

A resposta de Lacan não foi a de negar a história, mas sim de explicar o funcionamento do sujeito particular que a demanda em nome da ciência. Assim, as associações entre magia, religião e ciência são mantidas apenas com o intuito de revelar o desejo do sujeito pela ciência e a imagem histórica que ela postula. O problema não consiste nem na psicanálise, nem na antropologia, mas em todo o *Zeitgeist* científico e no ideal de homem que ele assume. A psicanálise, enquanto intervenção material contra esse ideal, não pode estabelecer sua crítica a partir de um lugar ideal similar. Ela deve operar no âmbito da expansão da ciência e das subjetividades com as quais essa se encontra e as quais produz para manifestar sua trajetória de rupturas.

A partir desse ponto podemos revisitar uma importante reivindicação metodológica sob uma perspectiva mais comparativa. Lacan[59] enfatiza que a psicanálise não está interessada em "alterar" o sujeito da ciência ao introduzir uma versão diferente do sujeito. Ao evocar a falta no *cogito*, Lacan descreve como ela trabalha no interior da lógica produtiva da ciência para endereçar justamente o fato de que essa se "realiz[a] de maneira satisfatória",[60] isto é, para explicar como se dá o momento da foraclusão em que o saber desliza para uma consciência de si. Entretanto, o processo de pensamento em "A ciência e a verdade" demonstra que identificar esse ponto exige uma perspectiva necessariamente relacional. A psicanálise deve sustentar a necessidade da diferença a partir da qual o estado de absolutismo científico e seu respectivo esquecimento podem ser conhecidos. A rememoração que a psicanálise deve suscitar não pode acontecer sem o "não-científico". Mas, contra a ilusão arcaica, o não-científico não deve ser interpretado aos moldes de um grandioso desenrolar do tempo, mas sim linguisticamente, a partir da maneira como o significante é disposto distintamente em relação à ciência. Em termos materiais, isso requer que seja considerado como a ciência se expande e os respectivos efeitos dessa expansão. Consequentemente, não podemos compreender o sujeito da ciência sem um cenário histórico global mais amplo.

Isso nos compele a revisitar a evocação de Lacan do outro não-científico. Notemos que, antes de tudo, Lacan o faz apenas em referência ao uso do termo por parte de etnólogos, e não por qualquer confiança em sua veracidade. Da noção mais carregada de "selvagens", que ele atribui a Lévi-Strauss, Lacan se preocupava apenas em desvendar a verdade como causa em ação em diferentes contextos.[61] A verdade como causa, de toda maneira, não

---

59 > Jacques Lacan, "A ciência e a verdade", in: *Escritos*. Rio de Janeiro: Jorge Zahar, 1998 [1965-66], pp. 869-892.
60 > Ibid., p. 877.
61 > Para uma discussão sobre a decolonização de Lacan e suas implicações, ver Clint Burnham, "Can We Decolonize Lacan? Indigenous Origins of the Split Subject". In: Chris Vanderwees e Kristen Henessy (orgs.), Psychoanalysis, Politics, Oppression and Resistance. Reino Unido: Routledge, 2022.

demanda que se "descubra" outra realidade. A diferença que de fato importa diz respeito à forma como a falta da verdade é ali tratada. Diferente da *desconstrução*, que exige que seja feito um argumento pela diferença, a psicanálise, que é desde sempre produto da revolução científica moderna, é atenta a como a diferença é um lugar de antagonismos ligados à falta, conduzidos pelo absolutismo científico. Nesse aspecto, lacanianos podem encontrar interlocutores profícuos na psiquiatria cultural[62] e em discursos mais amplos sobre a psiquiatrização da sociedade,[63] nos quais a globalização da ciência é compreendida menos em termos de uma disputa entre oriente e ocidente e mais a partir de como essa expansão tem conduzindo a um conflito epistêmico com tradições de tratamento de longa data e com as noções de bem-estar e "humanidade" que elas internalizam. A necessidade e a habilidade de deter o fluxo da ciência deve permitir a lacanianos que façam a devida distinção entre a *globalização da ciência*, pela via da exportação uniforme da clínica e do estabelecimento médico moderno, e a *globalização da psicanálise*, que, como demonstrei, é atenta aos antagonismos da significação produzidos pela modernidade científica.

Jean-Claude Milner descreve o objetivo geral de Lacan em "A ciência e a verdade" como sendo o de alcançar o ponto em que a psicanálise "se verá suficientemente segura para poder questionar a ciência".[64] Com este meu breve exercício espero ter demonstrado que esse objetivo foi cumprido através do recurso a uma figura global na qual constituição científico-moderna da psicanálise só pode ser conhecida simultaneamente a partir da diferença em relação a um outro plano.

---

62 > Dinesh Bhugra e Kamaldeep Bhui (orgs.), *Textbook of Cultural Psychiatry*. Cambridge: Cambridge University Press, 2018.
63 > Timo Beeker, China Mills, Dinesh Bhugra et al., "Psychiatrization of Society: A Conceptual Framework and Call for Transdisciplinary Research", *Frontiers in Psychiatry*, v. 12, 4 jun. 2021.
64 > Jean-Claude Milner, *A obra clara: Lacan, a ciência, a filosofia*. Rio de Janeiro: Jorge Zahar, 1996, p. 31.

> pavón-cuéllar, david <.> vazio, colonialismo e psicanálise[1] <.> tradução • lima, rodrigo <

psicanálise colonial ou anticolonial?

Começarei afirmando o óbvio: a psicanálise é um produto da modernidade capitalista e colonialista ocidental. Pertence, portanto, a um lugar cultural específico e a um momento histórico preciso. É algo tão enraizado em sua particularidade quanto o cristianismo, o capitalismo, a democracia liberal ou a psicologia supostamente baseada em evidências.

Como outros frutos doces ou amargos da modernidade ocidental, a psicanálise não é universal por si só, mas foi historicamente universalizada. Espalhou-se por todo o mundo graças à globalização colonial da cultura europeia da qual faz parte. Primeiro, o colonialismo implantou fora da Europa o tipo de subjetividade para o qual a contribuição freudiana faz sentido. Em seguida, essa contribuição tem sido exportada por meio de relações assimétricas, tipicamente coloniais, em que não-europeus tendem a consumir insumos psicanalíticos produzidos predominantemente na Europa e em sua extensão a partir dos Estados Unidos.

O funcionamento colonial da contribuição freudiana, que já examinei detalhadamente em outro lugar, me levou a me perguntar se não deveríamos, como latino-americanos, optar por nos descolonizar da psicanálise em vez de fazer um esforço para descolonizá-la.[2] Diante da dificuldade de expurgar a herança freudiana de seus vínculos internos com o colonialismo, não seria melhor simplesmente livrar-se dela, como já fizeram alguns pensadores decoloniais? Descartei essa opção ao considerar nossa subjetivação irreversível pelo colonialismo que já nos tornou os sujeitos que a psicanálise visa.

Paralelamente, avançando na mesma direção, concentrei-me em outro fator decisivo para não nos descolonizarmos daquilo que Freud nos legou: seu potencial para tratar a condição colonial e para a construção de programas políticos anticoloniais que também

---

1 > Versão do presente texto foi publicada originalmente em: David Pavón-Cuéllar, Sobre el vacío: puentes entre marxismo y psicoanálisis, Cidade do México: Paradiso, 2023.
2 > David Pavón-Cuéllar, "¿Descolonizar el psicoanálisis o descolonizarnos del psicoanálisis en América Latina?", *Teoría y Crítica de la Psicología*, v. 15, 2021, pp. 74-90.

serão necessariamente anticapitalistas.³ Esse potencial só pode ser apreciado considerando a situação paradoxal da psicanálise no solo cultural e histórico em que está enraizada. É uma situação excepcional, sintomática, marginal, anômala, conflitiva, crítica.

A psicanálise é fruto não tanto da modernidade capitalista e colonialista ocidental, mas da crise dessa modernidade. A crise faz com que a modernidade se volte criticamente contra si mesma por meio de contribuições como as de Freud ou de Marx. Em ambos os casos, temos retornos críticos da modernidade contra si mesma que são também retornos sintomáticos de verdades que foram reprimidas por essa modernidade.

Minha convicção é que os retornos marxistas e freudianos do recalcado fornecem pontos de apoio para projetos anticoloniais que não buscam romper com o colonial a partir de uma exterioridade ilusória, como àquela decolonial, mas sim admitir que devem debater contra a modernidade ocidental a partir do interior, com suas armas, com suas verdades reprimidas por si mesma. Uma dessas verdades, fundamental, e sobre a qual desejo refletir agora, é a verdade materialista do vazio, aquela representada matematicamente pelo número zero, que é também a do sujeito com sua diferença absoluta, com sua indeterminação e com sua materialidade que resiste a qualquer idealização. Ao permitir o retorno crítico e sintomático dessa verdade, o marxismo e a psicanálise abrem um espaço para a alteridade cultural e a mudança histórica, um espaço que não só foi recalcado pela modernidade, mas até mesmo foracluído pela ciência moderna, depois de haver sido negado pela filosofia antiga, uma vez que tal espaço sempre horrorizou a civilização europeia da qual se nutre a modernidade ocidental capitalista e colonialista.

a presença ominosa do presente no passado

O capitalismo não surgiu *ex nihilo*. Seu nascimento resulta da acumulação de séculos de mutações econômicas e sociais, mas também da confluência de antigas tradições culturais e de incessantes transformações ideológicas. É toda a civilização da Europa Ocidental, herdeira de outras civilizações, que leva à modernidade capitalista.

O espírito moderno do capitalismo não é apenas um produto da ética calvinista protestante⁴ nem dos barcos de Veneza⁵ nem da invenção do purgatório.⁶ Esses fatores foram certamente decisivos, mas eles mesmos derivam de outros fatores mais remotos no tempo, que são condensados e combinados com outros no sistema capitalista. O sistema é uma

---

3 > David Pavón-Cuéllar, "El psicoanálisis ante la colonialidad: dieciocho posibles usos anticoloniales de la herencia freudiana", *En lugar de la psicología*, 17 set. 2020. Disponível em: https://sujeto.hypotheses.org/1317. Acesso em: 3 jan. 2022.
4 > Max Weber, *La ética protestante y el espíritu del capitalismo*. Cidade do México: FCE, 2003 [1905].
5 > Fernand Braudel, *Civilisation matérielle, économie et capitalisme, XVe et XVIIIe siècles*. París: Armand Colin, 1979.
6 > Jacques Le Goff, *La Naissance du purgatoire*. Paris: Gallimard, 1981.

intrincada combinação e condensação histórica de elementos culturais heterogêneos, principalmente mediterrâneos, judaico-cristãos, greco-romanos e bárbaros-germânicos, de origem medieval, antiga e até pré-histórica.

Ao fornecer os ingredientes do capitalismo, o mundo pré-capitalista já exibe muitas das características da modernidade capitalista. A aparição daquilo que é mais atual em tempos tão remotos pode parecer estranhamente familiar, perturbadoramente próximo, "sinistro" ou "*unheimlich*", como diria Freud.[7] Pensemos, por exemplo, no que Marx observa sobre o velho individualismo cristão com seu confinamento do sujeito na esfera individual e com a conversão de seus vínculos em "relações puramente externas".[8] Não é exatamente isso que acontece conosco agora em tempos de solidão e competição? Como é possível que o cristianismo antigo e medieval, com suas mensagens de fraternidade e amor ao próximo, já contivesse em germe tanto o enclausuramento de nossa subjetividade na mais estreita individualidade quanto a dissolução capitalista neoliberal de nossos laços comunitários?

Outro exemplo ominoso é o da análise econômica de Aristóteles que parece se adiantar a Marx não apenas na distinção do duplo valor da mercadoria, do "uso do sapato como calçado e como objeto de troca",[9] mas também na intuição premonitória da ganância capitalista insaciável por dinheiro que "não tem limites" como "elemento básico e termo de troca" no comércio.[10] É como se Aristóteles, com suas observações políticas durante sua estada em Atenas, já tivesse previsto o que hoje prevalece no capitalismo, assim como mais tarde o profeta João, com suas visões apocalípticas na ilha de Patmos, já previra o fim capitalista de nosso mundo. Talvez um e outro, graças à agudeza de seus olhos, não tivessem visto senão aquela inércia instintiva da civilização ocidental europeia que já existia desde então, e que logo se dedicou a destruir outras civilizações e que hoje se consome no gozo do capital, devastando a natureza e ameaçando aniquilar toda a humanidade.[11]

o *horror vacui* desde melisso até o capitalismo

O que atingiu sua consumação com o sistema capitalista, suprimindo qualquer alteridade natural ou cultural, é algo que só poderia ser realizado até suas últimas consequências sob a forma do capital. É algo expansivo e absorvente que tende intrinsecamente a colonizar todo o planeta, a devorá-lo, a transformá-lo em si mesmo. É algo corrosivo e solvente que apaga

---

7 > Sigmund Freud, "Lo ominoso" (1919), in: *Obras Completas XVII*. Buenos Aires: Amorrortu, 1998.
8 > Karl Marx, "Sobre la cuestión judía" (1843), in: *Escritos de juventude*. Cidade do México: FCE, 1987, p. 484.
9 > Aristóteles, *Política*, Madrid, Gredos, 1988, 1257, p. 68.
10 > Ibid., 1257b, p. 71.
11 > Ver David Pavón-Cuéllar, *Virus del capital*. Buenos Aires: La Docta Ignorancia, 2021.

as diferenças, que transmuta qualquer alteridade em mais e mais do mesmo, que padroniza tudo numa lógica unidimensional.

A propensão à unidade e à mesmice, que hoje se manifesta tanto na globalização capitalista quanto no pensamento único neoliberal, tem uma sinistra expressão pré-capitalista na obsessão eleática pelo um e contra o outro, pela indistinção e contra a diferença, pelo contínuo e contra o descontínuo, pela plenitude e contra o vazio, pela positividade e contra a negatividade. Parmênides já insistia que o ser, cuja realidade é "uma mesma coisa" com o pensar, constitui algo "contínuo" e "homogêneo" que é necessariamente "cheio" de si.[12] A rejeição do vazio é aqui o correlato da rejeição de qualquer alteridade, mesmo a do pensamento crítico em relação à realidade, pois o outro implica a falta ou o vazio do um.

Assumindo-se como uma, a civilização europeia sempre teve enormes dificuldades em esvaziar-se e, assim, abrir espaço para o outro, para outras culturas ou para aquela natureza irredutivelmente estranha, distante, que não a humana. A aniquilação do diferente, seja ela natural ou cultural, foi necessária para preencher todo o universo, preenchendo-o com o europeu, consigo mesmo, e não deixando para o outro nenhum vazio. Foi assim que a unidade colonialista e imperialista da civilização ocidental, que agora é a do capital, acabou preenchendo tudo, não podendo faltar em lugar nenhum, angustiada com a própria falta, horrorizada com o vazio de si mesma.

O horror do vazio, o *horror vacui* europeu que hoje foi transferido para o capitalismo, tem uma de suas melhores expressões filosóficas antigas no pensamento do filósofo Melisso de Samos, discípulo de Parmênides, que ensinou, como seu mestre, que tudo é "único e idêntico a si mesmo e completo".[13] O que distingue Melisso é o aspecto insistente, argumentado e fundamental de sua rejeição do vazio. Segundo seu raciocínio, não pode haver um vazio "porque o vazio não é uma coisa, e não há como se tornar o que não é uma coisa", e, portanto, "o ser não se move, pois não tem nem para onde ir, uma vez que está cheio; que, se houvesse um vazio, para tal lugar vazio ele poderia se mover; mas, não havendo tal vazio, ele não tem para onde ir".[14] Se não há movimento, é porque não há vazio para se mover, e se não há vazio, é porque o vazio não é nada, justamente porque se define por não ser nada.

A rejeição do vazio permite a Melisso refutar não apenas o movimento, mas a diferença e a pluralidade, pois não havendo vazio que separe o ser de si mesmo, que "abra espaço" para outro ser, devemos concluir que "há apenas um".[15] Aristóteles resume claramente o

---

12 > Parmênides, "Poema", in: Juan David García Bacca (org.), *Los presocráticos*, Cidade do México: FCE, 2007, I.3, p. 39; I.12, p. 43.
13 > Diógenes Laércio, *Vidas y opiniones de los filósofos ilustres*. Madri: Alianza, 2020, IX, 24, p. 514.
14 > Meliso, "Fragmentos filosóficos", in: Juan David García Bacca (org.), *Los pré-socráticos*. Cidade do México: FCE, 2007, 7.7, p. 291.
15 > Ibid., 7.9-8.1, p. 291.

pensamento de Melisso: o ser "por necessidade é uno e imóvel, pois o vazio não existe e, como não há vazio que existe separadamente, o movimento não é possível, acrescentando que não pode haver pluralidade de coisas, se não há nada que as mantenha separadas".[16] Ao raciocinar dessa maneira, como Aristóteles corretamente adverte, Melisso está "excedendo e desprezando os dados da sensação", sendo "constrangido a seguir apenas a razão".[17]

É um critério puramente racional que faz com que Melisso primeiro rejeite o vazio porque não é nada e depois o movimento e a pluralidade porque não há vazio para se mover, nem entre seres plurais. Tudo isso é perfeitamente lógico, razoável, convincente. O único problema é que não corresponde à realidade, ao mundo em que habitamos e percebemos, no qual é evidente que há de fato um vazio com seres plurais que podem se mover e se distinguirem uns dos outros.

O mundo *não é* como foi representado no raciocínio de Melisso, mas esse raciocínio constitui uma racionalização ideológica daquela inércia pulsional que atualmente tende a transformar o mundo em algo que *é*, como foi representado no raciocínio de Melisso. Como nessa representação, as coisas e as pessoas parecem imobilizadas e confundidas umas com as outras quando realmente estão subsumidas em um capitalismo que não deixa nenhum lugar vazio dele mesmo, preenchendo qualquer lacuna, também como em Melisso. O sistema capitalista realiza materialmente a filosofia de Melisso preenchendo tudo e reduzindo todos os seres a simples manifestações de capital, a mercadorias fixadas em seu lugar, em seu preço, em seu valor de troca expresso em termos quantitativos do equivalente universal do dinheiro.

o zero e o capital

A quantificação de tudo o que existe só é possível porque tudo se reduz a uma única dimensão. É por causa dessa redução unidimensional que a complexa diversidade qualitativa das coisas e das pessoas acaba se resolvendo em simples variações quantitativas entre diferentes expressões de um mesmo ser. Afinal, no atual pesadelo capitalista com o qual se realiza o sonho filosófico de Melisso, resta apenas mais ou menos do mesmo, do mesmo valor de troca que se expressa em dinheiro, que dá origem ao reino da desigualdade relativa, dos maiores ou menores preços e estratos socioeconômicos, onde antes havia a diferença absoluta entre seres imensuráveis, incomparáveis, irredutivelmente singulares.

A singularidade que se instalou nas palavras tende a dar lugar à unidade intercambiável que se replica e se multiplica em números. O valor numérico da troca pode ser positivo,

---

16 > Aristóteles, *Acerca de la generación y la corrupción*. Madri: Gredos, 1987, I.8, 325a, p. 66.
17 > Ibid., p. 67.

mas também pode ser igualmente negativo, como nas dívidas que também são trocadas, compradas e vendidas. O número pode ser qualquer número, com exceção do zero, pois o que vale zero não pode ser trocado por nada.

Zero é o valor do que não tem preço, do que não tem valor de troca, do que não se compra com dinheiro. Zero é o valor do que é gratuito, mas o que é gratuito também pode ser o mais valioso, o inacessível, o inquantificável, o imensurável, irredutivelmente singular, único em seu gênero. Tudo isso não tem lugar no sistema capitalista.

Não é coincidência que a civilização europeia, a civilização do capitalismo, tenha resistido tanto ao reconhecimento do zero. Essa figura é a representação matemática de algo que sempre horrorizou o Ocidente: a ausência de quantidade, a qualidade pura, a falta de valor de troca, a singularidade inestimável, a diferença absoluta, o vazio. O *horror vacui* torna-se uma evitação fóbica do zero como sinal do vazio. Essa evitação revela uma atitude cultural em relação ao vazio.

É revelador, de fato, que o zero tenha se espalhado na Europa tardiamente, não antes da Idade Média, vários séculos depois de ter surgido nas antigas civilizações da Babilônia e da Mesoamérica.[18] Não menos revelador é que as culturas europeias, ao contrário de outras, não criaram o zero, mas tiveram que adotá-lo do exterior, de segunda mão, por meio dos árabes. Como se isso não bastasse, sua adoção teve que enfrentar resistência de autoridades eclesiásticas e contadores especialistas por vários séculos.[19]

A Europa não podia aceitar facilmente o zero pela mesma razão que não podia resignar-se ao vazio. A rejeição do vazio e tudo o que isso implica não é exclusividade de Melisso. Encontra-se também em outros filósofos, incluindo um grande crítico de Melisso, o sensato Aristóteles, que dedicou um capítulo de sua Física a refutar o vazio, mostrando que a natureza o abomina.[20] Ao naturalizar sua própria ideologia cultural de aversão ao vazio, Aristóteles ajudou a racionalizar e assim legitimar filosoficamente o *horror vacui* da civilização europeia.

o pensamento materialista do vazio

A tradição filosófica ocidental se distingue de outras, como as orientais na Índia e na China, por sua propensão a negar, ignorar ou subestimar o vazio e tudo o que ele implica. No entanto, contra a corrente dessa propensão dominante, há também no mundo europeu um

---

18 > Georges Ifrah, *The Universal History of Numbers: From Prehistory to the Invention of the Computer*. Nova York: Wiley, 2000, pp. 152 e ss., pp. 320-322.
19 > Ibid., pp. 588-589.
20 > Aristóteles, *Física*. Madri: Gredos, 1995, IV, 9, 2161-217b, pp. 259-263.

pensamento materialista relativamente marginal que colocou o vazio em primeiro plano. Esse pensamento começa com o primeiro atomista, Leucipo de Mileto, cujas ideias respondem às de Melisso, retomando-as apenas para invertê-las.

Enquanto Melisso argumentou idealisticamente que não pode haver movimento porque o vazio é nada e, portanto, não há espaço no qual as coisas podem se mover, Leucipo simplesmente observava coisas que se movem e inferiu, como um bom materialista, que deve haver um vazio para que as coisas se movam. Aristóteles capta o ponto crucial sobre o qual esses dois filósofos discordam: Leucipo concorda com Melisso que "não pode haver movimento sem vazio", mas, em vez de chegar à desconcertante conclusão de que não há movimento porque o vazio não é nada, conclui que há vazio porque há movimento, esforçando-se para raciocinar sem contradizer "os dados da sensação" e sem anular "nem o movimento nem a pluralidade dos entes".[21]

A primeira coisa para Leucipo é render-se à evidência material do que é plural e se move. Sua filosofia materialista parte da materialidade e só então raciocina para explicá-la, chegando assim à representação de um universo que "é feito de cheios e vazios".[22] O vazio explicaria o movimento, enquanto o cheio seria a causa da materialidade.

A representação materialista do universo que Leucipo nos oferece é a de coisas materiais que preencheriam com seus átomos o espaço que ocupam e que se moveriam por um espaço desocupado que teriam que ocupar ao se mover. Aqui, o movimento, além de ser explicado pelo vazio, constitui a prova irrefutável do vazio. Como muito bem explica Aristóteles ao dar voz a Leucipo, o vazio existe porque "não parece que poderia haver movimento se o vazio não existisse, pois é impossível que o pleno receba alguma coisa".[23]

Alguns dirão que a ciência moderna refutou parcialmente Leucipo ao esbarrar com seus átomos no suposto vazio, mas o importante aqui não é o vazio objetivo concebido como espaço físico. O que nos importa em Leucipo é a descoberta subversiva do princípio metafísico do vazio, como categoria lógica inquestionável, em uma civilização tão incompatível com esse princípio e com sua expressão matemática a partir do zero. O *horror vacui* europeu teve que ser desafiado para dar ao vazio um lugar central e fundamental em um sistema filosófico.

A filosofia do vazio de Leucipo é transmitida pela primeira vez ao seu discípulo Demócrito, para quem "os princípios do conjunto das coisas são os átomos e o vazio, e todo o resto é convencional".[24] Entenda: todo o resto é incerto, duvidoso, improvável, mas tam-

---

21 > Aristóteles, *Acerca de la generación y la corrupción*. Madri: Gredos, 1987, I.8, 325a,., pp. 67-68.
22 > Diógenes Laercio, *Vidas y opiniones de los filósofos ilustres*. Madri: Alianza, 2020, IX, 30-31, pp. 516-517.
23 > Aristóteles, *Física, op. cit.*, IV, 6, 213b, p. 247.
24 > Diógenes Laércio, *Vidas y opiniones de los filósofos ilustres*. Madri: Alianza, 2020, IX, 44, p. 523.

bém relacionado à opinião, ideologia e cultura, porque as únicas coisas certas, absolutas e universais são o cheio e o vazio, a materialidade e seu movimento material. É materialmente que se revela um vazio que só pode ser negado idealmente, especulativamente, ideologicamente. A negação idealista do vazio contrasta com sua afirmação no materialismo.

vazio e desvio

O mesmo pensamento materialista de Leucipo e Demócrito reaparece refinado em Epicuro, que continua a conceber o universo como algo materialmente cheio e vazio, justificando-se impecavelmente: "que os corpos existem, a própria sensação em todas as coisas o atesta", e "se não existissem o que chamamos de vazio, espaço e natureza intangível, os corpos não teriam um lugar para estar ou por onde se mover, assim como evidentemente se movem".[25] Essa noção de vazio imperceptível e evidenciado pelo movimento se completa dois séculos depois em Lucrécio, que fala de "um espaço desocupado, impalpável, vazio: o movimento sem esse espaço não se conceberia; porque a resistência sendo propriedade dos corpos, eles nunca deixariam de se chocar uns com os outros: o movimento seria impossível".[26] E Lucrécio acrescenta de forma esclarecedora: "sem vazio, os corpos não só careceriam de agitação contínua, mas também não teriam sido engendrados; porque a matéria imóvel teria assim permanecido eternamente".[27]

O vazio permite a Lucrécio explicar a existência e não apenas o movimento do que existe. A própria existência se apresenta como um movimento condicionado também pelo vazio, de modo que só haveria o vazio e os movimentos no vazio, inclusive aqueles que estão na origem da plenitude da matéria. A explicação do modo como a materialidade se origina no movimento nos leva a uma ideia materialista crucial de Lucrécio que parece vir de Epicuro: os átomos "desviam-se de uma linha reta em tempos e espaços indeterminados", pois se não se desviassem, nem poderiam colidir, se encontrar e se unir, e se não o fizessem, "a natureza não criaria nada".[28]

A existência não se deve apenas ao movimento dos átomos que os faz se encontrarem, mas também ao seu tipo de movimento, o *clinâmen*, um desvio que não para de acontecer em *tempos e espaços indeterminados*. A indeterminação é um aspecto crucial do movimento. O desvio tem um caráter indeterminado pela simples razão de que ocorre em um vazio,

---

25 > Epicuro, "Epístola a Heródoto", *Onomázein*, v. 17, n. 1, 2008, 39-40, p. 149.
26 > Lucrecio, *De la naturaleza de las cosas*. Madri: Orbis, 1984, 456-460, p. 105.
27 > Ibid., 467-470, pp. 105-106.
28 > Ibid., 279-281, p. 147.

onde não há literalmente tempo nem espaço, nem qualquer razão determinante para que o movimento seja determinado de modo temporal ou espacialmente.

O átomo se desvia sem razão e o faz fora do tempo, do espaço e de qualquer outra dimensão do nosso conhecimento. O desvio não pode, portanto, ser representado por categorias *a priori* como as da estética transcendental kantiana. É por isso que dizemos que o desvio acontece no vazio.

O vazio em que ocorre o *clinámen* é a ideia materialista paradoxal de falta de ideias. A falta é aqui anterior a e mais fundamental do que aquilo que lhe falta. O que *já* podemos pensar logicamente se origina e repousa em um vazio *ainda* impensável. Corroboramos, pelo menos, que esse vazio não é apenas um vazio concreto e objetivo concebido como espaço físico, mas sim uma espécie de vazio metafísico, um espaço lógico abstrato e inquestionável, definido pela ausência de categorias, conceitos e outras determinações.

O espaço lógico necessário para o *clinámen* é fundamentalmente um vazio material no qual não há lugar para nenhuma ideia, sobre o qual nada podemos pensar, pois tudo nele é indeterminado. Estamos diante de uma materialidade pura, impenetrável a qualquer idealidade, que nos exige e não apenas nos permite dispensar completamente as ideias na explicação de qualquer movimento, inclusive o da existência. Entendemos que a aceitação desse vazio terá que se tornar um gesto materialista fundamental para o jovem Marx[29] e depois para o velho Althusser.[30]

O materialismo exige que aceitemos que o material invariavelmente envolve um vazio lógico no qual não há nada sobre o qual possamos ter uma ideia. Enquanto o idealista imagina que tudo pode ser entendido e pensado com suas ideias, o materialista sabe que a materialidade envolve um vazio refratário a qualquer ideia. O materialismo é a constatação de que esse vazio incompreensível e impensável habita cada coisa material, sim, em cada um, pois como diz Lucrécio, "de todos os corpos conhecidos, não há sequer um que não tenha seu tecido misturado ao vazio".[31]

o vazio nas teorias materialistas de marx e freud

O vazio a que nos referimos justifica a concepção de coisas materiais impenetráveis ao pensamento, de uma materialidade incompreensível pela idealidade, que se encontra em teorias materialistas como as de Marx e Freud. Por um lado, na perspectiva teórica marxista, a

---

29 > Karl Marx, "Diferencia entre la filosofía democriteana y epicúrea de la naturaliza" (1841), in: *Escritos de juventud*, Cidade do México: FCE, 1987.
30 > Louis Althusser, *Filosofía y marxismo* (1988), Cidade do México: FCE, 2005.
31 > Lucrécio, *De la naturaleza de las cosas*, 1396, p. 397.

trama histórica material desafia e nega qualquer previsão, qualquer suposta lei da história e qualquer outra ideia que se tenha sobre o conjunto dos acontecimentos. Por outro lado, na perspectiva freudiana, a exterioridade material da estrutura inconsciente resiste a tudo que se possa pensar conscientemente sobre ela. O vazio dos objetos da consciência, dos correlatos das ideias, é o mesmo no inconsciente de Freud e na história de Marx.

A noção marxista de história é a de algo inconsciente para aqueles que dela participam, enquanto o conceito freudiano de inconsciente é o de algo histórico, o da própria história, o que fez Lacan dizer uma vez que a história é coextensiva ao registro do inconsciente, que "o inconsciente é história".[32] A trama histórica é a exterioridade material do inconsciente. Essa exterioridade também é feita de vazio, escapando intrinsecamente a qualquer consciência, o que não a impede de constituir a existência humana.

Tanto Marx quanto Freud concebem uma existência incomparavelmente maior, mais profunda e mais complexa do que a consciência. O consciente é aqui um ponto no enorme vazio constitutivo do existente. O que falta nesse vazio, aquele do que está vazio, é justamente o que há na consciência: pensamento, ideias, crenças, certezas, categorias e outras determinações, mas também a vontade, as intenções, as resoluções, projetos e metas.

vazio e sujeito

O vazio é um espaço de incerteza e indeterminação indispensável para o reconhecimento materialista do sujeito como tal, como sujeito irredutível a qualquer objetivação, a qualquer ideia objetiva sobre ele. Seja o que for, o sujeito só pode existir no vazio de tudo o que supostamente sabemos sobre ele, no vazio de nossa consciência e autoconsciência, no vazio da filosofia e das ciências humanas objetivas, como a psicologia e a sociologia. Essas ciências preenchem o vazio, preenchem-no com o que supõem conhecer objetivamente e assim "forcluem" o sujeito, suprimem-no absolutamente, preenchendo o vazio em que se desdobra sua existência.[33]

Distinguindo-se de qualquer modelo sociológico ou psicológico positivo, Marx e Freud assumem a negatividade existencial inerente ao sujeito. Aceitam o vazio da existência do sujeito e assim conseguem elaborar as primeiras e únicas ciências do sujeito. Essas ciências também podem ser descritas como ciências do vazio, pois o sujeito existe apenas no vazio, como vazio, através das várias formas do vazio.

---

32 > Jacques Lacan, "Sartre contre Lacan, bataille perdue mais... Interview par Gilles Lapouge", *Figaro Littéraire*, n. 1080, 1966, p. 4.
33 > Jacques-Alain Miller, "Acción de la estructura" (1964), in: Ian Parker e David Pavón-Cuéllar (orgs.), *Marxismo, psicología y psicoanálisis*. Cidade do México: Paradiso, 2017, pp. 201-203.

Uma das maneiras pelas quais o sujeito se apresenta como vazio é a solidão constitutiva, a diferença absoluta, a singularidade irredutível a qualquer universalidade objetiva. Outra forma subjetiva do vazio é aquela pela qual, segundo a brilhante formulação lacaniana, o sujeito 'introduz a divisão no indivíduo, bem como na coletividade que lhe é equivalente".[34] O sujeito é, aqui, não alguém dilacerado, mas o próprio rasgo que aparece tanto na divisão do indivíduo quanto na dissociação da sociedade e na separação mais básica pela qual o indivíduo e o social emergem como duas esferas separadas. Em todos os casos, a pior coisa que podemos fazer é tentar preencher ou superar o vazio, que, em todo caso, estará sempre ali, ali onde não há relação sexual, ali entre o sujeito e o objeto, ali entre as solidões, entre o corpo e a alma, entre cada um e a sociedade, entre classes opostas e entre culturas incomensuráveis entre si.

As culturas só podem coexistir no vazio. Esse vazio entre as culturas, a mesma que se abre em cada sujeito, é a condição indispensável para a verdadeira pluralidade cultural. Para suprimir essa pluralidade, o colonialismo começa por preencher o vazio, por preenchê-lo com religião, moral, valores, direitos, instituições, ideologia, ciência, tecnologia, mercadoria, investimentos e tudo o mais que serve para contrair o vazio do sujeito.

Precisamos do vazio para a convivência das culturas, para dar lugar a qualquer alteridade cultural, mas também, pela mesma razão, para que haja lugar para a existência de qualquer sujeito. Esta existência só pode se desdobrar no vazio. É também o vazio que mantém vivo o desejo pelo qual o sujeito existe. Além disso, é o vazio que permite que ressoe e se escute a palavra que faz o sujeito ser o que é. Como se isso não bastasse, a história do sujeito só pode acontecer no vazio, em um espaço indeterminado, contingente, sem direções fixas ou leis implacáveis ou fases sucessivas pré-estabelecidas que reduzem o histórico ao evolutivo, ao progresso, ao desenvolvimento.

O vazio é o único espaço de indeterminação onde podemos fazer nossa própria história. Só somos livres no vazio. Somente aqui podemos provocar transformações históricas transcendentais, sem precedentes, imprevisíveis, que abrem o estreito horizonte da modernidade capitalista e colonialista ocidental.

para que serve a psicanálise?

Programas anticoloniais e anticapitalistas poderiam usar a psicanálise para preservar o vazio do sujeito e sua história, sua palavra, seu desejo e sua existência. Mas a verdade é que a herança freudiana tende a fazer o contrário, a preencher o vazio com uma certa representação

---

34 > Jacques Lacan, 'Fonction et champ de la parole et du langage en psychanalyse", in: Écrits. Paris: Seuil, 1966 [1953], p. 291.

da subjetividade, uma representação ocidental moderna compatível com o sistema capitalista colonialmente globalizado. Essa representação é evidente, por exemplo, na criança que rivaliza com seu pai para possuir sua mãe e assim reflete fielmente o indivíduo mesquinho agressivo, possessivo e competitivo que usurpará o vazio do sujeito. O mesmo indivíduo reaparece refletido no pai primitivo ao qual se soma o caráter cumulativo do capitalista.

Claro, de alguma forma, já somos o que Freud nos diz. Somos porque fomos colonizados, mas sempre resta algo para colonizar. Resta o sujeito que somos e que não termina nunca de ser colonizado.

A colonização sempre deixa um resto. Fica um vazio que resiste ao colonialismo, que não entra na acumulação primitiva, que pode ser preservado pela própria psicanálise. Há esse vazio que não pertence a nada nem a ninguém, que não se deixa privatizar ou explorar pelo capitalismo, que conseguiu subsistir mesmo dentro da cultura europeia, desde Leucipo, Demócrito, Epicuro e Lucrécio, e até Marx e Freud e alguns marxistas e freudianos.

> lau, ursula <.> entre fanon e lacan: rompendo espaços para o retorno do recalcado[1] <.> tradução • poletti, enrico <

introdução

"Jamais me olhas lá de onde te vejo."[2]

Essa citação seminal do psicanalista francês Jacques Lacan captura o não-reconhecimento no cerne das relações humanas. Nosso olhar para o mundo nunca é refletido de volta para nós mesmos da forma como gostaríamos de ser vistos. Além disso, em um mundo desigual, sedimentado por legados coloniais, nosso olhar se encontra distorcido, reproduzindo opressões de raça-classe-gênero-sexualidade. A visão de Fanon[3] sobre a raça, não como um conceito ontológico tomado *a priori*, mas como algo sociogênico, ou como produto de condições históricas de opressão, vem inspirando teorias críticas pós-coloniais, decoloniais, culturais e feministas.[4] A forma como olhamos e como somos olhados dependerá do nosso

---

[1] > Artigo originalmente publicado como: Ursula Lau (2021) Between Fanon and Lacan: Rupturing Spaces for the Return of the Oppressed, Studies in Gender and Sexuality, 22:4, 278-292, DOI: 10.1080/15240657.2021.1996737

[2] > Jacques Lacan. *O seminário, livro 11: os quatro conceitos fundamentais da psicanálise*. Rio de Janeiro: Jorge Zahar, 2008, p. 104.

[3] > Frantz Fanon, *Pele negra, máscaras brancas*. Salvador: EDUFBA, 2008.

[4] > Homi K. Bhabha, *The location of culture*. Abingdon: Routledge, 1994; Stuart Hall, "Cultural identity and diaspora", in: Jonathan Rutherford (org.), *Identity, culture, difference*. Londres: Lawrence & Wishart, 1990, pp. 222-237; Nelson Maldonado-Torres, "On the coloniality of being", *Cultural Studies*, v. 21, n. 2-3, 2007, pp. 240-270; Nelson Maldonado-Torres, "Frantz Fanon and the decolonial turn: From modern colonial methods to the decolonial attitude", *South African Journal of Psychology*, v. 47, n. 4, 2017, pp. 432-441. Disponível em: https://doi.org/10.1177%2F0081246317737918; Walter D. Mignolo, *The darker side of western modernity: Global futures, decolonial options*. Durham, Londres: Duke University Press, 2011; Kelly Oliver, *Witnessing: Beyond recognition*. Minneapolis: University of Minnesota Press, 2001; Kelly Oliver, *The colonization of psychic space: A psychoanalytic social theory of oppression*. Minneapolis: University of Minnesota Press, 2004; Sylvia Wynter, "Towards the sociogenic principle: Fanon, identity, the puzzle of conscious experience, and what it is like to be 'black'", in: Antonio Gomez-Moriana & Mercedes Duran-Cogan (orgs.), *National identities and socio-political changes in Latin America*. Abingdon: Routledge, 2001, pp. 30-66.

lugar/posicionamento dentro da ordem sociosimbólica que considera alguns corpos como mais valiosos, legítimos e significativos que outros.[5] Os movimentos "Black Lives Matter" e "Me Too" são acertos de conta forçados no que toca aos constantes maus-tratos e abusos que são dirigidos a corpos que são consistentemente vistos como menos importantes.

Este artigo tem como premissa a ideia de que o reconhecimento, a luta e a necessidade de ser reconhecido pelo grupo dominante são por si sós um sintoma da patologia da opressão e da dominação.[6] Na África do Sul, apesar do discurso explícito de transformação social em várias esferas institucionais, aquilo que ressurge como protesto são vozes alienadas à procura perpétua de tal reconhecimento. É sabido que tal recusa da "política de reconhecimento" é uma alternativa decolonial subversiva em relação à luta por reconhecimento. Em contextos (pós)coloniais, o potencial libertador das práticas de políticas de reconhecimento, como Balaton-Chrimes e Stead argumentam,[7] não sustentou sua promessa de amenizar os efeitos do colonialismo. Pelo contrário, tais políticas diminuíram liberdades e reproduziram relações normativas e hierárquicas entre colonizador e colonizado – uma vez que ser reconhecido, como critica Fanon[8] incisivamente, é se conformar com os termos do mestre.

Ao mesmo tempo, o reconhecimento – a demanda, a necessidade e a luta por ser reconhecido nas esferas sociais e intersubjetivas – é um sintoma persistente da patologia da opressão histórica que continua a afligir a banalidade dos afazeres do dia a dia, amplamente circunscrita pela narrativa da pobreza e da necessidade.[9] Essas repetições assombrosas são *infamiliares*, resíduos "estranhamente familiares" do passado colonial e do apartheid que irrompem num presente (pós)apartheid, assinalando, em termos freudianos, "um retorno do recalcado". A psicanálise clássica, no entanto, tem sido culpada de adotar um "olhar colonial",[10] transmitindo construções eurocêntricas e elitistas acerca da condição humana como normativa e universal.[11] No interior dos consultórios a psicanálise vem tendo dificuldade para encontrar uma linguagem que abarque as questões relativas à raça, sendo cúmplice no

---

5 > Shannon Winnubst, "Is the mirror racist: Interrogating the space of whiteness", *Philosophy & Social Criticism*, v. 30, n. 1, 2004, pp. 25-50. Disponível em: https://doi.org/10.1177/0191453704039397.

6 > Kelly Oliver, *Witnessing: Beyond recognition*. Minneapolis: University of Minnesota Press, 2001.

7 > Samantha Balaton-Chrimes e Victoria Stead, "Recognition, power and coloniality", *Postcolonial Studies*, v. 20, n. 1, 2017, pp. 1-17. Disponível em: https://doi.org/10.1080/13688790.2017.1355875.

8 > Frantz Fanon, *Pele negra, máscaras brancas*. Salvador: EDUFBA, 2008.

9 > Ursula Lau e Mohamed Seedat, "Structural violence and the struggle for recognition: Examining community narratives in a post-apartheid democracy", in: Mohamed Seedat, Shahnaaz Suffla e Daniel J. Christie (orgs.), *Enlarging the Scope of Peace Psychology: African and World-Regional Contributions*. Nova York: Springer, 2007, pp. 203-220.

10 > Stephen Frosh, "Psychoanalysis, colonialism, racism", *Journal of Theoretical and Philosophical Psychology*, v. 33, n. 3, 2013, pp. 141-154. Disponível em: https://doi.org/10.1037/a0033398.

11 > Nigel C. Gibson, 2003, apud Derek Hook, "Fanon/Lacan: Sites of intersection", *Psychoanalysis and History*, v. 22, n. 3, 2020, pp. 291-316. Disponível em: https://doi.org/10.3366/pah.2020.0351.

silenciamento da raça em momentos de emergência da angústia.¹² Contudo, é precisamente nesses momentos de angústia que o potencial de transformação se encontra. A dolorosa contradição é que, enquanto a psicanálise prontamente se ocupou da intimidade da vida privada visando o alívio do sofrimento, ela tem se encontrado menos inclinada, pelo menos historicamente, a se ocupar dos males destrutivos da nossa sociedade como um todo que contribuem para o sofrimento em massa.¹³

Como nos ocupamos dessas rupturas de forma crítica, empática e significativa, visando a abertura de possibilidades para "saberes surpresa" emergirem? Pode a psicanálise, particularmente atenta à linguagem do silêncio e da ruptura, nos oferecer um modo de enxergar que elucide práticas racializadas intersubjetivas? Pode isso ser feito de forma ética, considerando que, historicamente, o campo esteve vendado por seu próprio olhar eurocêntrico ao inscrever a narrativa colonial? A disrupção da ordem racial deve nos requerer (re)orientar nosso olhar para as rupturas, as desarticulações e os silêncios, para explorar como a "raça fala" por meio de encontros negociados. A psicanálise nos proporciona uma linguagem que ao mesmo tempo produz e rompe com o sentido, por meio do desarranjo de posicionamentos de identidade familiares. É por meio desse desarranjo, como Stuart Hall escreve, que nós podemos começar a entender o "caráter traumático da experiência colonial".¹⁴ A psicanálise, mais do que qualquer outra abordagem teórica, está apta a fazer esse trabalho. Com sua atenção explícita para a linguagem do inconsciente, ela oferece uma lente teórica que discerne e permite a emergência de "saberes surpresa". Ao assistirmos e conservarmos essas rupturas, ela nos permite novas possibilidades para reconhecer os outros, em primeira instância a partir do (não) reconhecimento de nós mesmos.

Entretanto, qualquer tentativa de (re)orientar o olhar da psicanálise enquanto uma estrutura interpretativa que "diagnostica" condições presentes deve lutar contra seu passado soturno. Para fazê-lo de forma ética, é necessário que a psicanálise olhe para si mesma. Nesse caso, ela precisa se ocupar com o "psicopolítico"¹⁵ de forma a reconhecer o inconsciente individual como uma extensão de vida política.¹⁶ Teóricos decoloniais ofereceram análises das dimensões sociopolítica, sistêmica e estrutural da opressão. Por sua vez, o

---

12 > Basia Winograd, *Black psychoanalysts speak*. PEP Video Grands, 2014. 59 min. Disponível em: https://www.youtube.com/watch?v=N8-VIi7tb44.

13 > Ibid.

14 > Stuart Hall, "Cultural identity and diaspora", in: Jonathan Rutherford (org.), *Identity, culture, difference*. Londres: Lawrence & Wishart, 1990, p. 225.

15 > Derek Hook, "Fanon/Lacan: Sites of intersection", *Psychoanalysis and History*, v. 22, n. 3, 2020, pp. 291-316. https://doi.org/10.3366/pah.2020.0351.

16 > McClintock, 1995, apud Derek Hook, "Fanon/Lacan: Sites of intersection", *Psychoanalysis and History*, v. 22, n. 3, 2020, pp. 291-316. https://doi.org/10.3366/pah.2020.0351.

componente subjetivo da sociogenia de Fanon[1] foi amplamente explorado – por exemplo, os efeitos da colonialidade nas experiências vividas,[2] a corporeidade alienada[3] e a questão da sobrevivência como predicado existencial da Negritude.[4] Os efeitos do colonialismo, para além dos aspectos culturais, históricos, materiais, sociopolíticos, além do mais, são também profundamente psicológicos. Como Bulhan demonstrou,[5] os efeitos traumáticos da opressão são internalizados de forma insidiosa para reproduzir várias formas de psicopatologia.

Para além disso, como Hook escreve,[6] nós também precisamos examinar a relação psicopolítica de ambas as direções – como a raça e suas formas de performance são também mediadas psiquicamente. O projeto de decolonização a partir de um engajamento psicanalítico com as dimensões inconscientes das opressões poderia fundar uma conscientização da "vida psíquica do poder".[7] Socialmente e psiquicamente, desmantelar a opressão "exterior" deve então ser concomitante com o confronto do opressor "interno". Esse artigo contribui para os vários esforços de engajamento com um sociodiagnóstico da psique, particularmente no que se refere à forma como o inconsciente fala intersubjetivamente e socialmente entre sujeitos racializados.[8] Esses momentos intersubjetivos racializadores são importantes para que se explore as repetições inconscientes que definem os ciclos recorrentes da condição traumatogênica, em que "novos corpos" são perpetuamente inscritos para performar os mesmos *scripts* coloniais. O que tende a ser negligenciado é uma análise de como os significados internalizados da ordem opressora tornaram-se íntimos dos nossos modelos de ser e de nos relacionar e de como esses acabam como "compulsões à repetição" de um enredo colonial que resulta em padrões familiares de negação social e alienação.

Esse artigo é, então, uma tentativa modesta de pensar a partir de angústias disruptivas em encontros racializados. Eu me inspiro na psicanálise Lacaniana e na sociogenia Fanoniana para explorar possibilidades de engajamento decolonial. Esses modos de pensamento sobre as relações psicossocial/política são aparentemente antitéticos, mas convergem sobre um mesmo interesse acerca da ordem social/simbólica, e de uma visão do inconsciente

---

1 > Frantz Fanon, *Pele negra, máscaras brancas*. Salvador: EDUFBA, 2008.
2 > Nelson Maldonado-Torres, "On the coloniality of being", *Cultural Studies*, v. 21, n. 2-3, 2007, pp. 240-270.
3 > Lewis R. Gordon, "Sartre and Fanon on embodied bad faith", in: Katherine J. Morris (org.), *Sartre on the Body*. Londres: Palgrave Macmillan, 2010, pp. 183-189.
4 > Tendayi Sithole, "The concept of the black subject in Fanon", *Journal of Black Studies*, v. 47, n. 1, 2016, pp. 24-40. Disponível em: https://doi.org/10.1177/0021934715609913.
5 > Hussein Abdilahi Bulhan, Frantz Fanon and the psychology of oppression. Nova York: Plenum Press, 1985.
6 > Derek Hook, "Fanon via Lacan, or: Decolonization by psychoanalytic means ...?", *Journal of the British Society for Phenomenology*, v. 51, n. 4, 2020, pp. 305-319. Disponível em: https://doi.org/10.1080/00071773.2020.1732575.
7 > Ibid, p. 8.
8 > Michelle Stephens, "Skin, stain and lamella: Fanon, Lacan, and inter-racializing the gaze", *Psychoanalysis, Culture & Society*, v. 23, n. 3, 2018, pp. 310-329. Disponível em: https://doi.org/10.1057/s41282-018-0104-1.

como social.⁹ Seria possível argumentar que a psicanálise Lacaniana é um adjunto adequado à sociogenia Fanoniana, considerando sua visão do inconsciente – não como pulsões instintuais, mas como êxtimas ao self. Ele é sempre constituído como uma relação social, dando-se de forma intersubjetiva e em relação com o olhar estruturante do grande Outro. Essa visão social do recalque nos ajuda a discernir os momentos de tensão e ruptura em espaços relacionais, onde algo continua a falar no lugar em que foi reprimido/oprimido.¹⁰ Acompanhando Bhabha,¹¹ o retorno do recalcado marca o espaço como infamiliar: um "estranho tomado como vagamente familiar".¹²

O objetivo desse artigo é explorar as aberturas inesperadas do inconsciente que rompem com o espaço entre eu, uma mulher sul-africana e chino-asiática vindo a reconhecer a minha branquitude, e os residentes da "township", um espaço racialmente designado como "negro" no imaginário sul-africano. Esse artigo é dividido em três partes. Na primeira, ofereço um cenário etnográfico para a comunidade Diepsloot, o ambiente no qual grande parte da análise desse artigo se baseia. Na segunda parte, ofereço as coordenadas teóricas para a análise: o "olhar" Lacaniano e o "olhar" de Fanon como um avesso crítico, além de compreender como os dois juntos oferecem uma lente interpretativa para explorar práticas racializadas que são psicossociais. Na terceira parte, me sirvo de conversas para explorar as "disfluências" do discurso para articular as angústias no espaço entre eu mesma e os residentes/participantes nesses momento de (ir)reconhecimento. Na conclusão, exploro qual potencial transformador se encontra em ouvir e dar espaço para essas rupturas de angústia no campo relacional. É no tenso espaço do (ir)reconhecimento onde podemos conhecer o nosso próprio opressor racializado "Interior".

---

9 > Derek Hook, "Fanon/Lacan: Sites of intersection", *Psychoanalysis and History*, v. 22, n. 3, 2020, pp. 291-316. Disponível em: https://doi.org/10.3366/pah.2020.0351.

10 > Os devidos créditos devem ser atribuídos a um dos pareceristas deste artigo que indicou que, para coletivos negros, a violência é constante em um mundo (pós)colonial, não deixando tempo para a operação do recalque. A perspectiva social do recalque referida nesse artigo alude a e deriva da perspectiva freudiana do recalque (Sigmund Freud, "The 'uncanny'", in: An infantile neurosis and other works. Londres: Hogarth Press, 1919, p. 237. The standard edition of the complete psychological works of Sigmund Freud, v. XVII., p. 237.) – o infamiliar enquanto uma "repetição involuntária" erguida em resposta a impressões, situações, eventos, pessoas ou coisas. O ponto de partida aqui é que ao invés de se erguer pela via da culpa neurótica, aquilo que é repetido como "estranhamente familiar" ou "(não)acolhedor" é associado à despossessão pós-colonial – espaços de não acolhimento, despossuídos de seus domicílios originais, em que as pessoas pobres são "reduzidas a aparições que apontam para um passado e para um presente injustos" (Pramod K. Nayar, "The postcolonial uncanny: The politics of dispossession in Amitav Ghosh's The Hungry Tide", College Literature, v. 37, n. 4, 2010, pp. 88-119. https://doi.org/10.17456/SIMPLE-68, p. 116.). A mudança da ênfase psicossexual para a pós-colonial está no pano de fundo dos temas acerca da repetição relacionada a experiência de subjugação, perda e violência.

11 > Homi K. Bhabha, "The other question: Difference, discrimination and the discourse of colonialism", in: J. Houston A. Baker, Manthia Diawara e Ruth H. Lindeborg (orgs.), *Black British cultural studies: A reader*. Chicago: University of Chicago Press, 1983, pp. 87-107.

12 > Pramod K. Nayar, "The postcolonial uncanny: The politics of dispossession in Amitav Ghosh's The Hungry Tide", *College Literature*, v. 37, n. 4, 2010, pp. 88-119.

"cidade escura" – o ressurgir de um imaginário colonial

Está visivelmente lotado, alegre e animado. Em um sábado de manhã. As estradas estão empoeiradas e suas superfícies irregulares. As calçadas congestionadas enquanto nós passamos pelas pessoas. Uma brisa sopra. Sinto um cheiro de fumaça e esgoto. Eu salto entre as poças para chegar em terra seca. Eu ando com Madala. Nós havíamos acabado de entrar na Ext. 1 da *township* de Diepsloot. "Nós a chamamos de cidade escura" ele diz. "Nós não temos luz aqui. Nós não temos e-eletricidade... Eu-eu estou usando a-a-a vela". Madala é um homem negro nos meados dos seus quarenta anos, um jardineiro, um sul-africano morando em Diepsloot há quase 10 anos. Ele é mais novo do que seu apelido escolhido sugere (traduzido como 'homem velho'), mas ainda assim parece mais sábio do que sua idade sugere. Eu sou uma mulher, numa gravidez já avançada, vindo a ser mãe pela primeira vez, chino-asiática, sul-Africana, uma estudante coletando dados para o seu doutorado. Madala é meu primeiro participante, que acaba se tornando uma presença orientadora nesta essa comunidade. Cidade negra não é só um lugar "sem luz" (Madala). O que eu passo a observar por meio de outros moradores, é que "não há espaço aqui" (Khuras). Ela é designada como um "puro campo de ocupantes" (N1), um local habitado por "MUITOS estrangeiros" e "criminosos perigosos" (N1); é "*aquele* lugar onde eles matam as crianças" (Mamakgowa), onde "as pessoas matam umas às outras" (Mlandy), um lugar onde "eles colocam os bebês nas lixeiras" (Mamakgowa) e "onde se pode ver alguém morto na rua" (Khuras).

A "Cidade escura" nesse relato reconstruído é costurada a partir de conversas que emergiram em minhas andanças com residentes da comunidade por seus espaços de residência. Diepsloot é uma comunidade pós-apartheid, formalizada em alguns aspectos, ainda que dentro de uma lógica em que o pertencimento é construído hierarquicamente a partir de graus de (in)formalidade. O subúrbio de Tanganani é composto de "bond homes",[13] duas zonas de RPD3,[14] e *zozos*[15] pré-fabricadas. Justapostas consistentemente contra essas estruturas se encontra a "cidade escura", uma zona abjeta dentro "da comunidade", sendo que a comunidade em si já se encontra subalterna no imaginário sul-africano. Não pertencer a "esse lugar" era a narrativa estruturante expressa participantes/residentes, que tentaram negociar sua desidentificação com esse espaço que "não é eles". *Não* pertencer à Diepsloot (e particularmente à "cidade escura") foi um movimento discursivo para se diferenciar de

---

13 > Casas adquiridas por um formato de financiamento conhecido como *bond*.
14 > RDP é o Programa de Reconstrução e Desenvolvimento do governo da África do Sul, zonas de RDP são compostas de moradias populares que são financiadas junto ao Estado.
15 > Referente ao nome de uma marca sul-africana ("Zozo") que ficou conhecida por produzir materiais para casas pré-fabricadas.

um lugar visto como abjeto e, simultaneamente, para se proclamar uma identidade para além da sobrevivência.[16]

Entretanto, narrativas não são expressões monológicas; elas são sempre construções relacionais, performadas na presença de um "outro" (eu mesma no cenário como pesquisadora) e, por sua vez, mediadas pela presença imaginária do "grande Outro".[17] Nossa construção imaginária é uma identificação com o olhar do Outro que nos ensina o que e como desejar e, por outro lado, o que desprezar. Nesse sentido, somos seduzidos e enganados a ver o outro como "diferente".[18] Esse olhar onipresente, invisível, desencarnado e opressor da ordem sócio simbólica estrutura o sentido e oferece direção e propósito. Nós somos atraídos pelo Outro que nos interpela, mas enquanto indivíduos procurando reconhecimento, temos a intenção de capturar o olhar do Outro. Para ser um sujeito digno de um lugar no campo sócio simbólico, nós moldamos nossa fala em concordância com o olhar estruturante do Outro. O oprimido, como afirma Oliver,[19] é forçado a se identificar com uma posição de alteridade ou abjeção por parte dos ideais da cultura dominante.

Nesse contexto, Diepsloot é imaginada por meio do olhar estruturante do "grande Outro colonial".[20] A "Cidade escura", em particular, nos lembra da cidade do colonizado retratada por Fanon em *Os Condenados da Terra*: "um lugar mal-afamado, povoado de homens mal-afamados. [...] Morre-se não importa onde, não importa de quê. É um mundo sem intervalos... as casas umas sobre as outras... uma cidade faminta, faminta de pão, de carne, de sapatos, de carvão, de luz".[21] As histórias que ressoam em Diepsloot são sobre sobrevivência, medo e horror (corpos famintos, corpos em decomposição, corpos violados, corpos mortos) numa representação coletiva da existência oscilando em seus limites. A sobrevivência, enquanto uma condição pós-colonias/pós-apartheid, se encontra "escondida" nas banalidades do dia a dia e, como observa Sithole, é um terrível predicado existencial da negritude.[22]

Inegavelmente, existe uma fisicalidade bruta da falta, visualmente evidenciada, que não pode ser relegada para o campo da construção visual imaginária. Concomitantemente, a representação coletiva de Diepsloot por seus moradores se conforma com uma narrativa

---

16 > Ursula Lau, *The township and the gated community: A psychosocial exploration of home and the (a)symmetries of belonging*. KwaZulu-Natal: University of KwaZulu-Natal, 2019. Tese de doutorado.

17 > Jacques Lacan, *Escritos*. Rio de Janeiro: Jorge Zahar, 1998

18 > Michelle Stephens, "Skin, stain and lamella: Fanon, Lacan, and inter-racializing the gaze", *Psychoanalysis, Culture & Society*, v. 23, n. 3, 2018, pp. 310-329. Disponível em: https://doi.org/10.1057/s41282-018-0104-1.

19 > Kelly Oliver, *Witnessing: Beyond Recognition*. Minneapolis: University of Minnesota Press, 2001.

20 > Derek Hook, "Fanon/Lacan: Sites of intersection", *Psychoanalysis and History*, v. 22, n. 3, 2020, p. 301.

21 > Frantz Fanon, *Os condenados da terra*. Rio de Janeiro: Civilização Brasileira, 1963, p. 29.

22 > Tendayi Sithole, "The Concept of the Black Subject in Fanon", *Journal of Black Studies*, v. 47, n. 1, 2016, pp. 24-40. Disponível em: https://doi.org/10.1177/0021934715609913.

estereotipada da comunidade por meio de sua narrativa ritualizada e de imagens recorrentes.[23] A "comunidade" funciona, então, como uma construção sociohistórica, que se mantém consistente por meio de uma metáfora ("cidade escura") e de metonímias (falta, perigo, morte e podridão), vindo a constituir a Negritude. Enquanto construto imaginário, ela é estruturada historicamente e orientada pelo olhar da Branquitude, performada discursivamente, afetivamente, corporalmente e espacialmente.

Bhabha percebe que o estereótipo opera como uma narrativa ritualizada que oculta o que está fora do lugar ou o que não pode ser conhecido.[24] Juntar essa lógica psicanalítica com a luta decolonial nos oferece possibilidades para interromper o conhecido *script* colonial. Examinar esse *script*, fora da coerência imaginária (a narrativa dominante) até o campo de ruptura, abre espaços entre "compreensões" familiares, permitindo a emergência de saberes inesperados. Antes de me voltar para essa tarefa analítica, devo mapear uma rede conceitual que faça convergir as teorias de Fanon e Lacan.

interpelação: desejo por meio de um olhar estruturante

O psicanalista francês Jacques Lacan, "alto" teórico[25] notoriamente obscuro, rompeu radicalmente com a psicologia do ego que predominava em seu tempo, oferecendo uma teoria que situava a "loucura" não como um produto de patologia individual, mas como um artefato social.[26] Fanon, um teórico social e psiquiatra martinicano que lutou pela liberação da Argélia dos colonos franceses,[27] privilegia uma lente sociogênica para ler práticas racializadas na medida em que essas se dão em níveis de encontros intersubjetivos e interraciais. Como e porque trazer esses autores aparentemente antitéticos "em diálogo" poderia oferecer uma perspectiva renovada acerca do sofrimento pós-colonial e das possibilidades para o engajamento decolonial? A visão compartilhada de ambos os teóricos acerca da subjetividade psicossocial oferece um ponto de partida para explorar a textura afetiva dos relacionamentos humanos que "adentra" a experiência fenomenológica dos encontros interraciais[28] e, ao mesmo tempo, olha para além da troca visceral para explorar o que está "fora" ou, nos

---

23 > Homi K. Bhabha, "Remembering Fanon: Self, psyche and the colonial condition", in: Patrick Williams e Laura Chrisman (orgs.), *Colonial discourse and post-colonial theory*. Abingdon: Routledge, 1994.

24 > Homi K. Bhabha, The location of culture. Abigdon: Routledge, 1994.

25 > No original, a autora emprega a expressão "high theorist" deixando a palavra "high" entre aspas, como se manteve na tradução. "High theorist" é expressão que pode ser entendida em inglês para dizer de autor ou autora que desenvolva teoria em alto nível abstrato, e que aqui é de certa forma contraposta à ideia de Fanon como um "teórico social" [N.T.].

26 > Derek Hook, "Fanon/Lacan: Sites of intersection", *Psychoanalysis and History*, v. 22, n. 3, 2020, pp. 291-316. https://doi.org/10.3366/pah.2020.0351.

27 > Cynthia R. Nielsen, "Resistance through re-narration: Fanon on de-constructing racialized subjectivities", in: African Identities, v. 2, n. 4, 2011, pp. 363-385. Disponível em: https://doi.org/10.1080/14725843.2011.614410.

28 > Frantz Fanon, *Pele negra, máscaras brancas*. Salvador: EDUFBA, 2008.

termos de Lacan, a "extimidade" em relação ao eu que orienta e estrutura como vemos e como somos vistos. Essa formulação situa o desejo – sua origem, seu sentido e sua operação – como inerentemente social.[29] Para ambos os teóricos, o olhar e o corpo (pele) são as bases pelas quais somos interpelados enquanto sujeitos.

o corpo, a imagem e o olhar

A imagem, tanto para Fanon quanto para Lacan, está ligada ao eu (corporal). Fanon se utiliza da noção Lacaniana de eu ("Je"), no sentido ficcional do self que parece "Inteiro", como central para a imago.[30] O eu, para Lacan, é formado a partir da dimensão corporal. Apesar do seu senso de agência e autonomia ilusória, o eu é objeto e não sujeito. Lacan traça essa construção até a fase do espelho, na qual a criança se vê no espelho – imago de si mesma que oferece uma versão ideal de si enquanto completo e coordenado. Esse ideal "une" a experiência de fragmentação e de disjunção corporal para oferecer um senso de coerência. A imagem ideal de si (o eu ideal) é constituída por meio do olhar e estruturada por meio da linguagem pela via do Outro materno, o primeiro representante para a criança da ordem simbólica. O Outro convoca a criança a se tornar um sujeito por meio da linguagem: "olhe para você!". "Olhe" é um ato discursivo interpelativo poderoso sem uma fonte identificável.[31] O eu é formado na junção de sentidos duplos, visão e fala, para formar uma construção social fantástica (tela) pela qual experienciamos a realidade.[32] Todavia, essa identificação imaginária é um falso reconhecimento, uma *méconnaissance*[33] ou um mau julgamento, como Fanon o chamaria.[34] O olhar nos leva a uma "falsa" noção de ser. Nós nos orientamos para as coordenadas simbólicas do sentido que nos é oferecido pelo Outro, mas somos enganados e alienados.[35] Como Glynos escreve com exatidão, nos é oferecida a promessa, mas nunca a

---

29 > Derek Hook, "Fanon/Lacan: Sites of intersection", *Psychoanalysis and History*, v. 22, n. 3, 2020, pp. 291-316. https://doi.org/10.3366/pah.2020.0351.

30 > Frantz Fanon, "Mental alterations, character modifications, psychic disorders and intellectual deficit in spinocerebellar heredodogeneration: a case of Friedereich's ataxia with delusions of possession", in: Jean Khalfa e Robert J. C. Young (orgs.), *Frantz Fanon: alienation and freedom*. Bloomsbury: Bloomsbury Academic, 2018, apud Derek Hook, "Fanon/Lacan: Sites of intersection", *Psychoanalysis and History*, v. 22, n. 3, pp. 291-316. Disponível em: https://doi.org/10.3366/pah.2020.0351.

31 > Michelle Stephens, "Skin, stain and lamella: Fanon, Lacan, and inter-racializing the gaze", *Psychoanalysis, Culture & Society*, v. 23, n. 3, 2018, pp. 310-329. https://doi.org/10.1057/s41282-018-0104-1.

32 > Shannon Winnubst, "Is the mirror racist: Interrogating the space of whiteness", *Philosophy & Social Criticism*, v. 30, n. 1, 2004, pp. 25-50. https://doi.org/10.1177/0191453704039397.

33 > Jacques Lacan, *Escritos*. Rio de Janeiro: Jorge Zahar, 1998

34 > Frantz Fanon, "Mental alterations, character modifications, psychic disorders and intellectual deficit in spinocerebellar heredodogeneration: a case of Friedereich's ataxia with delusions of possession", in: Jean Khalfa e Robert J. C. Young (orgs.), *Frantz Fanon: alienation and freedom*. Bloomsbury: Bloomsbury Academic, 2018, p. 35.

35 > Frantz Fanon, *Pele negra, máscaras brancas*. Salvador: EDUFBA, 2008.

satisfação do pertencimento.³⁶ Entretanto, enquanto para Lacan o corte traumático é entre o eu e o ideal de eu, para Fanon, a ruptura para o homem negro é a alienação do social. Oliver batizou essa construção de uma dupla alienação – uma identificação com o próprio inconsciente coletivo pelo qual ele se tornou outro.³⁷

o corte, a ferida e a ruptura

Segundo Lacan,³⁸ o eu é derivado do "corte" significante – instituído por meio do olhar que nos situa no campo da visão (Imaginário) e sinalizado para um mundo de sentido (ordem simbólica). Esse nascimento da subjetividade, por sua natureza traumática, sempre deixa pra trás um fragmento – o não simbolizável, o indizível, o inimaginável - capturado somente como diferença. Esse resíduo é infamiliar: uma pele que se assemelha à lamela, que um dia foi parte de nós e que é destacada do corpo após o nascimento, mas que nos assombra perpetuamente nas margens da identidade em busca da definição.³⁹ A ruptura é esse lugar que sinaliza a falta (de sentido) nas fronteiras da pele que contém a identidade, o corpo (e a história).

Mas o que é o olhar do Outro? Sobre quais coordenadas "simbólico culturais" esse Outro nos leva a acreditar na promessa de completude, abundância e plenitude? Esse é um importante ponto de partida para Fanon. Fanon lê o estádio do espelho de Lacan como um relato do sujeito branco (masculino) que, ao ver o outro negro, "sofre uma agressão imaginária com o aparecimento do negro".⁴⁰ Esse confronto com a imagem que não espelha narcisicamente seu próprio eu ideal (um senso de self como íntegro e centrado) é causa de muita angústia. Fanon debate com o olhar lacaniano a partir da posição de ser visto: que o homem negro seja sempre o "Outro" do homem branco, "percebido no plano da imagem corporal, absolutamente como o não-eu, isto é, o não-identificável, o não assimilável",⁴¹ e então desmentido como "ñão-eu". O espelho lacaniano oferece uma visão limitada da visão da formação do self/eu por meio de um olhar estruturante. Em sua própria omissão (ou desmentido), raça/racismo são performados no que Lacan relata como o resto implícito de uma ontologia da subjetividade ocidental. Essa parcialidade do enxergar quer dizer que "se

---

36 > Jason Glynos, "The grip of ideology: A Lacanian approach to the theory of ideology", *Journal of Political Ideologies*, v. 6, n. 2, 2001, pp. 191-214. https://doi.org/10.1080/13569310120053858.
37 > Kelly Oliver, *Witnessing: Beyond recognition*. Minneapolis: University of Minnesota Press, 2001, p. 35.
38 > Jacques Lacan, *Escritos*. Rio de Janeiro: Jorge Zahar, 1998.
39 > Michelle Stephens, "Skin, stain and lamella: Fanon, Lacan, and inter-racializing the gaze", *Psychoanalysis, Culture & Society*, v. 23, n. 3, 2018, pp. 310-329. https://doi.org/10.1057/s41282-018-0104-1.
40 > Frantz Fanon, *Pele negra, máscaras brancas*. Salvador: EDUFBA, 2008, p. 141.
41 > Ibid., p. 141.

performa a sua própria branquitude" (ou masculinidade, heterossexualidade e outros que se assemelham) por meio de reivindicações implícitas à universalidade.[42] O espelho lacaniano, como Winnubst observa, vê a completude como a branquitude (e a masculinidade). Corpos brancos masculinos têm sua legitimidade de falar garantida (precedendo o discurso) por meio do poder que se encontra inscrito em seus corpos.

Assim, a pele que envolve o corpo para "conter" a identidade não é neutra; ela é socialmente mapeada junto a coordenadas hegemônicas que nos ensinam como desejar (e o que desprezar). A forma como corpos são vistos e como nós vemos depende de onde e como estão localizados no campo sócio simbólico. O olhar lacaniano, assim, mapeia o campo escópico que reflete o espelho correspondente ao "simbólico cultural" como "um processo que dá sentido a alguns corpos como mais poderosos, mais valiosos e mais significativos que outros".[43] O movimento progressivo da psicanálise lacaniana é sua afirmação radical de que a castração reside na própria ordem social, que é derivada de sua falta ontológica. No entanto, assim como as primeiras formas de psicanálise, ela sofre da cegueira do privilégio, uma visão narcisista do self que elimina formas alternativas de ver. É no limite da ferida, do que resta do corte significante da teoria Lacaniana, em que a conceituação de Fanon do corpo como zona para experiências fenomenológica prova seu valor.[44] A "marca traumática" nas "bordas da identificação", como resume Bhabha,[45] é uma zona de ambivalência e incerteza onde "espreita o homem negro de máscara branca".[46] Explorar encontros intersubjetivos e racializados, em que a identidade e o "sentido" são fraturados, nos oferece um re-encontro com o nosso interior e exterior reprimido/oprimido.

Ao aprofundarmos numa forma de análise autoetnográfica em nível fenomenológico, no entanto, arriscamos uma reconstituição solipsista do olhar branco e uma performance de autodisciplina racial no nível da confissão ritualizada. Os trechos a seguir foram selecionados para mostrar raça/racialização como um processo relacional, mas também relatam encontros brutos, expostos e não-higienizados que se deram no processo de pesquisa. Dada essa característica, eles nos permitem um modo de análise que se encontra entre o "interior" (intrapessoal/psíquico) e o "exterior" (intersubjetivo, social, político) para explorar "saberes inesperados" que emergem por meio de diálogos. Esses trechos também convidam a uma abertura, ao invés de um fechamento, dos sentimentos, uma vez que a psique do leitor

---

42 > Shannon Winnubst, "Is the mirror racist: Interrogating the space of whiteness", *Philosophy & Social Criticism*, v. 30, n. 1, 2004, pp. 25-50. https://doi.org/10.1177/0191453704039397

43 > Ibid., p. 26.

44 > Michelle Stephens, "Skin, stain and lamella: Fanon, Lacan, and inter-racializing the gaze", *Psychoanalysis, Culture & Society*, v. 23, n. 3, 2018, pp. 310-329. Disponível em: https://doi.org/10.1057/s41282-018-0104-1.

45 > Homi K. Bhabha, O local da cultura. Belo Horizonte: Editora UFMG, 1998, p. 100.

46 > Ibid.

(como uma extensão do coletivo social) é convidada a oferecer mais camadas de interpretação crítica aos textos e interpretações já realizadas, de forma semelhante a uma reflexividade concêntrica.[47]

assombrações coloniais e do apartheid: o retorno do recalcado

Qual o meu lugar aqui na "comunidade"? O propósito da minha pesquisa foi explorar a casa como uma realidade narrativa: como falamos sobre a casa, como a sentimos, como a incorporamos e como a performamos através dos espaços de pobreza e de riqueza. Pelo olhar de quem eu olho? Qual é meu lugar nesse olhar? A partir de qual lugar eu olho pra mim mesma para encontrar um semblante de completude?

A imagem que eu desejo de mim mesma é uma de quem faz um "bom trabalho" por meio de um posicionamento social no qual me imagino ser socialmente consciente, progressiva, engajada com a comunidade e em sintonia com as demandas dos oprimidos.[48] Como minha "consciência corporal" (meu coração batendo em meu peito e minha fala incoerente) na "cidade escura" parece "trair" esse ideal de "bom trabalho"? O medo se registra de forma visceral no meu corpo. Mas seria o meu medo a construção somática-afetiva que precede minha entrada em cada comunidade? Ou foi ele produzido discursivamente a partir do encontro? Dias antes de me encontrar com Madala, um rapaz jovem com a cabeça para fora da janela de um táxi gritou com deboche: "Você deve ter cuidado com as pessoas negras. Elas vão te sequestrar".

Em minhas notas de campo, escrevi que eu "me agarro" a Madala e Khurras, dois participantes/residentes do sexo masculino que, em diferentes situações, me levaram à "cidade escura". Madala me introduziu a comunidade como uma "amiga". Sua cordialidade, sua presença tranquilizante e sua popularidade com os demais residentes amenizou minha angústia. Houve também momentos "leves" nos quais os rapazes, amigos de Madala, o felicitaram por "guiar uma mulher maravilhosa", e então, apontando para minha barriga grávida, disseram sorrindo "QUEM te bateu tanto? Você deve lhe dizer, você deve lhe dizer que ele não deve (.), pelo menos, BATER em seu estômago, ele não deve, ele deve te bater em outro lugar". Apesar

---

47 > Lista Saville Young, "Research entanglements, race, and recognizability: A psychosocial reading of interview encounters in (post-) colonial, (post-)apartheid South Africa", *Qualitative Inquiry*, v. 17, n. 1, 2011, pp. 45-55. https://doi.org/10.1177%2F1077800410389443. .

48 > Ursula Lau e Mohamed Seedat, "Structural violence and the struggle for recognition: Examining community narratives in a post-apartheid democracy", in: Mohamed Seedat, Shahnaaz Suffla e Daniel J. Christie (orgs.), *Enlarging the Scope of Peace Psychology: African and World-Regional Contributions*. Nova York: Springer, 2007, pp. 203-220; Ursula Lau et al., "Catalysing transformation through stories: Building peace in recognition, struggle and dialogue", in: Mohamed Seedat, Shahnaaz Suffla e Daniel J. Christie (orgs.), Emancipatory and participatory methodologies in peace, critical, and community psychology. Nova York: Springer, 2017, pp. 147-163.

da jovialidade, não consigo não me sentir no "holofote", ser tomada como um espetáculo,[49] uma vez que meu corpo feminino se torna um espaço objetificado para brincadeiras, em que a sexualização combinada com a violência é performada pelo olhar masculino.

Minha "feminilidade" e "asiaticidade", concomitantemente, parecem formar um escudo contra possíveis recriminações relativas ao meu posicionamento e ao meu lugar em uma hierarquia interseccional de opressão. A "falta de lugar" histórica da etnicidade chinesa, as designações, sempre em constante mudança, do discurso sul-africano como "asiática" estrangeira, "não-branca", "de cor", "branca honorária" e "legalmente negra"[50] me ofereciam, na minha mente, legitimidade para pesquisar sobre casas e as assimetrias do pertencimento numa comunidade que não possui uma casa. Para Lacan,[51] existe uma falta de reconhecimento que é inerente ao olhar. Minha identidade social "coerente" (uma mulher socialmente consciente, parte de uma minoria, historicamente desfavorecida, uma pessoa de cor, alinhada com a causa da justiça social, fazendo um "bom trabalho") sofre uma ruptura a partir da reversão do olhar produzida por Madala, projetada em mim como infamiliar.

trecho 1 – ver e ser visto

[Nós andamos ao longo de um campo. Uma menina no horizonte anda em nossa direção. Ela sorri e toca meu braço. Nós rimos e ela vai embora]

MADALA: ...Eles, as pessoas da:: comunidade, eles:: eles são/eles são/eles são:: interessantes[sic][52] Eles não estão te vendo como, POR QUE, POR QUE É QUE, POR QUE ESSA MOÇA ESTÁ, ESTÁ ANDANDO POR AQUI, está andando por aqui e então é branca e então (.) você anda com as/as/as/as PESSOAS NEGRAS e e então (.) pare, 'EI, POR QUE? POR QUE VOCÊS ETÁ AN/ANDANDO AQUI, O QUE VOCÊ ESTÁ FAZENDO?' Então, eles SABEM:: talvez você venha e OS AJUDE talvez eu/eu, você, você AQUI para/para/para ajudá-los

URSULA: Você está falando de QUEM? [eu sou:::

MADALA: Eles/eles/eles] as pessoas da COMUNIDADE.

URSULA: Ok. Sim.

MADALA: Talvez eles, eles tenham dito, 'okay (.) é por isso que ela anda AQUI. Talvez ela, ela ela, esteja fazendo uma pesquisa (:) talvez nós tenhamos me/me/me MELHORIAS no/[no/no

---

49 > Kelly Oliver, *Witnessing: Beyond recognition*. Minneapolis: University of Minnesota Press, 2001.

50 > Yoon Jung Park, "White, Honorary White, or Non-White: Apartheid Era Constructions of Chinese", *Afro-Hispanic Review*, v. 27, n. 1, pp. 123-138. Disponível em: http://www.jstor.org/stable/23055227.

51 > Jacques Lacan, *Escritos*. Rio de Janeiro: Jorge Zahar, 1998.

52 > Madala diz "Interessantes", mas parece querer dizer "Interessados".

URSULA: Ok... Ok]
MADALA: no lugar (.) talvez da pobreza.'
URSULA: V/você acha que eles me veem como BRANCA?
MADALA: Sim.
URSULA: Um=
MADALA: Eles/eles/eles tem isso de (você sabe) tipo ok, a pessoa BRANCA quando : ela anda por aqui em Diepsloot e dizem 'UAU, talvez ele esteja vindo, esteja vindo e mudando a/a/a, Diepsloot hh'
URSULA: hh mm, e como VOCÊ vê?
MADALA: Desculpa?
URSULA: E Você? Para você, como você vê?
MADALA: Assim é/é/é BOM ver [uma/uma/uma
URSULA: M m]
MADALA: Pessoa branca
URSULA: Mm

O olhar, invertido, me hipervisibiliza, não como uma mulher de cor, que pode legitimamente reivindicar o status de marginalizada por meio de uma hierarquia interseccional de opressão – mas sim por meio de uma "Outra" lente, como um negro olhando para a branquitude em busca de recompensa. Aqui, eu sou a "mulher branca" vinculada ao privilégio e ao poder de "AJUDAR" e trazer "MELHORIAS" para Diepsloot. Ao mesmo tempo, *ser vista* como branca tem seus riscos. Madala admite estar vestindo "ESSA camisa" (estampada com o logo de uma organização não governamental) na comunidade quando é *visto* comigo. Khuras, um cinegrafista de Diepsloot que vende gravações dignas de notícia para a mídia, também aponta: "Eles viram você, eles/eles/eles ME VIRAM COM VOCÊ/.../ outra mulher branca."

Esse exemplo de um erro de interpelação racial é inquietante, como pode ser notado em meu prolongado estado de surpresa/confusão: "Você está falando de QUEM? [eu sou:::". É um "erro de interpelação", uma vez que me situa em um grupo que não corresponde ao meu próprio esquema corporal, minha experiência enquanto asiática, minha identidade social, minha biografia, minha localização histórica e experiência corporificada de estar no mundo. É inquietante porque me dirige um olhar discordante da minha visão do meu "eu" como indivíduo pertencente ao coletivo asiático que, como Madala, se encontra alienado de um mundo branco e que, diferente de Madala, não pode reivindicar o mesmo nível de sofrimento acarretado por tal alienação/deslocamento. Essa situação se difere da de Fanon,[53] que ao ser "visto" é situado como um objeto por um "sujeito soberano que vê".[54] Aqui eu estou sendo (erroneamente) reconhecida, por meio desse ato de interpelação, como esse sujeito soberano que vê.

No entanto, por que essa interpelação racial (errônea) me pegou desprevenida? Não sou eu "diferente" do Outro "branco" historicamente opressor? Poder-se-ia perguntar, por que tanta ingenuidade da minha parte? Afinal, enquanto pesquisadora em uma comunidade com recursos escassos, "Branco" é metonimicamente associado a poder, posição e privilégio.[55] Essa relação entre comunidades (negras empobrecidas) e o visitante "branco" é, como aponta Madala, uma relação que já nos é conhecida: A comunidade "SABE" que quando uma pessoa branca entra com uma pessoa negra, a mudança está vindo para Diepsloot. Essa situação "conhecida" é um estado familiar. Ela reifica o imaginário colonial e relativo ao apartheid do outro "Branco" (proselitista) que vem a comunidade sob o disfarce da "melhoria" ("o progresso", "a pesquisa").

A "estranha familiaridade" que caracteriza essa troca ressoa com a descrição de Freud[56] do infamiliar enquanto sentimento inquietante, uma "repetição involuntária" angustiante, provocada como resposta a impressões, situações, eventos, coisas ou pessoas. O sentimento inquietante provocado é a nossa peculiar e assombrosa presença ("pessoa negra" com uma "mulher branca"), como observaram tanto Madala quanto Khura. Essa semelhança nos convida a um olhar suspeito, que Madala ao mesmo tempo expressa e nega abertamente ("Eles não estão te vendo como...POR QUE ESSA MOÇA ESTÁ, ESTÁ ANDANDO POR AQUI, está andando por aqui e então é branca e então (.) você anda com as/as/as/as PESSOAS NEGRAS". Ainda assim, o infamiliar é um estado de ambivalência angustiante. Por mais que ele evoque suspeita, ele também evoca uma familiaridade tranquilizadora: A branquitude veio tomar o controle, dar direção, oferecer "mudança", buscar "melhorias" e prometer libertação da pobreza e do sofrimento. A infamiliaridade desse encontro é, ao mesmo tempo, "caseira" (familiar) e "desconhecida" (infamiliar).[57]

---

53 > Frantz Fanon, *Pele negra, máscaras brancas*. Salvador: EDUFBA, 2008.

54 > Michelle Stephens, "Skin, stain and lamella: Fanon, Lacan, and inter-racializing the gaze", *Psychoanalysis, Culture & Society*, v. 23, n. 3, 2018, p. 316. https://doi.org/10.1057/s41282-018-0104-1.

55 > Stuart Stevenson, "Psychodynamic intersectionality and the positionality of the group analyst: The tension between analytical neutrality and inter-subjectivity", Group Analysis, v. 53, n. 4, 2020, pp. 498–514. https://doi.org/10.1177%2F0533316420953660

56 > Sigmund Freud, "The 'uncanny'", in: *An infantile neurosis and other works*. Londres: Hogarth Press, 1919, p. 237. (The standard edition of the complete psychological works of Sigmund Freud, v. XVII).

57 > Ibid., p. 220.

Permanecendo fiel a uma interrogação sobre a raça a partir de uma lente sociogênica,[58] o infamiliar não é como uma neurose psicossexual recalcada buscando resolução por meio da repetição,[59] mas repetições inconscientes do passado colonial infiltrando-se no presente.[60] O recalcado que irrompe na consciência é dividido entre ver (sujeito) e ser visto (como objeto). Nós também diferenciamos o recalque em seus efeitos – eu me torno objeto do olhar do qual eu era (inicialmente) o sujeito. Quando o olhar nos olha de volta, nós nos reconhecemos erroneamente: nosso senso de nós mesmos enquanto sujeitos é descentrado. Minha tentativa de recuperar minha posição a partir da insistência de Madala na branquitude (V/ você acha que eles me veem como BRANCA?) é infrutífera. Minha angustia é perceptível quando busco reverter o olhar, buscando em Madala alguma forma de reflexo especular reconhecível que correspondesse de forma coerente com a minha a autodefinição: "Como VOCÊ vê? E Você? Para você, como você vê?" – mais precisamente, "como VOCÊ (depois de eu conhecer você e você me conhecer) me *ve*?". Essa troca destaca a mutualidade enquanto distorcida em uma estrutura social que repete ciclos de opressão. O reconhecimento mútuo é uma impossibilidade, uma vez que cada um busca não reconhecer o outro, mas ser reconhecido pelo outro.

Talvez o que tenha sido desconcertante sobre o olhar de Madala sobre mim não tenha sido a desilusão do (não) reconhecimento – sua falha em me ver – como eu havia insinuado em minha análise prévia.[61] Seria ainda mais desconcertante a possibilidade de que ele tenha me visto de forma ainda mais clara? A interpelação racial é uma forma de epidermização, como nota Fanon,[62] a partir da qual o sentido de outra pessoa sobre mim deriva da minha própria superfície. O meu "eu falante" no texto quer interrogar e corrigir a "verdade" percebida por Madala sobre mim, mas eu reconheço a futilidade (e impropriedade) de o fazer. Para o meu eu interpretativo, que agora se encontra reflexivamente "exterior" ao texto, essas colisões no sentido aparecem como desconcertantes para significados familiares que sustentam nossa própria visão "coerente" de nós mesmos.[63] Interpelações raciais errôneas provo-

---

58 > Frantz Fanon, *Pele negra, máscaras brancas*. Salvador: EDUFBA, 2008.

59 > Sigmund Freud, "The 'uncanny'", in: *An infantile neurosis and other works*. Londres: Hogarth Press, 1919. (The standard edition of the complete psychological works of Sigmund Freud, v. XVII).

60 > Derek Hook e Ross Truscott, "Fanonian ambivalence: On psychoanalysis and postcolonial critique", *Journal of Theoretical and Philosophical Psychology*, v. 33, n. 3, 2013, pp. 155-169. https://psycnet.apa.org/doi/10.1037/a0033557.

61 > Ursula Lau, *The township and the gated community: A psychosocial exploration of home and the (a)symmetries of belonging*. KwaZulu-Natal: University of KwaZulu-Natal, 2019. Tese de doutorado.

62 > Frantz Fanon, *Pele negra, máscaras brancas*. Salvador: EDUFBA, 2008.

63 > Michelle Stephens, "Skin, stain and lamella: Fanon, Lacan, and inter-racializing the gaze", *Psychoanalysis, Culture & Society*, v. 23, n. 3, 2018, pp. 310-329. https://doi.org/10.1057/s41282-018-0104-1.

cam um despertar, e, nesse caso, eu despertei para mim mesma, como escreve Chong, "do torpor de parecer invisível".[64]

Talvez, a "verdade" de Madala, ao me interpelar erroneamente, faz ressurgir o recalcado em minha performance (in)consciente de branquitude em uma comunidade designada como "negra" ao que nos orientarmos por suas coordenadas: pobreza, decadência, deterioração e a fala sobre a morte. As âncoras da minha identidade (educação, a língua inglesa, meu sotaque e ser de classe média) se tornaram os "pontos de costura" da branquitude (e do meu acesso à branquitude) que eu mascaro enquanto "chinesa" e "asiática". A invisibilidade histórica da minha vivência enquanto asiática, tornada hipervisível por meio da minha "branquitude", é uma dinâmica psicológica complexa, que me força a me reconhecer erroneamente e a confrontar a minha branquitude, o que se tornou um ponto de manutenção de uma posição, mesmo levando em conta sua falta estrutural.

O modo assimétrico de se relacionar inerente a essa troca expõe a ordem hierárquica inexorável entre privilegiados e marginalizados à qual eu, mesmo em posição racializada como uma mulher asiática, não posso escapar completamente. Para preservar o enquadre psicossocial, procuro ir "abaixo" do nível estrutural de análise, para seguir a insistência de Fanon de que para descolonizar, devemos também lidar com a psiquê opressora/oprimida como instância de uma condição traumatogênica internalizada na mente individual e encenada entre sujeitos racializados. Procuro realizar essa análise intersubjetivo-fenomenológica, sem perder a conexão com o social/político.

rupturas na "compreensão": a pele e o olhar colidem

Para explorar o psicopolítico no discurso, recorro à noção lacaniana de que o "Inconsciente é estruturado como uma linguagem".[65] Usar este princípio como ferramenta analítica nos oferece maneiras de discernir as irrupções materiais na fala "coerente": pausas, silêncios, entonações crescentes, falas enfáticas, sussurros, gagueira. Esses momentos, de tensão, ruptura e quebra da fala, sinalizam as assombrações do inconsciente (social), em que algo continua a falar no lugar onde foi recalcado. Aplicada ao contexto pós-colonial, a "estranha familiaridade" marca repetidamente sua volta a espaços inóspitos, onde seus habitantes foram despojados da sua casa original.[66] Diepsloot, como outros espaços de desapropriação pós-colonial, é marcado pelo abjeto. Espaços inundados com a devastação da pobreza e da violência – de

---

[64] > Sylvia Shin Huey Chong, "'Look, an Asian!': The politics of racial interpellation in the wake of the Virginia tech shootings", *Journal of Asian American Studies*, v. 11, n. 1, 2008, p. 32. https://doi.org/10.1353/jaas.2008.0007.

[65] > Jacques Lacan, "A ciência e a verdade", in: *Escritos*. Rio de Janeiro: Jorge Zahar, 1998 [1965], p. 882.

[66] > Pramod K. Nayar, "The postcolonial uncanny: The politics of dispossession in Amitav Ghosh's The Hungry Tide", *College Literature*, v. 37, n. 4, 2010, pp. 88-119. https://doi.org/10.17456/SIMPLE-68.

corpos moribundos e mortos – são como uma manifestação concreta de uma assombração que paira à margem de nossa subjetividade nitidamente circunscrita.[67]

trecho 2: encontrando a "cidade escura"

[Nós fizemos uma pausa em nossas trilhas no coração da 'cidade escura". A taverna fica a metros de nós. Aventurar-nos mais adentro do beco estreito parece inadequado. Estamos à plena vista de homens sentados em caixotes de cerveja, olhos vidrados. A música ressoa. Eu me sinto muito desconfortável. Eu sinto seus olhares sobre nós. Sinto-me especialmente visível e vulnerável enquanto uma mulher grávida, em pé do lado de fora da taverna. Estou completamente fora do lugar aqui].

KHURAS: Todos os dias quando você acorda (.) em primeiro lugar ((estalando os dedos)) é verificar o que está acontecendo aqui, e então você pode ver alguém mor::to nas ruas [h h h h

URSULA: uau, ei] isso é [difícil

KHURAS: É] [então::

URSULA: hum::] Ok ((estalando os lábios)). Então tem mais alguma coisa que você queira me mostrar:: por aqui, eu suponho?

KHURAS: Como o que?

URSULA: É isso, acabou::? [apontando para o que parece ser o fim do beco]/.../Certo ((estalando os lábios)) ok, então talvez possamos::: voltar.

[Khuras atende uma ligação, enquanto um homem idoso desleixado que está claramente embriagado cambaleia em minha direção, meu coração dispara quando ele se aproxima. O seu hálito fede a álcool enquanto ele fala.

HOMEM IDOSO: ((fala arrastada)) Mas quan:::to:: deveria ??? Posso te perguntar uma coisa? ((Khuras gritando em seu telefone)) Pelo que você é responsável nesta seção?

URSULA: Não sou responsável de forma alguma=eu/eh/sou ESTUDANTE.

HOMEM IDOSO: Você é uma estudante?

ÚRSULA: É. Estou apenas APRENDENDO.

HOMEM IDOSO: Aprendendo sobre a área?

URSULA: Sobre a comunidade ??? ((fala inaudível: Khuras gritando no telefone))

HOMEM IDOSO: Por que/por que, por que você não pode CUMPRIMENTAR as pessoas?

[De repente, sentindo-me acuada como se eu fosse a indesejável desconhecida; me sinto mal interpretada, vulnerável].

---

67 > Julia Kristeva, *Powers of horror*. Nova York: Columbia University Press, 1982.

URSULA: Estávamos cumprimentando.

HOMEM IDOSO: Tem certeza?

KHURAS: EI MADALA,[68] o que você quer? [Khuras agora desligou o telefone e finalmente interveio].

HOMEM IDOSO: Uh, na verdade eu estava (.) eh/u/u/un ??? hoje. «Posso uh:: «perguntar uma coisa?» ((fala arrastada)

URSULA: Claro ((moedas são lançadas em uma mesa próxima onde os jovens estão "jogando dados"

HOMEM IDOSO: Devo te perguntar uma coisa? Que MUDANÇA você está esperando:: MUDANÇA em Diepsloot talvez em um lu::::gar melhor, como uma comunidade melhor?

URSULA: Bem, eu sou uma estudante então estou tentando ENTENDE::R a comunidade ((moedas sendo jogadas)), você compreende? Para entender (.) como as pessoas vivem.

HOMEM IDOSO: ((dado jogado na mesa)) Ah:: bom e então YAH

Khuras: Ok tudo certo, certo ??? Vamos

Nesse trecho, o corpo afetivo se infiltra em um sentido material, rompendo a fala coerente por palavras arrastadas ("mor::to," "lu::::gar," "quan:::to::"), hesitações/falsos começos ("I/ eh/eu sou," "Por que/por que, por que, " "eh/u/u/ un", sussurros (« »), e falas altas (ESTUDANTE, MUDANÇA, ENTENDE::R), além de um afeto desconfortável – respostas fracas ("É. Estou apenas aprendendo") e risadas inadequadas (hh hh). A angústia permeia este texto, evidente em minhas notas de campo: "sinto-me muito desconfortável", "meu coração bate forte", e meu gesto para Khuras para que "voltássemos". Qual pode ser a causa de tal aflição? O que é tão perturbador sobre esse encontro que provoca uma resposta corporal tão visceral? Isso poderia ser um acúmulo de nuances afetivas associadas à "cidade escura", como por exemplo, Khuras prefaciando essa troca com "então você pode ver alguém mor::to nas ruas"?

Talvez isso se deva à minha autoconsciência exacerbada ("conspícuo e vulnerável") como a única mulher – grávida – em um espaço visivelmente masculino ("homens sentados em caixotes de cerveja, olhos vidrados"). Seria meu "coração batendo" uma construção sociossomática enquanto eu "descobria o sentido" dessa aproximação de um corpo "fragmentado" e embriagado cambaleando em minha direção? Alternativamente, seria meu "coração batendo" uma resposta corporal de medo/pânico advinda da *experience-near*[69] (feminina) de presenciar alguém (masculino) chegando muito perto de mim de tal forma que posso discernir o cheiro de álcool em seu hálito? Nas minhas notas de campo, eu experiencio o olhar

---

68 > "Madala", que significa "homem velho", é um termo de cumprimento.
69 > Conceito cunhado pelo antropólogo americano Clifford Geertz.

como palpável ("Sinto seus olhares sobre nós"). Meu olhar interpretativo nessas notas confirma com veemência a narrativa imaginária da "cidade escura" e por extensão de Diepsloot como um todo. Talvez meu olhar, que olha para fora, mas falha em "CUMPRIMENTAR", é o "olhar colonizador voyeurístico".[70] Como Stephens escreve,[71] "tal olhar é 'armado' ele busca algo, encena algo, projeta algo; ele é motivado pelo desejo do Outro que então se fixa na pele negra de Fanon". A representação da "cidade escura" é "tranquilizadoramente" familiar. Como imaginário narrativo, ela torna habitual os significados tanto para os participantes quanto para mim, sem perturbar o enquadre de fantasmático social.

No entanto, as próprias perturbações materiais no texto sinalizam "algo mais" que está falando no próprio lugar onde é recalcado. A presença do idoso interrompe o enquadre, que ao nível da *experience-near* parece medo. Entretanto, uma interpretação distante e crítica também é necessária para romper essa postura disposta a extrair sentido. Em minhas notas de campo, o olhar colonizador voyeurista que estendo para fazer "sentido" dele o constrói visualmente como "um bêbado".

Novamente o infamiliar aqui é aquele olhar colonial branco familiar, habitual sobre o mundo. No entanto, o olhar é transposto, fazendo sua aparição não em um corpo estereotipicamente representado/visto como "homem branco", mas em mim, o corpo insuspeito de uma mulher asiática. Numa inversão do infamiliar, o olhar a partir do qual eu construo visualmente "o bêbado" inesperadamente se volta para mim. Sou tomada de assalto quando fico "cara a cara com o outro que me encara de volta".[72]

A "coerência" da fantasia social da relação "cidade escura – salvador branco" é interrompida de forma linguística, afetiva e corporal pelo homem idoso que se "intromete" no enquadre intersubjetivo composto por mim e por Khuras. Apesar da aparência de fragmentação – sua maneira de se comportar ("cambaleia em minha direção"), "o seu hálito fede a álcool", sua "fala arrastada" e seu discurso "sem sentido". "Mas quan:::to:: deveria ???") – o que o "bêbado" provoca faz sentido. Ele busca respostas urgentes para perguntas razoáveis: "Que MUDANÇA você está esperando:: MUDAR em Diepsloot eh talvez um lu:::gar melhor, como uma comunidade melhor?" No que diz respeito a Madala, ele me posiciona como o Outro (Branco) que trará "MUDANÇA". A resposta antecipada é que falo do lugar do Outro Branco, esse que é detentor do "suposto saber",[73] que deve oferecer segurança e certeza na direção da "MUDANÇA".

---

70 > bel hooks, *Black looks: Race and representation*. Abingdon: Routledge, 2015, p. 130.

71 > Michelle Stephens, "Skin, stain and lamella: Fanon, Lacan, and inter-racializing the gaze", *Psychoanalysis, Culture & Society*, v. 23, n. 3, 2018, p. 315. https://doi.org/10.1057/s41282-018-0104-1.

72 > Mustafa Emirbayer e Matthew Desmond, "Race and reflexivity", *Ethnic and Racial Studies*, v. 35, n. 4, 2012, p. 581. https://doi.org/10.1080/01419870.2011.606910.

73 > Jacques Lacan, "A ciência e a verdade", in: *Escritos*. Rio de Janeiro: Jorge Zahar, 1998 [1965], p. 225.

O olhar que dirijo para Diepsloot me é devolvido e eu apareço para mim mesma como "objeto".[74] Este olhar de retorno é alienante, pois nos lembra da falta no cerne do campo sócio simbólico, induzindo-nos a um estado de angústia, desorientação e perda. O homem idoso faz um furo no véu imaginário e simbólico da branquitude, desmantelando-o e expondo o vazio em seu centro. Me sinto invadida, incapaz de manter um senso egoico de quem eu sou. Meu "eu" (como sujeito) vacila: "Eu não sou responsável de forma alguma = eu/eh/eu sou uma ESTUDANTE." Tudo o que resta sob a máscara da branquitude é a gagueira e a incoerência do discurso vazio. Eu fico exposta como incoerente, sem sentido, mesmo em minhas débeis tentativas de "compreender", de impor unidade à fragmentação. É como se o Outro (Branco) que tenho ador(n)ado (através de portais de educação, da cultura e da língua inglesa) todo esse tempo, tivesse me alienado neste exato momento, me deixando exposta, sozinha, enganada, não mais reconhecida, mas uma mera estranha para mim mesma.[75]

Para Lacan, tais encontros são "o que perturba nossa consciência de nós mesmos em nosso lugar",[76] neste caso, minha identidade coerente e meu posicionamento social. As irrupções na fala expõem o "entendimento" como potencialmente violento, explorador – não muito diferente dos outros "brancos" coloniais cuja aparente benevolência mascara uma intenção muito mais insidiosa. O "bêbado", em seu estado de desleixo, que traz à luz minha própria fragmentação. Nesse encontro, a falta constitucional na ordem social é exposta e eu fico dissociada do meu "eu". Falar de um lugar de branquitude seria reforçar essa falta: sustentando a branquitude para mascará-la como o significante da totalidade, plenitude e completude.[77] As intrusões do idoso (num sentido corporal e discursivo) subvertem essa ordenação hierárquica das relações humanas em um esforço para dar sentido ou devolver sentido ao que foi recalcado/oprimido.

conclusão: reconstituindo o olhar

O racismo (assim como o heterossexismo e outras formas de opressão) não está simplesmente "lá fora", identificável em corpos sociais particulares, forças institucionais e sistemas de opressão. Como Fanon nos lembra,[78] o racismo é uma condição traumatogênica, os significados internalizados de uma ordem opressora que tornam-se íntimos de nossos modos de ser e de nos relacionarmos. O olhar branco (masculino) que interiorizamos tornou-se

---

74 > Michelle Stephens, "Skin, stain and lamella: Fanon, Lacan, and inter-racializing the gaze", *Psychoanalysis, Culture & Society*, v. 23, n. 3, 2018, pp. 310-329. https://doi.org/10.1057/s41282-018-0104-1.
75 > Julia Kristeva, *Strangers to ourselves*. Nova York: Columbia University Press, 1991.
76 > Ian Parker, *Critical discursive psychology*, 2. ed. Londres: Palgrave Macmillan, 2015, p. 250.
77 > Kalpana Seshadri-Crooks, *Desiring whiteness: A Lacanian analysis of race*. Abingdon: Routledge, 2000.
78 > Frantz Fanon, *Pele negra, máscaras brancas*. Salvador: EDUFBA, 2008.

epidérmico para nós e nos torna todos cúmplices do racismo.[79] Essa premissa inicial oferece possibilidades frutíferas para sustentar uma transformação social. Ao mesmo tempo, nós também precisamos nos preocupar com os processos psíquicos inconscientes que dão origem e mantêm a força de poder de estruturas "externas" de opressão e dominação – como observa Hook,[80] para olhar para a relação psicopolítica em ambas as direções.

O inconsciente, no entanto, não pode ser concebido de forma simplista como um fenômeno "de dentro pra fora" (vis-à-vis projeção) ou "de fora para dentro" (como internalização). Em vez disso, o inconsciente está "escondido" na superfície dos nossos modos cotidianos de engajamento, tornando-se visível na arena social de fala que pode se romper intersubjetivamente por meio de momentos de "surpresa": silêncios, pausas, sussurros, gagueira, entonações, ênfases e assim por diante. Com base em uma sensibilidade fanoniana, defendo que, para além das superfícies da pele, a negritude e a branquitude emergem situacional e performativamente, atuando de forma diferencial em momentos de sintonização e desconhecimento. Nos espaços carregados de (não) reconhecimento, podemos também conhecer nosso próprio opressor racializado "interno".

Quais são as possibilidades de reconhecimento mútuo em um mundo (pós)colonial marcado por pertencimentos assimétricos? Como subverter essa lógica de opressão que se desenrola como um processo paralelo intrapsiquicamente, intersubjetivamente e socialmente? Oliver, seguindo Fanon,[81] nos diz que a autorreflexão vigilante é "um dos possíveis antídotos para a tirania do mundo visível em que as pessoas são divididas por cores".[82] Ao nos sintonizarmos conscientemente com nós mesmos, podemos começar a reconhecer que podemos ser cúmplices de nossa própria opressão e também da dos outros, mesmo em nossos esforços de libertação. O reconhecimento de nossa cumplicidade ativa em todos os tipos de performances raciais nos levaria de um discurso reacionário para uma visão atuante mais complexa de performances de identidade racializadas.

Abrir espaço para os saberes inesperados pode ser o ponto de partida para uma elaboração entre (des)conhecer o eu e encontrar o outro. Uma lente psicanalítica oferece uma ferramenta analítica para trazer essas complexidades à tona. A atenção voltada para o inconsciente enquanto rupturas surpresa que perturbam nossa consciência de nosso lugar familiar (nossa identidade social, nossa história), e oferece uma "alternativa" para transcender as

---

79 > Cynthia R. Nielsen, "Resistance through re-narration: Fanon on de-constructing racialized subjectivities", *African Identities*, v. 2, n. 4, 2011, pp. 363-385.

80 > Derek Hook, "Fanon via Lacan, or: Decolonization by psychoanalytic means ...?", *Journal of the British Society for Phenomenology*, v. 51, n. 4, 2020, pp. 305-319. https://doi.org/10.1080/00071773.2020.1732575

81 > Frantz Fanon, *Pele negra, máscaras brancas*. Salvador: EDUFBA, 2008.

82 > Kelly Oliver, *Witnessing: Beyond recognition*. Minneapolis: University of Minnesota Press, 2001, p. 39.

posições oposicionistas e polarizadoras, ou, em termos lacanianos,[83] atravessar a fantasia. Ao desestabilizar nossas identidades familiares, podemos nos encontrar "em outro lugar" inundado por demarcações binárias de "colonizador-colonizado", "opressor-oprimido" e "preto e branco". Esses conhecimentos-surpresa podem ser o ponto de partida para encontrar um espaço para se trabalhar entre o eu e o outro. Arriscar isso, por outro lado, significaria permitir que nossa vulnerabilidade fosse vista por nós mesmos e pelo "outro". Nossa vulnerabilidade, entretanto, está inescapavelmente dentro de um campo relacional.

Ao sobreviver às rupturas do (não)reconhecimento, podemos começar a reconstruir uma subjetividade que vai além do reconhecimento para se tornar testemunha, seja para outro sujeito ou para o coletivo.[84] Ultrapassando o reconhecimento, testemunhar vai além de conferir respeito ou buscar compreender, mas estar presente com a realidade da experiência (nossa ou alheia) mesmo em sua incompreensibilidade. Ao invés disso, abrimos espaço para o nascimento de novas subjetividades por meio de momentos de surpresa contidos no desconhecimento e no reconhecimento errôneo de nós mesmos em relação aos outros. Testemunhar é transcender a separação entre sujeito/objeto, manter vulnerabilidade-em--coragem, "estar com" a experiência do eu/outro sem se se despedaçar, enquanto suspendemos momentaneamente nossa necessidade/afirmação de sermos reconhecidos. Como um processo paradoxal, consiste em testemunhar a opressão de outro, enquanto se sustenta um doloroso testemunho silencioso de nossa própria experiência direta de opressão.[85]

Este espaço de elaboração oferece, ao mesmo tempo, uma maneira de subverter o olhar opressor e nosso lugar dentro dele como objeto. Ao invés de olhar para o olhar do Outro em busca de reconhecimento, instigamos um devir como agentes de nossa própria construção de sentido quando nos reconhecemos.[86]

Simultaneamente, surgem questões críticas. Qual é a relação entre o testemunhar e a mudança social coletiva? Quais são nossos papéis como agentes sociais que buscam promover mudanças? Qual é a relação entre o testemunho e uma pedagogia da libertação? Pode o testemunho ir além do (inter)subjetivo, como está implícito neste artigo, para formas de práticas decoloniais?[87] Podemos fazê-lo de uma forma que preserve a integridade de testemunhar, mantendo a tensão, sem sucumbir a uma dualidade de reconhecimento versus não reconhecimento? Essas questões convidam a uma abertura para outros modos de reflexão subjetiva e social. A partir de uma postura psicanalítica crítica, nosso testemunho (inter)

---

83 > Jacques Lacan, Escritos. Rio de Janeiro: Jorge Zahar, 1998.
84 > Kelly Oliver, *Witnessing: Beyond recognition*. Minneapolis: University of Minnesota Press, 2001.
85 > Ibid.
86 > bel hooks, *Black looks: Race and representation*. Abingdon: Routledge, 2015.
87 > Agradeço enormemente a um dos pareceristas anônimos deste artigo, que postulou algumas dessas questões tão relevantes como abertura para conversas, diálogos e debates continuados.

subjetivo é uma extensão psicossocial de um testemunho social ou coletivo. No entanto, testemunhar não é de forma alguma dar um ponto final romantizado ou um ponto de chegada ao status de "sujeitos emancipados", mas sim um ato processual e uma práxis que estão sempre abertos a (des)sintonização, (des)alinhamento, ruptura, sobrevivência, (re)visão e retrabalho. Ao invés de reduzir ação social para uma dualidade polarizada de "aquele que reconhece versus aquele que é reconhecido" por meio de uma política reacionária característica da luta pelo reconhecimento, o testemunhar enquanto práxis relacional abre (ao invés de fechar) o *espaço entre* reconhecimento e não reconhecimento à miríade de formas ambivalentes, transformadoras e criativas pelas quais podemos nos relacionar, experimentar e encontrar o outro. A tarefa continua ser a de resistir à reinscrição em posições identitárias familiares que nos mantêm presos a um discurso de mestria; isso seria recair na busca do reconhecimento do Outro e nos re-interpelaria de volta a partir das próprias estruturas de poder que buscamos subverter.[88]

Trazer Fanon e Lacan em encontro dialógico nos permite reorientar o quadro da psicanálise de seu olhar colonizador eurocêntrico para uma visão decolonizadora. Para se refratar de sua visão monocular, a psicanálise deve voltar seu olhar para si mesma com o espírito de *olhar para trás*. Deve também se sintonizar, crítica e empaticamente, com o presente – olhando simultaneamente para "fora", para o coletivo social, para "dentro", para o eu, bem como visando o desdobramento do espaço entre os dois campos, onde nossa subjetividade se encontra ou colide com a outra. A forma como nos entendemos e rompemos essa "alteridade" dentro de nós mesmos, pode nos oferecer uma maneira de nos tornarmos "outro": ou seja, um movimento de estase para se tornar mutuamente reconhecível.[89]

---

88 > Cindy Zeiher, "The subject and the act: A necessary folie à deux to think politics", *Filozofski Vestnik*, v. 37, n. 1, 2016, pp. 81-99. https://ojs.zrc-sazu.si/filozofski-vestnik/article/view/4854.

89 > Jessica Benjamin, "Two-way streets: Recognition of difference and the intersubjective third", *Differences*, v. 17, n. 1, 2006, pp. 116-146. https://doi.org/10.1215/10407391-2005-006.

> sheehi, stephen • sheehi, lara
<.> a cidade do colono é uma cidade sólida: fanon na palestina[1]
• tradução <.> lima, rodrigo <

introdução

> A cidade do colono é uma cidade sólida, toda de pedra e ferro. É uma cidade iluminada, asfaltada, onde os caixotes do lixo regurgitam de sobras desconhecidas, jamais vistas, nem mesmo sondadas. Os pés do colono nunca estão à mostra, salvo talvez no mar [...] Pés protegidos por calçados fortes, enquanto que as ruas de sua cidade são limpas, lisas, sem buracos, sem seixos. A cidade do colono é uma cidade saciada, indolente, cujo ventre está permanentemente repleto de boas coisas. A cidade do colono é uma cidade de brancos, de estrangeiros.
> A cidade do colonizado, ou pelo menos a cidade indígena, a cidade negra, a médina, a reserva, é um lugar mal afamado, povoado de homens mal afamados [...] É um mundo sem intervalos [...] A cidade do colonizado é uma cidade faminta, faminta de pão, de carne, de sapatos, de carvão, de luz. A cidade do colonizado é uma cidade acocorada, uma cidade ajoelhada, uma cidade acuada. É uma cidade de negros, uma cidade de árabes. O olhar que o colonizado lança para a cidade do colono é um olhar de luxúria, um olhar de inveja. Sonhos de posse. Todas as modalidades de posse: sentar-se à mesa do colono, deitar-se no leito do colono, com a mulher deste, se possível.[2]

Quando Stephen leu essas palavras na Palestina, fez-se um silêncio absoluto. Transitando entre o árabe e o inglês, ele leu a famosa passagem de Fanon em *Os condenados da terra* para um grupo de clínicos em treinamento, seus dois supervisores palestinos e um supervisor judeu-israelense no Maana Center. Maana é um centro de psicoterapia e aconselhamento no Hospital EMMS Nazareth na cidade de al-Nasirah, ou Nazareth, a maior cidade de maioria

---

1 > Publicado originalmente como: Stephen Sheehi e Lara Sheehi, 'The settlers' town is a strongly built town: Fanon in Palestine", *Int J Appl Psychoanal Studies*, 2020, pp. 1-10.
2 > Frantz Fanon, *Os condenados da terra*, trad. bras. de José Laurênio de Melo. Rio de Janeiro: Civilização Brasileira, 1968, p. 28-29.

palestina dentro das fronteiras delimitadas em 1948 do que hoje é conhecido como Estado de Israel. O Centro, originalmente estabelecido em 2006 para fornecer cuidados culturalmente apropriados aos palestinos-israelenses que sofrem de transtorno de stress pós-traumático, agora se transformou em uma robusta clínica e centro de treinamento que oferece serviços psicológicos abrangentes para crianças, mulheres, adultos e famílias. O Hospital de Nazaré, conhecido como "o hospital inglês", é um dos mais antigos e respeitados da Palestina histórica, datado de 1861. O hospital continua sendo particular, de propriedade (de um fundo), administrado e gerido em grande parte por palestinos. Essa visão geral não deve ser lida apenas como uma apresentação protocolar. Ela dá testemunho sobre as maneiras pelas quais os imperativos e desafios da saúde mental dos palestinos (neste caso, aqueles nas fronteiras de Israel de 1948) se cruzam com as realidades materiais e com a história da "cidadania colonial", como Nadim Rouhana e Areej Sabbagh-Khoury a denominaram.[3]

Fomos convidados pela diretora do Centro Maana, Najla Asmar, e pelo psicólogo clínico-chefe Mustafa Qassoqsi para realizar dois *workshops*: um sobre o Manual de Diagnóstico Psicodinâmico (Lara) e outro sobre Fanon (Stephen). O próprio Qassosqi escreveu trabalhos em árabe, italiano e inglês sobre saúde mental na Palestina, articulando, particularmente, temas como trauma histórico, deslocamento e expropriação, e as maneiras pelas quais eles são metabolizados na psicologia e nos desafios em saúde mental dos cidadãos palestinos de Israel.[4] Além de Asmar e Qassoqsi, apenas alguns poucos entre as dezenas dos estagiários palestinos tinham lido ou ouvido falar de Fanon, apesar de sua tradução para o árabe. Nossa experiência na Palestina, especialmente na Cisjordânia ocupada, demonstrou que Fanon serviu de inspiração *política*, teórica entre nossos colegas ativistas, acadêmicos e artistas. No entanto, não muito diferente da América do Norte, o pensamento de Fanon como um psiquiatra[5] saturado de teoria e debates psicanalíticos permaneceu em grande parte não lido e inexplorado entre psicólogos e terapeutas nativos. Isso não nos pareceu chocante. Enquanto muitos clínicos palestino-israelenses recebem seu treinamento no exterior, a maioria dos médicos e estagiários foram educados e treinados em instituições israelenses de graduação e pós-graduação (e instituições palestinas da Jordânia e Cisjordânia, em menor grau).

Este artigo, no entanto, concentra-se principalmente em nossa experiência com colegas dentro do Estado de Israel. Enquanto embasamos nossa análise e nossa vinheta em nossa gratificante experiência com colegas e amigos palestinos no Centro Maana, nós também, neste artigo, transitamos entre conversas e colaborações na Jerusalém ocupada, em Haifa,

---

3 > Nadim N. Rouhana e Areej Sabbagh-Khoury, "Settler-colonial citizenship: Conceptualizing the relationship between Israel and its Palestinian citizens", *Settler Colonial Studies*, v. 5, 2015, pp. 205-225.

4 > M. Qassoqsi, "The narrative of the Nakba and the politics of trauma", *Jadal*, 2010, pp. 1–4.

5 > De fato, só recentemente, especialmente na psicanálise norte-americana, os escritos psicológicos e psiquiátricos de Fanon receberam maior atenção. Ver, por exemplo, Frantz Fanon, *Alienation and Freedom*. Reino Unido: Bloomsbury Publishing, 2018.

no "Triângulo" e em Nazaré. Fazemos isso seguindo a convocação de Barakat,[6] segundo a qual nos comprometemos a "escrever e corrigir a história palestina através da elevação propositai das experiências e narrativas indígenas palestinas."[7] De fato, este projeto se nutre da psicologia decolonial que emergiu da África do Sul, do mundo árabe, do sul da Ásia e de praticantes negras(os) e indígenas do que hoje é conhecido como América do Norte. Para nós, a psicologia decolonial trabalha para, nas palavras de Ratele,[8] a "conscienciosidade" do lugar do colonizado, mas também em termos de sua relação com estruturas e sistemas colonizadores, incluindo o capitalismo, a supremacia ocidental, o racismo e o cis-heteropatriarcado. Esse processo "traz de volta nossa própria *expertise* e experiências alienadas",[9] Ratele nos diz. Por sua vez, ele afirma que centralizar a experiência da população indígena negra sul-africana, ou neste caso, do povo palestino, em relação a si mesmos (sua própria formação de ego, coletiva e individual, podemos assim dizer) como um gesto primordial, não é apenas libertador, mas cria também uma consciência indígena dos valores psicológico, ontológico e social. Centralizar as vidas indígenas, suas relações com seus próprios coletivos e comunidades, e então sua relação com a psicopatia das estruturas coloniais produziu conhecimentos psicológicos e sociais críticos. A saber, o processo revela que o ego individualizado (*selfhood*) do colonizado é indivisível da e se sustenta na "polivocalidade" das comunidades coletivas das quais emerge.[10]

Dentro dessa cartografia da clínica-palestina e de sua contextualização no âmbito da psicologia decolonial, Rouhana e Sabbagh-Khoury[11] nos lembram de que, ao considerar a relação jurídico-política entre o povo palestino e o Estado de Israel, os "múltiplos discursos e perspectivas entre a diversificada comunidade árabe em Israel" são historicamente constituídos, fluidos, interligados e em camadas. Os desenvolvimentos da identidade colonial são "o resultado de interações sistêmicas entre forças sociais e políticas complexas, incluindo desenvolvimentos internos dentro da comunidade palestina, desenvolvimentos regionais e interações dinâmicas com a ideologia e as políticas sionistas de Israel".[12] No entanto, seria enganoso pensar que a discrepância entre a familiaridade com o "Fanon político" e o desconhecimento sobre o "Fanon psicológico" corresponda às diferenças geojurídicas impostas

---

6 > Rana Barakat, "Writing/righting Palestine studies: settler colonialism, indigenous sovereignty and resisting the ghost(s) of history", *Settler Colonial Studies*, v. 8, n. 3, 2018, pp. 349–363.

7 > Ibid., p. 353

8 > Kopano Ratele, *The world looks like this from here: Thoughts on African psychology*. Nova York: New York University Press, 2019.

9 > Ibid., p. 116.

10 > Ibid., p. 150.

11 > Nadim N. Rouhana e Areej Sabbagh-Khoury, "Settler-colonial citizenship: Conceptualizing the relationship between Israel and its Palestinian citizens", *Settler Colonial Studies*, v. 5, 2015, pp. 205-225.

12 > Ibid., p. 207.

a palestinos que vivem como cidadãos colonizados dentro do estado atualmente conhecido como Israel e aos que vivem nos Territórios Palestinos Ocupados. É importante reconhecer as múltiplas camadas políticas, classes, estratos e correntes sectárias que atravessam, unem, separam e se interconectam por toda a Palestina histórica. É igualmente vital ter em mente as realidades materiais, de classe, sociais e políticas que tanto unem quanto separam as comunidades palestinas dentro das fronteiras de Israel delimitadas em 1948 e nos Territórios Ocupados. Apesar das significativas diferenças materiais e jurídicas em relação ao que Gramsci chamaria de "grupos sociais", também lembramos e destacamos que essas diversas comunidades de classe, sectárias e geográficas se veem como *um povo unificado*. Essa autopercepção não é um capricho nacionalista, mas a consequência de relações históricas, familiares, sociais e profissionais íntimas e complexas que permanecem entre palestinos na Jerusalém Ocupada, na Cisjordânia, em Gaza e no estado hoje conhecido como Israel.[13]

o espaço e o eu indígena palestino

Com esse esclarecimento, voltamos ao fato fundamental de que, apesar de serem cidadãos israelenses, os "árabes israelenses", assim como seus compatriotas apátridas, permanecem palestinos, vivendo e funcionando dentro de sistemas de dominação construídos para armar e dar credibilidade a um regime colonizador. No contexto da população indígena do Estado colonizador de Israel, Lana Tatour[14] nos mostra como

> a cidadania tem figurado como instrumento de dominação, funcionando como mecanismo de eliminação, local de subjetivação e instrumento de formação racial [...]. A cidadania transformou o espaço antes árabe/palestino em judeu, transformou os colonos em indígenas e fez com que os nativos palestinos se tornassem estrangeiros.[15]

Com essas complexidades em mente, o fato de muitos desses clínicos e estagiários não estarem familiarizados com Fanon, seja como teórico político ou psicanalítico, pareceu nos dizer menos sobre sua erudição ou nível de engajamento político. Pelo contrário. A paixão intelectual e o comprometimento dos alunos e clínicos na sala nos comoveram e inspiraram. A novidade em torno de Fanon parecia mais um sintoma da própria condição colonial na qual foram criados e vividos.

---

13 > Para uma visão histórica acessível sobre a formação da identidade nacional palestina moderna, ver: Rashid Khalidi, *Palestinian identity: The construction of modern national consciousness*. Nova York: Columbia University Press, 2010.
14 > Lana Tatour, "Citizenship as domination: Settler colonialism and the making of Palestinian citizenship in Israel", *Arab Studies Journal*, n. 27, 2019, pp. 8-39.
15 > Ibid., p. 10.

Apesar de variados graus de proximidade com sua obra, o nome de Fanon evoca na Palestina, assim como em todo o Sul Global, um espírito afirmativo e empoderador que, inevitavelmente, resulta em uma consideração de como a indigeneidade, não importa o quanto seja mediada por regimes de dominação e controle, calibra-se como uma resposta à violência extrativista psicológica e material que constitui o colonialismo, neste caso, o sionismo.

Isso ficou evidente no quão imediato foi o impacto de se ler Fanon em voz alta no Maana Center. O silêncio na sala continha *sete décadas* de trauma colonial, carregado de afetos sobre os quais nada havia sido dito. Cientes de seus *status* de cidadãos de segunda classe no Estado judeu, *o que Fanon estaria ali articulando que esses palestinos não haviam tido espaço para metabolizar?* Ao invés de introduzir a eles uma nova linguagem, Fanon deu coerência a uma ferida sempre presente: palestinos no interior do Estado de Israel permanecem como sujeitos coloniais abjetos de um regime colonial disfarçado de Estado democrático. Eles ainda eram, apesar das armadilhas de sua cidadania – o que Tatour chama de dominação de sua cidadania – os condenados de sua *ard* (terra). Eles ainda habitavam um mundo como um povo, como indivíduos e como clínicos divididos por uma Israel civilizada "brilhantemente iluminada" e suas assim fantasiadas posições de súditos coloniais lascivos.

É altamente relevante que Achille Mbembe[16] utilize trechos dessa mesma passagem (sobre a cidade do colono versus a cidade indígena) para definir "como o poder de morte opera."[17] Ele afirma que "a forma mais bem-sucedida de necropoder é a ocupação colonial contemporânea da Palestina."[18] O necropoder, para Mbembe, ultrapassa o biopoder da governamentalidade moderna (em que os sujeitos do Estado são voluntariamente administrados por meio de práticas sociais e infraestruturais). A necropolítica é a maneira pela qual os regimes governamentais (estatais e corporativos) administram a vida e a morte social e biológica dos corpos sob sua soberania. Especificamente, o que Mbembe está se referindo é ao segmento necropolítico do sistema do Apartheid que opera de forma mais gritante e violenta em Gaza e na Cisjordânia. No entanto, seria um erro considerar que o necropoder do Estado israelense opera apenas dentro de Jerusalém e dos Territórios Palestinos Ocupados. Obras de autores como Brenna Bhandar,[19] Nadim Rouhana[20] e Nadera

---

16 > Achille Mbembe, *Necropolítica*, trad. bras. de Renata Santini. São Paulo: n-1 edições, 2018.
17 > Ibid., p. 41
18 > Ibid.
19 > Brenna Bhandar, *Colonial lives of property: Law, land, and racial regimes of ownership*. Durham, NC: Duke University Press, 2018.
20 > Nadim Rouhana, *Palestinian citizens in an ethnic Jewish state: Identities in conflict*. New Haven, CT: Yale University Press, 1997.

Shalhoub-Kevorkian[21, 22, 23] nos lembram da complexa matriz legal, social e econômica de monitoramento, administração e também recrutamento de cidadãos palestinos de Israel em um regime de cidadania que regula seus direitos ao corpo, à propriedade, a liberdades e a privilégios jurídicos.

As conversas e colaborações que tivemos com clínicos palestinos se sobrepuseram a uma série de eleições nacionais desestabilizadoras e indecisas que intensificaram a precariedade das vidas dos cidadãos palestinos do Estado hoje conhecido como Israel. Além disso, o nosso *workshop* no Maana Center surgiu na sequência da notória alteração da 'Lei Básica" em 2018. Esta alteração codificou formalmente: "Terra de Israel é a pátria histórica do povo judeu" (1a); 'o Estado de Israel é o Estado-Nação do povo judeu, no qual ele realiza seu direito natural, cultural, religioso e histórico à autodeterminação" (2b); e que "o exercício do direito à autodeterminação nacional no Estado de Israel é exclusivo do povo judeu" (2c). A lei também trata dos símbolos do Estado (todos os quais são exclusivamente judeus, 2a-e) e o hebraico como idioma oficial do Estado (4a), o *status* de Jerusalém como a capital 'unida" do Estado de Israel (3), a ligação do Estado com o Povo Judeu na 'Diáspora" (6.a-c) e a 'Reunião de Exilados" (5); e a prioridade do Estado em 'encorajar e promover" 'o desenvolvimento da povoação judaica como valor nacional" (7).[24]

Os palestinos entenderam que a emenda à Lei Básica – uma lei que em muitas instâncias anteriores claramente articulava que Israel é um Estado judeu – não é um evento efêmero promulgado por um governo justo. Era mais um sintoma do que eles já sabiam ser sua condição de colonização, que todos podiam identificar. Na Palestina, muitos cidadãos palestinos de Israel comentaram inclusive como eles ironicamente 'acolheram" a Lei Básica na medida em que ela expõe as contradições e as estruturas jurídicas, como Patrick Wolfe[25] nos lembra, de seu lugar dentro do próprio colonialismo sionista. As Leis Básicas são mais uma tentativa de codificar o mito sionista da originalidade judaica na "Terra de Israel" (do Rio Jordão ao Mediterrâneo em oposição ao Estado de Israel dentro da Linha Verde do Armistício de 1948) e identificar os habitantes palestinos da Palestina histórica (do rio Jordão ao Mediterrâneo) como invasores, intrusos, hóspedes e/ou retardatários, como 'árabes" e não como palestinos, sem pretensão legítima de autodeterminação.[26]

---

21 > Nadera Shalhoub-Kevorkian, 'Liberating voices: The political implications of Palestinian mothers narrating their loss", *Women's Studies International Forum*, v. 26, n. 5, 2003, pp. 391-407.

22 > Id., 'Settler Colonialism, Surveillance, and Fear in Israel and its Palestinian Citizens", in: Nadim Rouhana (org.), *Ethnic Privileges in the Jewish State* (pp. 336-367). Cambridge, UK: Cambridge University Press, 2017.

23 > Id., *Incarcerated Childhood and the Politics of Unchilding*. Cambridge, UK: Cambridge University Press, 2019.

24 > Basic Laws, Promulgadas em julho 19, 2018. The Knesset. Disponível em: https://main.knesset.gov.il/en/ activity/pages/basiclaws.aspx.

25 > Patrick Wolfe, 'Settler colonialism and the elimination of the native", *Journal of Genocide Research*, v. 8, 2006, pp. 387-407.

26 > Ibid.

Em contraste ao pano de fundo de um sistema de apartheid cada vez mais desmascarado, isso não passou despercebido ao público, especialmente naquele momento quando Stephen estava apresentando no único local de treinamento clínico árabe dentro do Estado de Israel. Portanto, quando Stephen leu: "O mundo colonial é um mundo dividido em compartimentos",[27] dividido em 'cidades indígenas e cidades europeias, de escolas para indígenas e escolas para europeus, como é supérfluo lembrar o Apartheid na África do Sul",[28] todos entenderam, também, que 'é supérfluo lembrar"[29] a Palestina. Compreendemos as maneiras pelas quais o sionismo fez os palestinos carregarem psiquicamente consigo um regime de separação, um apartheid, literalmente, que é apenas uma 'modalidade da compartimentação do mundo colonial".[30] Fanon, como psiquiatra, deixa claro que esse ônus não é coincidência ou dano colateral, mas os custos psíquicos do colonialismo intencionalmente impostos aos indivíduos e aos coletivos indígenas.

Essa consciência multifacetada, consciente e inconscientemente, luta com a psique maniqueísta imposta de que falava Fanon; ou seja, encontrar-se preso entre a espaçosa psique "saudável", "universal" e a restrita psique colonial. Nossa experiência em falar e colaborar com clínicos palestinos em toda a Palestina histórica nos últimos dois anos revela uma posição texturizada e, às vezes, conflituosa de clínicos palestinos sob ocupação sionista, especialmente dentro das fronteiras de 1948 do Estado de Israel. De fato, a tensão surge entre esses dois polos, mas, também, o 'entre" é negociado pelas realidades materiais, históricas e sociais das dinâmicas internas de classe, sectárias e regionais que estruturaram a sociedade árabe-palestina por mais de um século. Antes de prosseguir, é essencial para nós, portanto, enfocarmos uma psique palestina, uma psique indígena – que Fanon teria reconhecido como objeto da violência colonial – como também resistente ao enquadramento de termos que a Lei Básica espera naturalizar. Ou seja, a "psique nacional palestina", se pudermos usar estrategicamente essa frase, existe fora do regime de controle do Estado sionista, apesar da tentativa desse regime de negar sua existência. Como Barakat[31] nos lembra, "ao focar nas vozes indígenas encontramos resistência aos quadros coloniais de colonos e através da articulação clara dessa resistência, uma leitura indígena do colonialismo pode emergir."[32]

Essa percepção emergiu de nossas conversas com clínicos palestinos, tanto dentro do estado de Israel quanto na Jerusalém Ocupada e na Cisjordânia. Clínicos, estudantes e

---

27 > Frantz Fanon, *Os condenados da terra*, trad. bras. de José Laurênio de Melo. Rio de Janeiro: Civilização Brasileira, 1968, p. 27.
28 > Ibid., p. 27.
29 > Ibid. p. 27.
30 > Ibid., p. 39.
31 > R. Barakat, "Writing/righting Palestine studies: settler colonialism, indigenous sovereignty and resisting the ghost(s) of history", *Settler Colonial Studies*, v. 8, n. 3, 2018, pp. 349-363.
32 > Ibid., p. 360.

estagiários falaram da alternância entre experiências de suas psiques como sujeitos psicológicos universalizados, espaçosos, "saudáveis" e objetos coloniais restritos e "sufocados". No entanto, entre esses dois pólos, uma identidade nacional palestina e uma individualidade psíquica mediaram essas duas condições, informadas por sua identidade nacional, local, de classe, sectária, familiar e de gênero como árabes palestinos.

o núcleo palestino em supervisão

Essa percepção torna ainda mais complexo pensar sobre o engajamento dos palestinos com Fanon. Ao analisar *Os condenados da terra*; *Pele negra, máscaras brancas*; e *Um colonialismo moribundo*, o passado de Fanon chegou ao presente, desmoronando a divisão psíquica e irrompendo para expor a condição colonial sempre presente que é tantas vezes denegada no contexto e no discurso da "Inclusão" da democracia israelense.

De fato, a clínica al-Maana é a primeira desse tipo, dedicada a fornecer treinamento e serviços clínicos exclusivamente em árabe para palestinos que vivem dentro das fronteiras de 1948 da Palestina histórica. Dentro desse mundo, então, os estagiários percorrem vários espaços, e o que percebemos nesse espaço, ao introduzir e ler Fanon, foi que seu mundo dividido se replica em duas estruturas psíquicas separadas; a espaçosa psique do colonizador (que é entendida como a psique universal, "saudável") e a restrita psique colonizada (desprovida). Ou seja, às vezes os clínicos palestinos que vivem em Israel se sentem conectados e alinhados com a amplitude que lhes é oferecida – talvez mais apropriadamente vendida a eles – pelo projeto colonial, e em outros momentos, como o que estamos transmitindo, eles intimamente e instintivamente sentem e conhecem as limitações de movimento e expansão. Isso atesta não necessariamente o sucesso do Estado em ser "Inclusivo" ou o sucesso do Estado em naturalizar o mito de que todos os cidadãos no Estado judeu são iguais. Como observado acima, vários colegas palestinos dentro de Israel notaram que a Lei Básica claramente dissipou o mito de que Israel é uma democracia para todos os seus cidadãos. Em vez disso, o que alinhou o cidadão palestino do Estado judeu com o cidadão judeu israelense liberal é o mito mais proeminente que a psicologia e a psicanálise perpetuam: ou seja, que por baixo de todas as diferenças sociais, políticas, econômicas, étnicas e raciais, encontra-se uma estrutura psíquica universal, um ego individualizado do *self* que precede a diferença.

No entanto, se a teoria psicanalítica e a formação clínica levam os sujeitos coloniais a se identificarem com as narrativas universalizantes dos colonizadores, experimentamos também uma dissonância crítica que surge da subjetividade do estagiário, estudante e psicólogo indígena palestino. Muitas vezes nos disseram, por exemplo, como os clínicos palestinos sob supervisão israelense sentiam que estavam menos alinhados com a amplitude oferecida por seus mestres coloniais, indicando, por exemplo, o grave conflito que sentiam ao ter que traduzir material clínico do árabe para o hebraico para seus supervisores israelenses. A dissonância da tradução disfarça uma contradição no universalismo da psicologia, quando posta a serviço do colonizador – o núcleo irreprimível e irredutível do eu, como diria Lacan, que permanece, nas palavras de Slavoj Žižek, "um resto que persiste e que não pode ser reduzido a um jogo universal de especularização ilusória".[33] Essa dissonância expõe a história do trauma, al-Nakba, que constitui a relação entre o supervisionado palestino e o supervisor israelense.

Com um prisma esclarecido por Fanon, chegamos a identificar que o próprio mundo interno do nativo é comprimido e particionado. Nossos colegas clínicos compartilharam que se encontram presos entre as visões do colonizador de sua "sociedade atrasada", construída sobre um "funcionamento primitivo", como nos foi dito. Era, nas palavras de Fanon, um "mundo estreito, semeado de interdições"[34] impostas aos colonizados por parte dos colonizadores sobre como tratar, ou não, seus próprios pacientes palestinos. Neste mundo, o clínico palestino passa a sentir como se eles – e seus pacientes palestinos – carecessem de profundidade ou de capacidade de autorreflexão. No alinhamento mais flagrantemente violento com as fantasias coloniais, eles também perdem a consciência. Dentro da tensão dessa divisão psíquica forçada, a autoconsciência desses clínicos palestinos é marcada por um senso aguçado dos mecanismos psicológicos em jogo, bem como dos efeitos psíquicos do colonialismo israelense. Por um lado, esses "efeitos destruidores"[35] são experimentados em uma noção de *self* palestina fluida, historicamente constituída e multifacetada. Por outro lado, as ansiedades coloniais dentro do *self* colonial surgem das práticas cotidianas de viver sob e através de diferentes formas e níveis de intensidade colonial israelense.

Ler e discutir Fanon na Palestina com clínicos e estagiários suscitou sentimentos profundos de afirmação e validação, mas também revelou ansiedades decorrentes da alienação colonial, como diria Fanon. Para o clínico e estagiário palestinos, essa alienação não parece se expressar prontamente como antagonismo em relação ao judeu israelense (mesmo quando seus supervisores clínicos são quase sempre exclusivamente judeus e israelenses), mas, muitas vezes, ela se expressa em formas particulares de angústia. Por exemplo, essa angústia pode se expressar entre os clínicos como uma fantasia convincente e de boa-fé de reparar a ruptura entre palestinos e judeus israelenses. Ao longo de extensas conversas com os médicos, foi identificado que essa fantasia funciona na maioria das vezes para melhorar os esforços de má-fé para os quais eles são convidados a se envolver. Estamos falando, em particular, dos

---

33 > Slavoj Žižek, *The sublime object of ideology*. Londres: Verso, 1989, p. 47.
34 > Frantz Fanon, *Os condenados da terra*, trad. bras. de José Laurênio de Melo. Rio de Janeiro: Civilização Brasileira, 1968, p. 27.
35 > Dorothy E. Holmes, "The wrecking effects of race and social class on self and success", *The Psychoanalytic Quarterly*, v. 75, n. 1, 2006, pp. 215–235.

esforços de má-fé em dialogar que sustentam o desejo que emana do regime ideológico do liberalismo israelense (em oposição à linguagem racista excludente mais ousada e explícita da direita israelense) que exige a divisão kleiniana do sujeito palestino. Ou seja, a aclamação do "bom judeu israelense", geralmente encarnado pelo supervisor "solícito" ou pelo colega "simpático", é um chamado sempre presente ao estudante, supervisionando e colega palestino-israelense para se identificar com a humanidade do "bom colonizador" à custa de expulsar e rejeitar a parte "ruim" do self e da política palestinos que almeja a destruição desse colonizador.[36]

As angústias decorrentes de uma alienação colonial são ao mesmo tempo normativas e talvez esperadas, como nos mostra Fanon, na situação colonial. De fato, as angústias surgem do desejo de manter os benefícios e privilégios educacionais, sociais e profissionais concedidos mesmo enquanto cidadãos de segunda classe. Este é especialmente o caso entre os médicos que compartilharam conosco seus relacionamentos significativos com o que entendemos serem israelenses "bons" e "liberais". Essa observação não deve ser vista como acusatória ou indiciadora do praticante ou estudante palestino-israelense. A distribuição, retenção e o caráter caprichoso dos privilégios é uma condição fundamental do colonialismo, servindo não apenas para atrair e recrutar o consentimento de súditos coloniais deliberados e conferir legitimidade à reivindicação da democracia do Estado de Israel, mas também para criar tensões, ressentimentos e fissuras com a política nacional palestina.[37, 38]

A dificuldade fundamental dessa configuração, no entanto, é que, mesmo que, é claro, reconheçamos a existência de israelenses com desejos genuínos de reconhecer o sofrimento dos palestinos, não podemos conhecê-los, e nem seu relacionamento com médicos palestinos, sem que os localizemos firmemente no interior do estado iliberal e de um mecanismo psicológico-social que nos exige transcender fantasmaticamente as assimetrias do poder jurídico, econômico e estatal do estado colonial. Isso é particularmente verdadeiro se acreditarmos na autopercepção liberal sionista de Israel como um bom estado "que se tornou ruim" através da governança atual de legisladores, partidos e políticos racistas. Este poderoso convite dos israelenses aos seus cidadãos palestinos surge de uma suposição ideológica que desempenha um papel poderoso na negociação de suas próprias relações sociais e de autoidentidade, bem como nas relações sociais que desejam estabelecer com seus colegas da "minoria árabe". Ou seja, emerge do delírio operativo de que as "fontes de disputa" não estão no roubo histórico de terras, na remoção forçada dos habitantes indígenas e em um

---

36 > Stephen Sheehi, "Psychoanalysis under occupation: Nonviolence and dialogue initiatives as psychic extension of the closure system", *Psychoanalysis and History*, v. 20, 2018, pp. 353–369.

37 > Nadim N. Rouhana (org.), *Ethnic privileges in the Jewish state*. Cambridge, UK: Cambridge University Press, 2017.

38 > Rhoda Ann Kanaaneh, *Surrounded: Palestinian soldiers in the Israeli military*. Stanford, CA: Stanford University Press, 2009.

regime de leis excludentes que designam os palestinos como cidadãos de segunda classe. Em vez disso, elas residiriam "nos processos psicológicos que determinam as emoções, atitudes e percepções das partes no conflito".[39]

Parece-nos, por isso, importante destacar o papel da psicologia e dos psicólogos na perpetuação da fantasia transcendente das iniciativas de diálogo e de "reconhecimento mútuo" baseadas no mito despolitizante mas operativo das "narrativas conflitantes". É por isso que argumentamos anteriormente que qualquer movimento, intersubjetivo ou intercomunintário, em direção ao "reconhecimento mútuo" ou de cocriação de um "terceiro espaço" só poderia começar com o desmantelamento das estruturas coloniais opressoras, incluindo as estruturas ideológicas, políticas, sociais e militares de Israel enquanto estado religioso-nacional.[40] Tal constatação e argumentação sobre a psicologização do "conflito" palestino-israelense também é feita por Rouhana,[41] apesar de se assemelhar à crítica de discursos e práticas de "reconhecimento" em outras sociedades coloniais, como mais notavelmente demonstrado por Glen Coulthard.[42]

o afeto do núcleo

A alienação colonial e também a autoafirmação, que está constantemente em tensão e interação entre os clínicos palestinos em treinamento clínico e sob a supervisão e instrução de israelenses em Israel, podem ser lidas através de vários esquemas psicanalíticos. Talvez se possa interpretar erroneamente a origem dessas angústias como decorrentes de uma identificação inconsciente com o opressor; ou, talvez, da vergonha recalcada da culpa do sobrevivente. Poderíamos identificá-los como vestígios de introjeções coloniais ou de identificação projetiva resultantes de uma relação objetal agressiva com a "mãe" (língua materna, pátria mãe, agressão ao pai edipiano palestino). No entanto, oferecer leituras psicanalíticas gerais e tradicionais pode fazer pouco mais do que reproduzir as formas universalizadas e mecanicistas pelas quais abordamos a posição variada de sujeitos que vivem em sociedades coloniais. Em vez disso, vamos começar com o definitivo.

---

39 > Christopher Mitchell citado por Yitzhak Reiter, *National minority, regional majority: Palestinian Arabs versus Jews in Israel*. Syracuse, NY: Syracuse University Press, 2009, p. 1.
40 > Lara Sheehi e Stephen Sheehi, "Enactments of otherness and searching for a third space in the Palestine-Israel matrix. Psychoanalysis", *Culture and Society*, v. 21, 2016, pp. 81-99.
41 > Nadim N. Rouhana, "Decolonization as reconciliation: Rethinking the national conflict paradigm in the Israeli-Palestinian conflict", *Ethnic and Racial Studies*, v. 41, 2017, pp. 643-662.
42 > Glen Coulthard, *Red skin, white masks: Rejecting the colonial politics of recognition*. Minneapolis, MN: University of Minnesota Press, 2014.

Discutir Fanon no ambiente de treinamento clínico em Nazaré não revelou uma nova percepção de que os palestinos eram cidadãos de segunda classe. Todos os palestinos "dentro de 48" – isto é, dentro das fronteiras internacionalmente reconhecidas de Israel em 1948 – estão cientes de seu status precário sob a ordem legal e social israelense. Eles entendem claramente sua posição como não-judeus em um estado sionista, enquanto também entendem seus privilégios como cidadãos de segunda classe em comparação com seus compatriotas em Jerusalém, Cisjordânia e Gaza. Em vez disso, o que veio à tona ao discutir Fanon com estagiários clínicos foi uma forma particular de deslocamento. Ou seja, sua alienação deslocada emergiu com frequência na medida em que os estagiários (a maioria em seus 20 e poucos anos) transmitiram não apenas suas próprias experiências, mas as de seus pais e avós. De fato, vários clínicos e estagiários relataram o que parecia uma história arquetípica.

Depois de 1967 ou 1948, muitos de seus avós e pais se recusaram a interagir com israelenses. Esses patriarcas — alguns deles homens falidos, outros líderes sociais e referências culturais — recusaram-se a aprender hebraico, recusaram-se a cooperar com o estado sionista ou com os conselhos árabes das aldeias que atuavam pelo Estado de Israel por procuração. Eles se recusaram até a buscar permissões oficiais e passes de viagem, a construir ou consertar estruturas em suas próprias propriedades, ou a deixar suas próprias aldeias palestinas, mesmo que por um curto período, perdendo oportunidades econômicas e/ou importantes funções comunitárias, como casamentos, funerais, batismos, etc. Podemos lembrar que até 1966 palestinos dentro de Israel – especialmente aqueles que viviam em aldeias palestinas na Galiléia, que, em 2006, continua sendo mais de 53% palestina mesmo quando considerada pela contabilidade do Estado[43] – estavam sujeitos a uma série de regras administrativas militares especiais.[44] Essas regras restringiam sua mobilidade, emprego, acesso a serviços e educação do Estado, sem falar na construção de moradias e acesso à água e a seus campos. Eles deveriam portar identidades especiais, tornando-os sujeitos às forças armadas israelenses em vez da administração civil, apesar de sua "cidadania israelense".[45]

A discussão de Fanon, particularmente sobre como ele nos oferece uma leitura psicanalítica das estruturas do colonialismo, reproduziu um afeto recalcado constituinte da realidade colonial dos clínicos palestinos. Mais especificamente, Fanon conectou esses clínicos

---

43 > Ofer Petersburg, *Jewish population in Galilee declining*. YNetnews.com, 12 dezembro, 2007. Recuperado de: https://www.ynetnews.com/articles/0,7340,L-3481768,00.html

44 > A condição de controlar, administrar e isolar a população palestina também acompanhou a explícita política estatal de "Judaização" da Galiléia, instituída imediatamente após a declaração do Estado e que perdura até hoje.
Ver: Shira Robinson, *Citizen strangers: Palestinians and the birth of Israeli Liberal settler state*. Stanford, CA: Stanford University Press, 2013. Dan Rabinowitz, *Overlooking Nazareth: The ethnography of exclusion in Galilee*. Cambridge, UK: Cambridge University Press, 1997. Rhoda Ann Kanaaneh, *Birthing the nation: Strategies of Palestinian women in Israel*. Berkeley: University of California Press, 2002.

45 > Shira Robinson, *Citizen strangers: Palestinians and the birth of Israeli Liberal settler state*. Stanford, CA: Stanford University Press, 2013.

à sua própria experiência colonial vivida; uma experiência que de outra forma foi deslocada para seus avós. Em outras palavras, Fanon tornou *afetiva* a colonialidade do cerne da individualidade palestina. Suas palavras descrevendo o "mundo constrangido" da sociedade colonial se conectaram à incorporação da vida cotidiana na Palestina, realidades que eles já conheciam *cognitivamente*. Esse deslocamento surgiu como condição do colonialismo israelense nesse espaço de formação. O reconhecimento de uma alienação colonial surgiu entre muitos estudantes, estagiários e clínicos e veio a ser metabolizada de inúmeras maneiras; por meio de sua prática em servir suas comunidades locais, por meio de ação política, por meio da camaradagem entre clínicos palestinos e estagiários enquanto uma comunidade compartilhada. Vários estudos demonstraram que quanto mais politicamente engajados são os palestinos, melhores são os resultados em saúde mental, apesar da quantidade excessiva de estresse ambiental e psicológico resultante direta e indiretamente da ocupação.[46, 47, 48] Os clínicos, que eram mais engajados social e politicamente, compreendiam a posição psicossocial em que estavam sendo perpetuamente colocados como clínicos e como "cidadãos árabes" de um regime colonial a relação a seus colegas judeus israelenses.

O que ficou claro durante as inúmeras conversas, colaborações e negociações que tivemos com clínicos palestinos dentro do Estado agora conhecido como Israel foi que a prática psicológica é um meio poderoso para enfrentar a dissonância psicológica que resulta de ser considerado como um cidadão de segunda classe a colaborar com os "bons" israelenses. A teoria e a prática psicológicas forneceram um meio para trabalhar a autoconsciência dentro de um regime de dominação cognitiva. Mas, igualmente, reconhecemos que a comunidade de clínicos permitiu que psicólogos, estudantes e estagiários pudessem analisar o que é patologia e o que é efeito ou consequência dentro do colonialismo.

Outros mantinham contradições lado a lado, deslocando tensões e contradições para seus pacientes ou parentes, usando uma linguagem disponibilizada a eles por seus supervisores israelenses e pela educação israelense. Por exemplo, alguns clínicos palestinos de formação clássica muitas vezes falavam de seus pacientes de maneiras que replicavam a colonialidade da epistemologia psicanalítica, o que Lara Sheehi e Leilani Salvo Crane[49] chamam de "desafio ideológico" da prática clínica. Em várias conversas ouvimos, por exemplo,

---

46 > Rema Hammami, "On the importance of thugs: The moral economy of a checkpoint", *Jerusalem Quarterly*, n. 22, 2005, pp. 16-28.

47 > Viet Nguyen-Gillham, Rita Giacaman, Ghada Naser e Will Boyce, "Normalising the abnormal: Palestinian youth and the contradictions of resilience in protracted conflict", *Health & Social Care in the Community*, v. 16, n. 3, 2008, pp. 291-298.

48 > Nadera Shalhoub-Kevorkian, "Living death, recovering life: Psychosocial resistance and the power of the dead in East Jerusalem", *Intervention*, n. 12, 2014, pp. 16-29.

49 > Lara Sheehi e Leilani Salvo Crane, "Toward a Liberatory practice: Shifting the ideological premise of trauma work with immigrants", in: Pratyusha Tummala-Narra (org.), *Racial minority immigrants and trauma in the United States*. Washington, DC: The American Psychological Association (no prelo).

sobre a "dificuldade" em fazer com que os pacientes palestinos pensassem "abstratamente". Ouvimos repetidas noções clássicas como "funcionamento primitivo", conflitos edipianos e angústia de castração. Isso não é algo exclusivo ao treinamento psicológico, à teoria e prática na Palestina ou aos institutos de treinamento e universidades liderados por israelenses. É, de fato, como Celia Brickman mostrou, bastante enraizado na história da psicanálise desde o próprio Freud.[50]

Um clínico em particular, autoidentificado como "árabe-israelense", sugeriu que, como sujeitos que consideram sua identidade comunitária antes da identidade individual, o espaço social palestino obstruiria os árabes de um mundo subjetivo rico e individualizado; ou que os laços sociais estreitos e os papéis de gênero restritos limitariam a individuação psicológica dos jovens palestinos, tanto mulheres quanto homens. Tais crenças não são mobilizadas intencionalmente a serviço da ordem colonial. Ao contrário, eles são empregados para explicar as *incapacidades* da psique árabe palestina. Elas também funcionam para encapsular os palestinos de tal forma que eles se tornem ou vulneráveis a ferimentos ou resilientes, a despeito da violência estrutural israelense. Em sintonia com o quadro clínico eurocêntrico "liberal" e muitas vezes "bem-intencionado" no qual são treinados por supervisores e instrutores israelenses, alguns desses clínicos palestinos exercem uma postura clínica que demonstra uma abordagem "culturalmente sensível" à terapia. Enquanto para o ouvido não-treinado isso pode ser experimentado como não-patologizante, em nossa experiência – como é frequentemente o caso no contexto norte-americano[51] – a sensibilidade cultural está muitas vezes atrelada ao determinismo cultural, trabalhando a partir de uma suposição de que a "mente árabe" (e a sociedade árabe) opera em um esquema fundamentalmente diferente das sensibilidades liberais e individualizadas do self universal moderno. Neste caso, fundamentalmente diferente do *self* israelense. Contra o pano de fundo da descrição de Fanon da cidade indígena em contraposição à cidade colonial, a espacialidade interna das estruturas psíquicas emerge de uma epistemologia que apresenta uma contradição insolúvel. Ou seja, ou palestino ou é diagnosticado por sua cultura, sua "família árabe", sua "cultura árabe" como uma unidade monolítica, ou, ao contrário, *nos dizem* que os palestinos têm uma rica psique individualizada "assim como nós" e que os psicólogos precisam apenas ajudar a nutrir essa psique em uma jornada para a verdadeira individuação.

Enquanto os clínicos recebem ferramentas psicanalíticas que podem levar aqueles que eles dizem ser "palestinos quebrados" de volta a uma forma particular de eu hartmaniano "intacto", nos perguntamos – sob a orientação de Fanon – como esse ideal do eu é

---

50 > C. Brickman, *Race and psychoanalysis: Aboriginal populations in the mind*. New York, NY: Routledge, 2017.
51 > Lara Sheehi e Leilani Salvo Crane, "Toward a Liberatory practice: Shifting the ideological premise of trauma work with immigrants", in: Pratyusha Tummala-Narra (org.), *Racial minority immigrants and trauma in the United States*. Washington, DC: The American Psychological Association (no prelo).

definido pelo mesmo self de um mestre colonial enquanto sujeito? Ou seja, como a prática, o pensamento e o treinamento em saúde mental no sistema israelense replicam o sistema de fechamento? No entanto, como vimos, dentro do maniqueísmo que constrange o sentido de *self* colonizado (encurralando-o entre o eu universal "saudável" e o *self* "constrito"), o núcleo irredutível da presença de um *self* indígena apresenta possibilidades de afirmação da realidade material da individualidade palestina. Clínicos, estagiários e estudantes palestinos foram ensinados como, dentro do espaço restrito da Palestina ocupada, sua prática lhes permite converter ferramentas e insights psicanalíticos a serviço do colonizado sem reiterar a normatividade (e o domínio) de tal ideal de eu. Como vimos, esse não é um procedimento simples e sem embaraço. Ele não é feito sem complicações, negociações e, às vezes, compromissos. Fazem-no na firme compreensão de que a cidade deles era a reserva, a medina. A cidade deles é a cidade que está cheia de "árabes sujos". O afeto que se fez presente na sala também articulou o conhecimento intuitivo de que Fanon também estava falando para a "psique" do ideal de eu; o eu intacto do *self* palestino.

O afeto fanoniano convocado que emergiu na sala de Nazaré foi uma materialização da autoconsciência indígena (tanto pessoal quanto na prática clínica) do núcleo da individualidade que se tornou legível através das histórias de seus pais e avós. Mediado por uma constelação de relações educacionais, jurídicas e econômicas que constituem as estruturas do colonialismo, talvez esse momento afetivo fosse uma expressão do que, para Fanon, constituiria um processo de desalienação. No entanto, também, ao estarmos presentes na sala ao longo do processo, precisamos reconhecer o poder emocional para nós, como dois árabes libaneses (com nacionalidades americana e canadense), de aprender, colaborar e explorar ao lado de nossos irmãos palestinos a menos de 40 anos quilômetros de nossa fronteira compartilhada, uma fronteira que destruiu séculos de relações sociais, familiares e econômicas entre o Líbano e a Palestina.

O afeto presente na sala dizia não apenas da experiência deslocada e do núcleo da individualidade palestina, mas também dos laços psíquicos, intersubjetivos e culturais compartilhados entre palestinos e libaneses. Em retrospecto, percebemos que, nas palavras de Fanon, "só haverá uma autêntica desalienação na medida em que as coisas, no sentido mais materialista da palavra, tiverem sido recolocadas em seus devidos lugares".[52] Se a psique constrita palestina é cercada em seu exterior pela amplidão e pela saúde da psique universal (do colonizador), ao mesmo tempo ela é internamente privada de suas relações palestinas e libanesas. Assim, o afeto na sala foi uma materialização da autoconsciência indígena desses clínicos acerca dos laços psíquicos, sociais, culturais e históricos que ligam os palestinos uns

---

52 > Frantz Fanon, *Pele negra, máscaras brancas*, trad. bras. de Renato da Silveira. Salvador: EDUFBA, 2008, p. 29.

aos outros, ligando-os também aos seus irmãos árabes. As histórias de seus pais e avós deram legibilidade a essa consciência que valida a ontologia e a psicologia palestinas – ontologia e psicologia elas mesmas funcionando como defesa armada e, portanto, ofensiva – contra o colonialismo e a serviço da libertação da cidade nativa-Palestina.

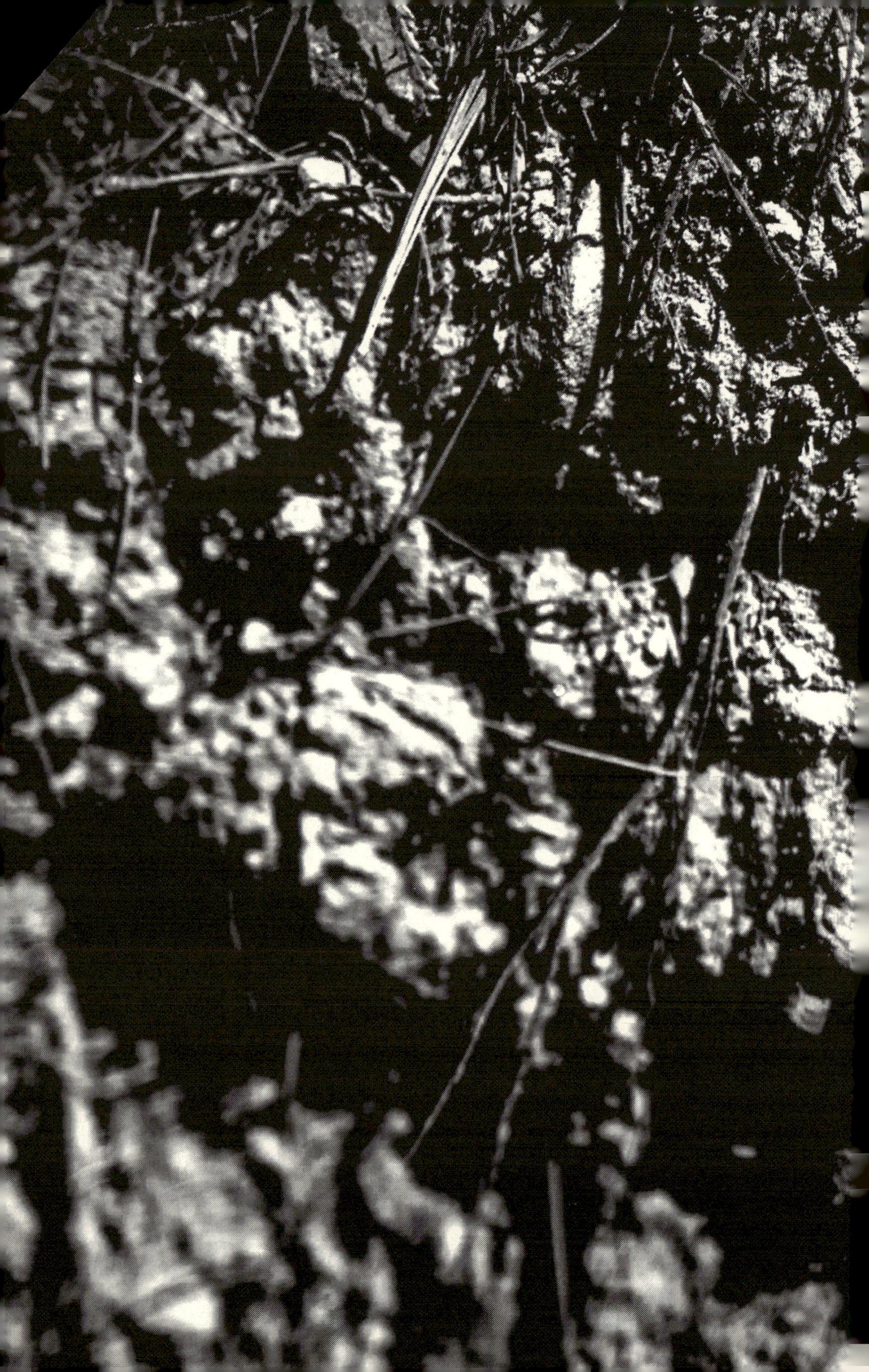

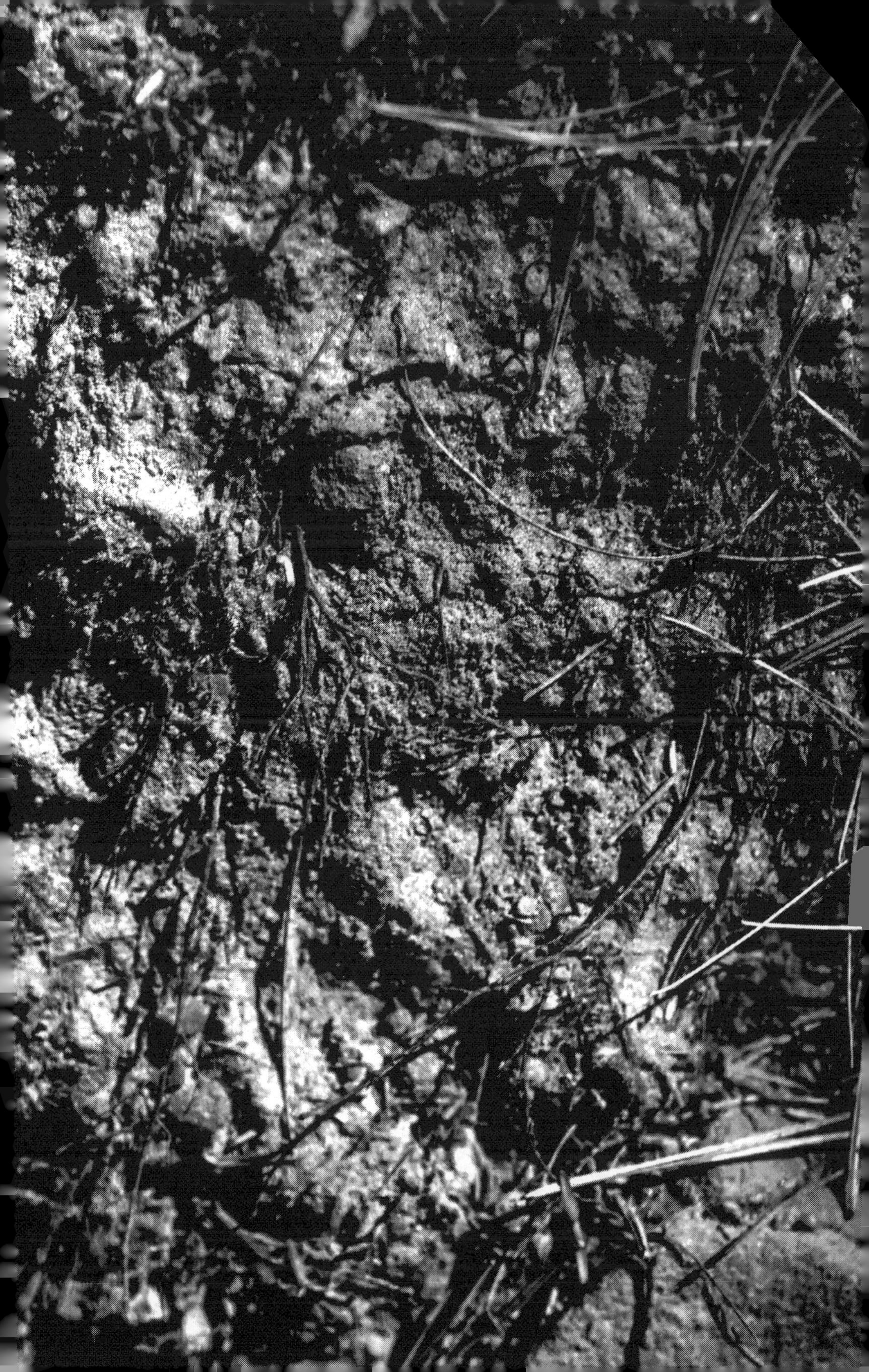

> sobre as(os) autoras(es) <

andréa máris campos guerra

Andréa Máris Campos Guerra é psicanalista e professora no Departamento e no Programa de Pós-Graduação em Psicologia da Universidade Federal de Minas Gerais, onde coordena o Núcleo Psilacs (Psicanálise e Laço Social no Contemporâneo). Doutora em Teoria Psicanalítica (UFRJ/Brasil) com Estudos Aprofundados na Université de Rennes 2 (França). Pesquisadora com bolsa de produtividade 2 do CNPq. Coordena esta Coleção Editorial Decolonização e Psicanálise. É autora do livro Sujeito Suposto Suspeito: a transferência no Sul Global, Adolescências em tempos de guerra: modos de pensar, modos de operar e A psicose. Além disso, co-organizou recentemente os seguintes livros *A psicanálise em elipse decolonial, Ocupar a Psicanálise: por uma clínica antirracista e decolonial, Narrativas memorialísticas: metodologia de pesquisa psicanalítica de fenómenos sociais complexos*, dentre outras obras.

rodrigo goes e lima

Rodrigo Goes e Lima é psicanalista, mestre em Filosofia com concentração em Estudos Psicanalíticos pela New School for Social Research (2019-2021 – Nova York/EUA) e psicólogo (CRP 04/48150) pela Universidade Federal de Minas Gerais (2016), com ênfase em Processos Clínicos e Formação Complementar Aberta em Ciência Política. É pós-graduado em Psicanálise: Clínica da Criança e do Adolescente (2018-2019 – PUC-Minas). Coorganizador dos livros *A psicanálise em elipse decolonial* (2021, n-1) e *Juventudes, trauma e segregação* (2022, UFMG).

derek hook

Derek Hook é Professor em Psicologia na Universidade de Duquesne University e Professor Extraordinário em Psicologia na Universidade de Pretoria. Lecionou na London School of Economics e em Birkbeck College. É autor de *A Critical Psychology of the Postcolonial* e *(Post)apartheid Conditions: Psychoanalysis and Social Formation*.

sheldon george

Sheldon George é chefe do departamento de Literatura e Escrita da Simmons University, em Boston, Massachusetts. Sua produção acadêmica centra-se na aplicação da teoria cultural e literária para análise da literatura e cultura americana e afro-americana. George é presidente do Comitê Executivo do fórum em Psicologia, Psicanálise e Literatura da MLA. Ele é editor associado da revista *Psychoanalysis, Culture and Society* e coorganizou duas edições especiais dessa revista: uma intitulada "Lacanian Psychoanalysis: Interventions into Culture and Politics" e a outra intitulada "African-Americans and Inequality". Seu livro *Trauma and Race*, publicado em 2016, é o primeiro a oferecer uma análise lacaniana aprofundada da identidade afro-americana. George é coorganizador, com Jean Wyatt, de *Reading Contemporary Black British and African American Women Writers*; e suas publicações recentes incluem a coleção pioneira de ensaios, coorganizada com Derek Hook, *Lacan and Race: Racism, Identity and Psychoanalytic Theory*.

patricia gherovici

Patricia Gherovici, Ph.D. é psicanalista e ganhadora do Prêmio Sigourney 2020 por seu trabalho clínico e acadêmico com comunidades latinas e variantes de gênero. Ela é cofundadora e diretora do Philadelphia Lacan Group e membra fundadora do *Das Unbehagen* e *Pulsion*, em Nova York. Seus livros incluem *The Puerto Rican Syndrome* (Gradiva Award e Boyer Prize), *Please Select Your Gender: From the Invention of Hysteria to the Democratizing of Transgenderism* (2010) e *Transgender Psychoanalysis: A Lacanian Perspective on Sexual Difference* (2017). Mais recentemente, ela organizou, com Chris Christian, *Psychoanalysis in the Barrios: Race, Class, and the Unconscious* (recipients dos prêmios Gradiva Award e American Board and Academy of Psychoanalysis Book Prize; 2019) e com Manya Steinkoler, *Psychoanalysis, Gender and Sexualities: From Feminism to Trans* (2023).

gautam basu thakur

Gautam Basu Thakur é professor de Humanidades e Estudos Culturais da Boise State University, onde leciona teoria crítica, pós-colonialidade e estudos sobre a globalização, literatura do império britânico e cinema. Ele é autor de *Postcolonial Lack: Identity, Culture, Surplus* (2020) e *Postcolonial Theory and Avatar* (2015), além de coorganizador de *Lacan and the Nonhuman* (2018) e *Reading Lacan's Seminar VIII: On Transference* (2020).

sophie mendelsohn

Sophie Mendelsohn é psicóloga clínica (M.D., Université Paris Diderot) e psicanalista em Paris. Ela é autora de artigos sobre desenvolvimentos contemporâneos na teoria lacaniana, particularmente sobre gênero, e recentemente foi coautora, com Livio Boni, do livro *La Vie Psychique du Racisme: 1. L'empire du Démenti*, publicado em março de 2021 pela editora La Découverte. Sophie fundou o Le Collectif de Pantin (collectifdepantin.org), que estuda as questões do racismo e da racialização por meio da psicanálise, considerando suas consequências para a prática clínica no contexto específico da França pós-colonial.

fuad rahmat

Fuad Rahmat é Professor Assistente em Mídia e Culturas Digitais na Escola de Mídia, Linguagens e Cultura da University of Nottingham, Malásia.

david pavón-cuéllar

David Pavón-Cuéllar é professor de Psicologia Crítica e Psicanálise na Universidade Estadual de Michoacán (Universidad Michoacana de San Nicolás de Hidalgo, Morelia, México). Seus livros recentes incluem *Sobre el vacío: puentes entre marxismo y psicoanálisis* (Cidade do México, Paradiso, 2022); *Psychoanalysis and Revolution: Critical Psychology for Liberation Movements* (com Ian Parker, Londres, 1968 Press, 2021); *Virus del Capital* (Buenos Aires, Docta Ignorancia, 2021); *Más allá de la psicología indígena: concepciones mesoamericanas de la subjetividad* (Cidade do México, Porrúa, 2021), *Zapatismo y subjetividad: más allá de la psicologia* (Bogotá e Morelia, Cátedra Libre e UMSNH, 2020); *Psicología crítica: definición, antecedentes, historia y actualidad* (Cidade do México, Itaca, 2019) e *Marxism and Psychoanalysis: In or Against Psychology?* (Londres, Routledge, 2017).

ursula lau

Ursula Lau é professora na Universidade de Johannesburgo, onde leciona assuntos relacionados à mente conectada, psicologia comunitária e abordagens em terapia de grupo. Ursula é também psicóloga clínica em consultório particular e atualmente está em treinamento em análise de grupo no Centre for Group Analytic Studies na Cidade do Cabo. Seus interesses de pesquisa residem na relação entre o psíquico e o social, particularmente em como performances de raça, classe, masculinidades e feminilidades são representadas nos cenários social, material e psíquico.

stephen sheehi

Stephen Sheehi (ele/dele) é professor da cátedra Sultan Qaboos de Estudos do Oriente Médio no Programa de Estudos da Ásia e do Oriente Médio (AMES) e Diretor do Programa de Estudos da Ásia e das Ilhas do Pacífico (APIA) na Universidade de William & Mary, Virgínia, EUA. Ele também é diretor do Projeto Decolonizando Humanidades. Sheehi é autor de cinco livros e numerosos artigos sobre o mundo árabe, psicanálise, fotografia, islamofobia e racismo. Mais recentemente, ele é coautor de *Palestine: Psychoanalysis Under Occupation: Practicing Resistance in Palestine* with Lara Sheehi (Routledge, 2022), que ganhou o Palestine Book Award de Melhor Livro Acadêmico de 2022 sobre a Palestina; e *Camera Palaestina: Photography and Displaced Histories*, em coautoria com Salim Tamari e Issam Nassar (University of California Press, 2022). Ele e Nadera Shalhoub-Kevorkian estão coorganizando uma edição especial do *State Crime Journal*, "Settler-Colonialism as State-Crime: Abolitionist Perspectives" (2022).

lara sheehi

Lara Sheehi, PsyD (ela/dela) é professora assistente de Psicologia Clínica no Programa de Psicologia Profissional da George Washington University, onde é diretora fundadora do Psychoanalysis and the Arab World Lab. O trabalho de Lara adota abordagens descoloniais e antiopressivas para a psicanálise, com foco nas lutas de libertação no Sul Global. Ela é coautora com Stephen Sheehi de *Psychoanalysis Under Occupation: Practicing Resistance in Palestine* (Routledge, 2022), que ganhou o prêmio Palestine Book Award de 2022 do Middle East Monitor de Melhor Livro Acadêmico. Lara é presidente da Society for Psychoanalysis and Psychoanalytic Psychology (APA, Divisão 39), presidente da Teachers' Academy of the American Psychoanalytic Association e coorganizadora de *Studies in Gender and Sexuality and Counterspace in Psychoanalysis, Culture and Society*. Lara é também editora colaboradora da Parapraxis Magazine da Psychosocial Foundation e do conselho consultivo da USA-Palestine Mental Health Network e da Psychoanalysis for Pride.

> sobre as(os) tradutores(es) <

enrico martins poletti jorge

Psicólogo pela Universidade Federal de Minas Gerais (UFMG). Bolsista no projeto Menos Preconceito Mais Saúde da Fundação João Pinheiro, contribuindo como pesquisador para o Projeto Sempre Viva, membro do Diverso UFMG, tendo participado da construção do observatório de violência LGBTQIA+.

isabela cordeiro lopes

Doutoranda em Letras pela Universidade de São Paulo (USP), no Departamento de Pós-Graduação em Teoria Literária e Literatura Comparada, como bolsista Capes. Mestra em Letras pela Universidade de São Paulo (USP), como bolsista Capes, pelo mesmo departamento (2021). Possui graduação em Letras - Licenciatura do Português (2018), pela Universidade Federal de Minas Gerais, e em Letras - Bacharelado do Português (2017), também pela UFMG. Atua na área de Letras, com ênfase em Teoria da Literatura e em Literatura Contemporânea, especialmente voltada para os estudos da ficção pós-ditatorial chilena.

luisa aparecida costa

Doutoranda em Estudos Psicanalíticos pelo Programa de Pós-Graduação em Psicologia da UFMG (2022-2026). Mestre em Estudos Psicanalíticos pelo Programa de Pós-Graduação em Psicologia da UFMG (2020-2022) Graduada em Psicologia pela Universidade Estadual de Minas Gerais (2015-2019), com concentração de estudos em Psicanálise. Psicanalista. Pesquisadora em psicanálise, arte e estética, com ênfase na interface entre música e psicanálise. Coordenadora do grupo de estudos Articulações e implicações entre arte e psicanálise (UFMG).

pedro donizete ferreira

Psicanalista. Graduado em Psicologia pela Universidade Federal de Minas Gerais (2019). Mestre em Psicologia (Estudos psicanalíticos) pelo Programa de Pós-Graduação em Psicologia da mesma instituição (2022). Tenho interesse no pensamento de Frantz Fanon, em suas intersecções com a filosofia, a literatura, a política e a psicanálise.

tomás lima pimenta

PhD em Filosofia na New School for Social Research, onde também completou o mestrado em 2018. Graduou-se em Ciências Econômicas na UFMG (2014). Tem experiência nas áreas de filosofia moderna, com ênfase em Hegel, Marx, economia política, teoria crítica e pensamento descolonial. Atualmente investiga o sentido do político na doutrina liberal moderna.

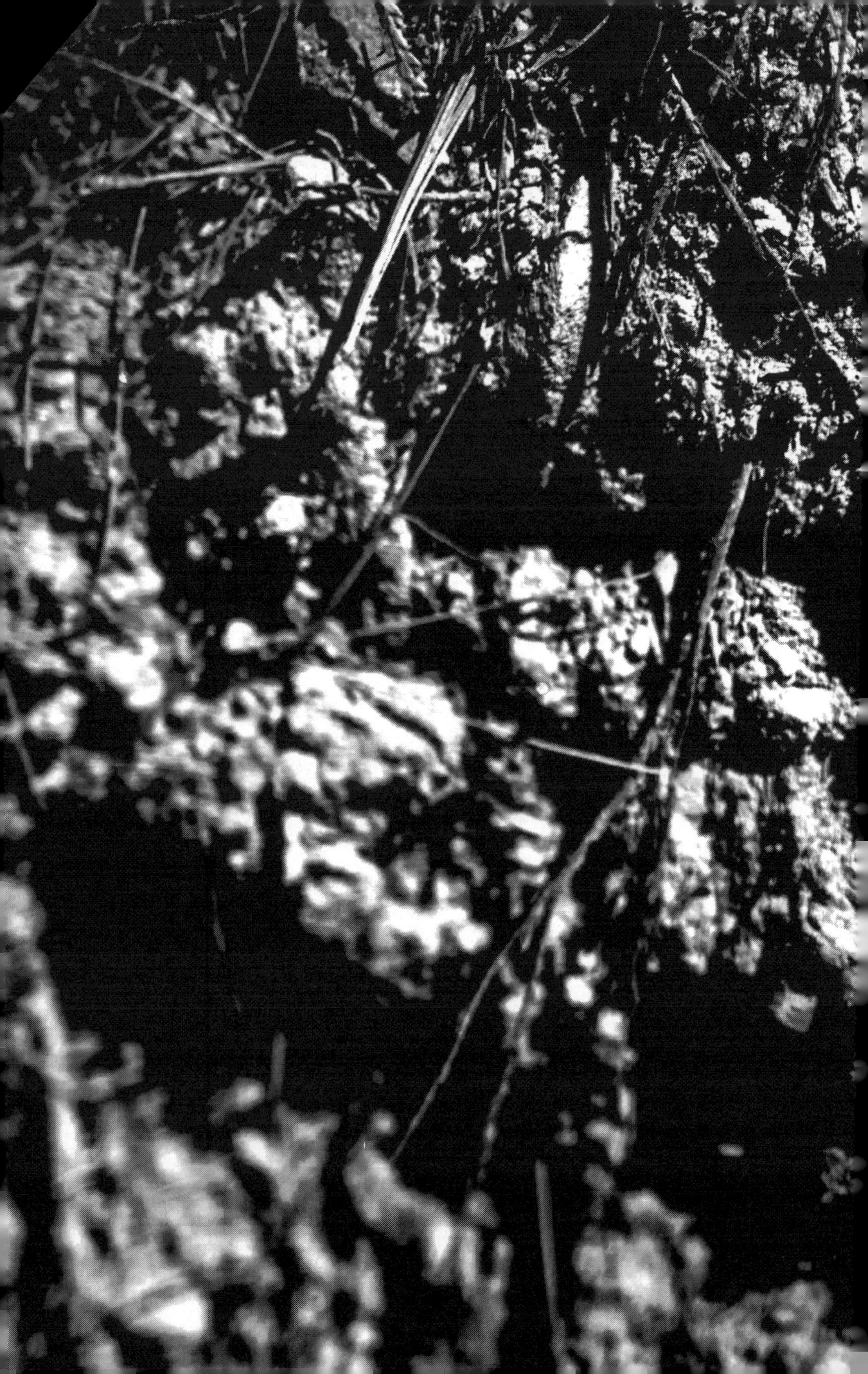

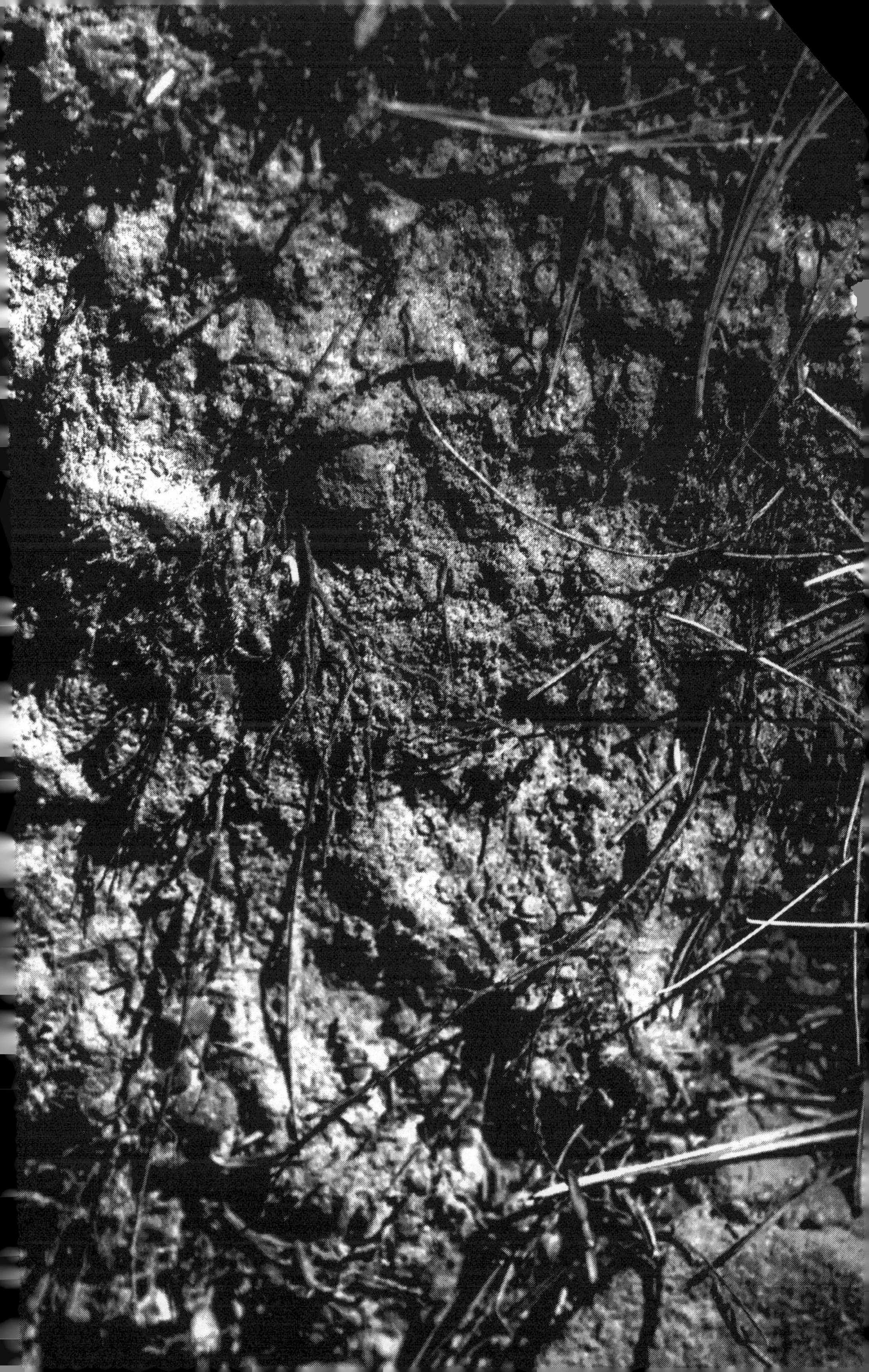

A Coleção Decolonização e Psicanálise, como movimento em elipse nas terras psicanalíticas, inaugura um programa continuado de descentralização. Às voltas com os impasses do horizonte da subjetividade de nossa época, criamos um espaço livre para formulação de perguntas sobre os alcances de nossa práxis, sobre os fundamentos de nosso saber, sobre o gozo singular que impera adestrado em nosso contemporâneo, sobre a ontologia do corpo falante e sobre a estética de mundo que daí deriva.

O programa pretende enumerar as perguntas para as quais já vivemos as respostas, sem termos criado o tempo de sua nomeação. A clínica psicanalítica, na sua experiência mais íntima com o falasser, é interrogada pelos movimentos sociais e feministas, pelas teorias críticas, pelo mal-estar colonial. E, desde fora, recebe o impacto do edifício pulsional, que atualiza modos de sofrimento, de resistência, de invenção. Esta coleção recolhe e testemunha em ato seus efeitos.

Em obras coletivas e obras autorais, nacionais ou estrangeiras, buscamos recolher o saber-fazer com o resto que escreve respiradouros para a Psicanálise. Sustentamos um espaço no qual o acontecimento traumático se escreve pela contingência do desejo. Seu desenho, cuja imagem se constitui a cada pincelada, subverte a ideia original ao tocar o real.

A cada nova obra, esperamos forçar a necessária presença desvelada da herança colonial nos confins do mundo em que habitamos: nosso corpo. Nossa geopolítica, latina, desde a qual a transmissão da psicanálise se renova universal na escuta singular, torna viva sua lâmina afiada. De nossa língua mãe de gozo, ensaiamos ler os contornos e os excessos de nosso agora.

Sinta-se parte.

PSILACS

@psilacs – ufmg – www.psilacs.org

> o núcleo psilacs (psicanálise e laço social no contemporâneo – universidade federal de minas gerais) articula transmissão, pesquisa e extensão em psicanálise em cinco frentes: <

> programa já é – psicanálise, juventudes e cidade – coordenação: *christiane matozinho e fidias siqueira* <

> programa transmissão lacaniana – a letra de jacques lacan – coordenação: *ernesto anzalone e renata mendonça.* <

> programa interfaces – psicanálise, direito, interdisciplinaridade e contemporaneidade – coordenação: *adriana goulart, alexandre marcussi, camila nicácio, rodrigo lima* <

> programa conexão – radar psilacs nas redes sociais – equipe: *alexsandra, guilherme spinelli, ismael salaberry, júlia somberg, linnikar castro, lucas fernandes, luna castro, sofia freire, victor félix, victor sidartha* <

> coordenação geral: *andréa máris campos guerra* <

n-1
edições

O livro como imagem do mundo é de toda maneira uma ideia insípida. Na verdade não basta dizer Viva o múltiplo, grito de resto difícil de emitir. Nenhuma habilidade tipográfica, lexical ou mesmo sintática será suficiente para fazê-lo ouvir. É preciso fazer o múltiplo, não acrescentando sempre uma dimensão superior, mas ao contrário, da maneira mais simples, com força de sobriedade, no nível das dimenões de que se dispõe, sempre n-1 (é somente assim que o uno faz parte do múltiplo, estando sempre subtraído dele). Subtrair o único da multiplicidade a ser constítuida; escrever a n-1.

Gilles Deleuze e Félix Guattari

Dados Internacionais de Catalogação na Publicação (CIP) de acordo com ISBD

P974 Ubuntu - Psicanálise e Herança Colonial / organizado por Andréa Máris Campos Guerra, Derek Hook e Rodrigo Goes e Lima ; traduzido por Andréa Máris Campos Guerra ... [et al.]. - São Paulo : N-1 edições, 2023.
46 p. : il. ; 16cm x 23cm. – (Decolonização e Psicanálise ; v.3)

ISBN: 978-65-81097-84-4

1. Psicologia. 2. Psicanálise. 3. Herança Colonial. I. Guerra, Andréa Máris Campos. II. Lima, Derek Hook e Rodrigo Goes e. III. Guerra, Andréa Máris Campos. IV. Jorge, Enrico Martins Poletti. V. Lopes, Isabela Cordeiro. VI. Costa, Luisa Aparecida. VII. Ferreira, Pedro Donizete. VII. Lima, Rodrigo Goes e. VIII. Pimenta, Tomás Lima. IX. Título.

CDD 150
CDU 159.9

2023-2465

Elaborado por Vagner Rodolfo da Silva - CRB-8/9410

Índice para catálogo sistemático:
1. Psicologia 150
2. Psicologia 159.9

PSILACS   n-1 edições

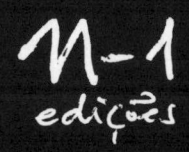